KB264327

「명문대 들어가기」 이런 점이 유익했다!

대한민국 학부모와 학생들이 명문대 들어가기에 전적으로 동의하고 있습니다…

학생-학부모-교사의 필독서다.
특히 7차 교육 과정이 처음 적용되는 2005년도 수능과 수시 모집에 대해 심층적으로 해부한 점도 눈길을 끈다.
그 동안 공개되지 않았던 명문대 진학을 위한 최고의 입시 전략서다!!

〈구술논술 인기강사 C모씨 〉

수시 입학 제도가 생긴 후 학생 지도가 어려워졌다. 수시보다 정시를 택하는 것이 나은 학생의 경우에도 일단 수시를 지원하고 보자는 학부모들이 많다. 학생이나 학부모들에게 담임의 조언이 먹혀 들지 않는 현실에서 이 책을 대신 소개해 주고 싶다. 고3 수험 현장에서 진행되고 있는 상황을 너무 상세히 기술하여 나도 놀랄 정도이다. 입시 제도가 바뀐 상황에서 무엇이 최선인지를 너무나 정확히 기술하고 있다. 고등학생이나 학부모들이 반드시 읽어 보아야 할 책이다.

〈강남 S여고 L교사〉

진작 이런 책을 읽었더라면 아들을 Y대 공과계열보다 더 나은 곳에 입학시킬 수 있었을 것이라는 자책감이 들었고, 아들에게 미안한 마음을 금할 수 없었다. 대학원이나 유학 보낼 때 참고하여 그 때에는 후회 없는 선택을 하고 싶다.

〈강남 8학군 학부모 (K군의 어머니)〉

복잡한 대학 입시에 대해 설명하기가 어려웠는데, 이 책은 나에게 좋은 가이드 역할을 해주었다. 입시 전문가들이 모르는 부분도 많이 소개되어 있다.
제 7차 교육 과정의 변화, 표준 점수 등 수능 제도의 바뀐 점, 수시 입학자들의 수능 성적에 대한 예시, 전과의 경우 전입·전출학과의 예시 등은 학생들에게 매우 귀중한 자료가 될 것이다. 명문 대학을 원하는 학생들은 반드시 필독할 것을 추천하고자 한다.

〈OO학원 L 강사〉

제7차 교육과정에서 달라진 점들을 소개해 주고 어떻게 하면 최상의 효과를 얻을 수 있는지 입시 전략에 대해서 자세히 소개하고 있다. 더이상 명문대는 넘지 못할 장벽이 아니다. 이 책 한 권으로 명문대에 들어갈 자신감이 생겼다.

〈A고등학교 고3 이원찬〉

현실을 왜곡하지 않고 대학 입시에 대한 정직한 정보를 준다.

〈M고등학교 3학년 K양〉

학부모가 입시 전략가가 되어야 한다는 말이 인상적이다. 현재 아이의 성적에서 어떻게 명문대학에 전학 할 수 있는지를 가르쳐 준 고마운 책이다. 남들이 하는 대로 따라만 하는 것은 내 아이의 장래를 위해 현명하지 못하다는 걸 깨달았다. 명문대 진학은 부모하기 나름이란 걸 뼈저리게 느꼈다.

〈경기도 용인시 고3 학부모 김명숙〉

명문대 진학에 진학할 수 있는 확률을 확실히 높일 수 있는 정보와 전략이 가득하다. 특히 summary부분은 우리 한국의 입시 현실의 중요한 key-point를 꼭꼭 집어서 설명하고 있다.

〈K고등학교 J교사〉

한국의 일류대에 들어갈 수 있는 비법을 제시한 다소 충격적이 이야기들이 대부분이었다. 8학군이 아닌 내가 명문대에 진학하려면 어떤 전략을 세워야 하는지를 가르쳐 주고 있다. 명문대에 들어가는 사람은 분명한 이유가 있다! 그 이유를 분석한 책이다.

〈수원 영통구 T고등학교 졸 / 재수생 홍성택〉

자식을 명문대에 보내야겠다는 생각을 안 해본 부모가 어디 있으랴! 이 책을 읽고 나니 지금까지 우리 아이의 적성이나 관심사는 무시한 채 무조건 대학의 순위 정도에 따라서 아이의 진학을 강요한 것 같다. 고 3인 우리 아이가 진로 결정을 하는 데 꼭 한번 참작해야 할 책이다.

〈서울시 성북구 학부모 L씨〉

이 책이 더 일찍 나왔더라면… 너무 아쉽다는 생각 뿐이다. 이 책이 지금에
서야 나왔다는 것이 원망스럽다. 올바른 대학…진정한 명문 대학과 학과를
선택하는 데 있어서 좋은 참고서가 될 만한 책이다.

〈C대학 미술교육과 / 편입 준비생 K군〉

복잡한 대입에선 정보와 전략이 명문대 진학을 좌우한다. 입시 제도를 일목
요연하게 알기 쉽도록 정리한 점어 눈에 띈다. 특히 미국의 대학들에 대한
정보가 도움이 되었다. 나의 경험에 비추어 보면 이 책은 수험생들이 다양
한 선택 하에 대학 입시의 의사 결정을 내리는 데 '정보'와 '전략' 측면에서
큰 도움이 되리라고 생각한다.

〈H대 경제학과 대학원 윤형식〉

호기심으로 책을 읽고 나서 억울하다는 생각뿐이었다. 왜 진작 나에게 이런
충고를 해 주지 않았는가? 올해 수능이 끝나고 나면 다시 한번 읽어 보고
후회 없는 결정을 내리고 싶다. 전과, 편입, 대학원 진학 등에 대해 어느 정
도 이해를 하고 나니 학업에 관한 나의 진로가 어느 정도 윤곽이 잡힌다. 과
거에 이런 책이 없었던 이유를 잘 모르겠다.

〈K고교 출신 재수생〉

명문대 들어가기

명문대 들어가기

초판 1쇄 인쇄 2004년 3월 5일
초판 1쇄 발행 2004년 3월 11일
신고번호 제16-2832호/신고연월일 2002년 10월 8일

글쓴이 : 김재원
펴낸이 : 김순정
펴낸곳 : 도서출판 **티 경**

주소 : 송파구 잠실본동 186-11 한강빌딩 304호
홈페이지 : www.korealeaders.biz / www.ikorealeaders.com
이메일 : worlddirector@hotmail.com / director@ikorealeaders.com
전화 : 02-422-8770
팩스 : 02-422-8772

마케팅 _ 김민수 I 교정·교열 _ 강희정 I 관리 _ 김영미 I 디자인 _ 정유정 I 인쇄 _ 동아서적

값 13,000원 I ISBN _ 89-953941-3-7 13370

명문대 들어가기

김재원 지음

도서출판 태경

출판사로부터 「명문대 들어가기」라는 원고를 청탁 받고 며칠을 망설였다. 이러한 책이 우리 사회에 도움이 될 수 있는가 하는 점 때문이었다.

내가 이 책을 쓰기로 마음먹은 이유는 무엇보다도 우리나라의 많은 대학생들이 자신이 다니는 대학이나 학과에 만족하지 못하고 있어 문제점이 크다고 느꼈기 때문이다.

잘못하면 나의 '정직'한 정보의 공개가 학생과 학부모에게 충격적으로 받아들여질 수도 있을 것이다. 그러나 나는 모든 학생들이 자신이 원하는 대학·학과에 만족하며 다닐 수 있기를 바라며, 이를 통해 지식 기반 사회의 진전을 앞당길 수 있는 시너지 효과를 기대한다.

따라서 이 책이 인생에 있어 중요한 결정을 앞두고 있는 고등학생과 학부모들에게 보다 정확한 정보를 제공함으로써, 진학 결정에 도움을 줄 수 있으리라고 생각한다. 대학 입시 제도가 복잡해졌다. 입시 관련 정보를 잘 알고 있는 사람과 그렇지 못한 사람간의 정보의 양과 질적 차이는, 현재는 물론 미래의 소득 격차를 심하게 하여 심각한 사회 문제를 초래한다.

최근 들어 '학벌 파괴'라는 말이 유행하나 아직도 우리 사회에는 엄연히 명문 대학의 프리미엄이 존재하고 있다. 좋은 대학·학과의 개념은 적성에 맞고 자신이 선호하는 대학·학과를 의미한다고 볼 수 있다. 공부를 잘하는 학생이 명문 대학에 들어가는 것은 어려운 일이 아니다. 문제는 수능이나 내신 성적이 부진한 학생의 경우 자신이 원하지 않는 대학·학과라도 다녀야 하느냐는 것이다. 자신이 원하지 않는 대학에 진학하는 경우 학생들이 마음에 입는 상처는 매우 크기 때문이다.

이 책은 학벌주의를 강조하거나, 부정직한 방법이나 편법으로 명문 대학에 들어가는 방법을 논의하자는 것이 아니다. 교육 정책을 바꾸고자 쓴 책은 더욱 아니다. 단지 중·고등학생들이 자신이 원하지 않는 대학에 들어가서 부딪히는 문제점들을 조금이나마 해소하는 데 도움이 되기 바란다.

따라서 이 책은 명문 대학에 들어가기 위한 다양한 대안과 '학생 본인이 만족할 수 있는' 학생-학부모-교사의 대학 선택에 관한 의사 결정에 도움을 주는 데 초점을 두고 있다. 이 책의 제목은 '명문대 입학하기'가 아니고 '명문대 들어가기'이다. 즉 명문대 입학과 졸업을 동시에 염두에 두었다.

이 책을 쓰는 과정에서 대학 입시 제도가 너무 복잡하고, 수험생에게 필요한 중요한 정보를 소위 '입시 전문가'도 모르고 있다는 사실을 알게 되었다. 자료를 의뢰해도 대학이 공개하려 하지 않는다는 것이 그 이유였다. 수험생의 '알 권리'가 무참하게 짓밟히고 있는 것이다.

나와 나의 대학원 조교는 '치열한' 전쟁을 방불하듯 자료를 조사했다. 그리고 이들 자료에 대해서는 일선 고등학교 선생님이나 입시 전문가의 검증을 거쳤다. 이러한 노력이 시험을 앞둔 학생들에게 도움이 되기를 바란다.

열과 성을 다해 도와 준 한양대 대학원생 윤형식 군, 인터뷰에 응해 주고 귀중한 자료를 제공하여 준 디지털 대성의 최진영 대표이사님, 대성학원의 이영덕 평가 실장님, 김영 한국대학편입사의 정남순 홍보·출판 팀장님 이하 여러분들에게 심심한 감사를 드린다. 또한 자녀 교육에 '억척스러우나' 자녀들의 대학 입학에 관해 나보다 한 수 위인 학부모님들, 딸의 고3 담임 선생님, 이외에도 이 책을 쓰는 데 도움을 준 여러분께 고마움을 표한다.

김순정 사장님과 태경 식구들과는 학생과 학부모들에게 '알 권리'를 제공하며, 나아가 형평성 있는 정보 제공이 결과적으로 긍정적 시너지 효과를 가져올 수 있다는 점에 의견을 같이하였다. 이분들의 도전적인 프로 정신에 경의를 표한다.

또한 책을 쓰는 일정에 쫓겨 가장의 임무를 제대로 하지 못한 것을 인내해 준 가족에게, 그리고 가정과 학교에서의 자녀 교육을 가장 큰 업보로 여기셨던 부모님께 글로는 표현할 수 없는 감사의 말씀을 드린다.

contents

들어가며

대학의 선택,
무엇이 문제인가?

내가 이 책을 쓴 이유
학벌은 있다?
대학인가, 학과인가
한국은 교육열이 높은 나라인가?

내가 이 책을 쓴 이유

　　　　　　이 책은 대학진학을 앞둔 학생·학부모들에게 명문 대학에 들어가기 위한 여러가지 대안을 제시하여 종합적인 진학계획을 세우는데 도움을 주고 있다.

이 책을 처음 구상하기 시작할 때 대학원 조교가 "교수님, 이 책을 꼭 써야만 합니까?"라는 질문을 했다. 「명문대 들어가기」라는 책은, 아무리 의도가 좋다고 해도 사회적 비판이 따르리라는 걱정 때문이었다. 독자, 언론, 미디어의 반응이 어떠할 것이라고 확신할 수는 없다. 그러나 이 책에 대해 오해의 소지가 있을 수 있다는 점은 부인하지 않는다.

내가 이 책을 쓰는 목적은 간단하다. 학생과 학부모에게 보다 정확한 정보를 제공하는 것이다. 이제 원점수나 표준 변환 점수는 사용하지 않고 표준 점수 또는 백분위(百分位)만이 수능의 기준으로 사용된다. 그런데도 대다수의 학부모들은 수능의 만점이 몇 점인지에 대한 개념조차 없다.

딸이 고 3이었던 1999년, 우리나라의 대학 입시 제도가 매우 복잡하며 대학에서 통계학을 가르치는 나조차도 표준 변환 점수를 이해하기 힘들다는 사실에 충격을 받았다. 2004년 아들이 고3이 되는데, 제7차 교육 과정을 제대로 이해하기란 매우 어렵다.

이렇듯 교육 제도가 복잡하다보니 집안 살림이 여유 있는 부모만이 양질의 정보를 자녀에게 제공할 수 있다. 이는 일류 대학에 합격할 수 있는 하나의 요인이 된다. 이 책이 정확한 대학 입시 정보나 대학 진학 방법 등을 알기 쉽게 소개하여 교육이부의 세습이라는 부작용을 최소화할 수 있는 역할을 하길 기대한다. 무엇보다 대학 교육의 수요자이자 등록금을 납부해야 하는 학부모에게 '알 권리'를 충족시켜 주자는 것이 가장 1차적인 목적이다.

나는 우리나라 대학생 중 대학·학과에 모두 만족하는 학생의 비율을 추산해 본 적이 있다. 놀랍게도 우리나라 대학생의 100명 또는 200명 중 한 명간이 자신의 대학·학과에 만족한다는 결과가 나왔다. 대부분 대학생들이 자신이 좋아하지 않는 대학이나 학과에서 공부하고 있다는 것은 큰 문제이다. 이들이 미래 지향적 비전을 가지고 대학에 다니려면, 대학은 자아 실현 욕구의 끝이 아니라 이를 통해 자기 계발을 하는 첫 단계에 불과하다는 것을 깨달아야 한다. 고등학교 때 공부를 소홀히 하여 자신이 원하는 대학에 갈 수 없었던 학생들도 10년 후의 자신의 인생 설계도가 잘 그려져 있으면, 대학 생활을 좀더 행복하게 그리고 목표 의식을 갖고 많은 것을 성취할 수 있다. 아울러 대학 간의 순위가 서열화 되어 있어 자신이 다니는 대학에 만족하지 못하는 학생의 경우에는, 같은 대학 내에서의 전과(轉科), 다른 대학으로의 편입, 학사 편입, 대학원 진학 등의 길이 열려 있다는 것을 말해 주고 싶다.

우리의 중·고등학생들이 충분한 정보를 가지고 미래에 대한 구상을 한 다음 단 한 번에 종합적으로(once and for all) 자신의 미래를 위한 최적의 진학 결정을 내리는 데 도움을 주려는 것이 이 책의 궁극적 목표이다.

이 책의 구성은 다음과 같다. 프롤로그에서는 대학 진학 시 대부분의 학생들이 고민하는 문제, 즉 대학과 학과 선택의 어려움을 다루고 있다. 또 부모인 '나' 자신이 자녀의 진학 결정에 과연 얼마만큼 도움이 되고 있는지에 대해 이야기하고 있다.

Part 1에서는 우리나라의 세칭 일류 대학은 명문 대학이라고 볼 수 있느냐는 의문점을 제기하고 있다. 나아가 대학생의 입장에서 자신이 다니는 대학·학과에 만족하는 학생의 비율을 추정한다. 아울러 한국대학의 순위와 일류 대학을 선호하는 이유에 대해 살펴본다.

Part 2에서는 자신이 선호하는 대학·학과에서 공부할 수 있는 방법으로 수시 입학, 정시 입학, 전과, 편입학, 학사 편입, 대학원 진학 등을 개략적으로 설명한다. Part 3에서는 장기적 안목에서 대학·학과를 선택하는 데 있어 최적의 결정을 내리는 방안에 대해 설명하고 있다.

Part 4에서는 자녀가 자신이 만족하는 대학·학과에서 공부할 수 있기 위해서 요구되는 부모의 역할에 대해서 말한다. Part 5는 7차 교육 과정에 따른 수능의 변화와 수능 전략 등 수능에 대한 논의를 한다. Part 6에서는 최근 들어 그 비중이 높아지고 있는 수시 입학에 대한 학생과 학부모의 이해를 돕고자 한다.

Part 7은 전과에 대해, Part 8은 편입학에 대한 정보와 전략을 제공한다. Part 9에서는 대학원 진학을, Part 10에서는 대학 진학 이외의 대안, 최근 들어 폭발적으로 늘고 있는 조기 유학이나 외국 대학 진학 문제를 다룬다.

마지막으로 에필로그에서는 8학군 출신 학생들이 명문대에 많이 진학하는지, 미국과 한국 대학의 차이점과 우리 사회에서 심각한 문제가 되고 있는 일류 대학병의 핵심 쟁점이라고 볼 수 있는 학력(學歷, educational backgroud)과 학력(學力, educational power)의 문제를 다룬다.

앞에서 언급한 나의 긍정적인 저술 동기에도 불구하고 이 책이 학교 간 서열화를 부추기며 교육의 본질을 외면하고 있다는 비판의 가능성을 부인하지는 않는다. 그러나 학생·학부모들의 '알 권리'를 충족시키고 중·고등학생들이 자신이 좋아하고 원하는 대학에서 만족하며 대학 생활을 할 수 있는 데 도움이 된다면 이 책의 의도는 충족되었다고 생각한다. 나아가 이러한 만족도가 궁극적으로 우리 사회에, 특히 우리 교육계에 주는 손실보다는 이득이 훨씬 크리라는 긍정적인 기대를 해본다.

학벌은 있다?

현실적으로 수능이나 내신 성적이 나쁘다는 이유로 자신이 원하지 않는 대학이나 학과에 진학할 수밖에 없는 학생들은 2년 내지 4년 후의 다양한 대안을 염두에 두고 진학 결정을 내려라. 이를 위해서는 다양한 정보를 알아 두고, 과연 내가 이것을 성취할 수 있는지 진지하게 생각해 보고 결정해야 한다.

대학 진학을 앞둔 학생에게는 두 가지 고민이 있다. 첫 번째는 자신의 성적에 맞는 대학을 택할 것인가 학과를 택할 것인가이고, 두 번째는 가고 싶은 대학이나 학과가 자신의 성적으로는 불가능할 경우 과연 어떻게 해야 할 것인가에 대한 고민이다.

이론상으로 보면 이러한 걱정은 할 필요가 없다. 자신의 실력에 맞는 대학 중 적성이나 흥미에 맞는 학과를 선택하면 된다. 그러나 학생의 입장에서 보면, 내신이나 수능 성적 때문에 원하지 않는 대학에 지원해야 한다면 심각한 일이다. 자신이 원하지 않는 대학에 진학할 경우 대학 생활이 행복할 리 없고 학업에 충실하기도 힘들 것이기 때문이다. 이렇게 내키지 않는 결정을 할 경우에는 졸업 후 진로도 결정하기 힘들 것이다.

문제를 압축하면 성적이 좋은 학생의 경우에는 자신이 원하는 대학과 학과를 선택하는 데 문제가 없으나, 그렇지 못한 학생의 경우 차선책이 무엇이냐를 두고 심각한 고민에 빠질 수밖에 없다.

나는 여기서 우리나라와 같이 대학이 서열화 되고, 고등학생들이 내신이나 수능 성적에 의해 대학·학과를 선택할 수밖에 없는 현실에서 자신이 원하는 대학에 '근접'할 수 있는 대안을 제시하고자 한다.

앞에서 말한 바와 같이 나는 이 책을 기술하기에 앞서 많은 고민을 했다. 그 이유는 나도 다른 교수들과 마찬가지로 자신의 적성에 맞는 학교와 학과를 선택하라고 강조해 왔기 때문이다. 그런데 이 책의 제목은 일반인들에게 위화감을 주는 "명문대 들어가기"이다. 이는 내가 지금까지 주장해 온, 대학보다는 자신의 적성에 맞는 학과를 선택해야 한다는 메시지와 근본적으로 다른 것이다.

대학·학과 선택에 대한 나의 기본적인 생각이 바뀌어서 이 책을 저술하는 것이 아니다. 우선 20년간 대학에서 재직하는 동안 나는 수많은 대학의 학생들을 만나 보았고, 이들 중 대학·학과 또는 두 가지 모두에 대해 불만족스러운 학생들이 대다수임을 알았다. 즉 나는 이론적으로 대학을 특성화하고 대학 이름보다는 자신의 적성에 맞는 학과에 진학하는 것이 옳다고 주장해 왔지만, 학생들에게는 아무런 도움도 되지 않았다. 또한 나는 학생들이 자신이 다니는 대학에 만족하지 못하는 이유가 '현실' 디라는 점을 깨달았다. 현실적으로 보면 학벌은 여전히 존재하기 때문이다. 졸업 후 취업 시에도 그러하고 외국에 유학을 갈 경우에도 그러하다.

IMF 경제 위기 이후 '버젓한 직장'이 크게 줄어들었고 이 결과 소위 명문 대학 출신이 아닌 학생은 자신이 원하는 직장에 취업하는 것이 거의 불가능하게 되었다. 즉 학벌의 중요성이 과거보다 오히려 더 커진 셈이다.

이러한 현실을 감안할 때 내가 지금까지 학생들에게 조언한 것은 현실적으로 도움이 되지 않는다는 결론에 다다랐다. 나는 수년간 이 현실과 이상 간의 괴리를 놓고 심각하게 고민을 했다. 그러나 이 문제에 대해 명쾌한 해답을 줄 수 있는 방안은 없다. 이러한 상황에서 우선 학생·학부모들에게 대학과 학과 선택에 관한 다양한 정보를 제공하고 이들 스스로 '현실적이며 합리적인' 결정을 내리는 데 도움을 주는 것이 가장 중요하다고 생각한다.

고등학생인 '나'는 내신이나 수능 성적이 좋지 않을 경우 내가 원하지 않는 대학에 가야할 것인가 또는 재수를 할 것인가? 대부분의 학생이나 학부모들은 이런 유형의 고민만 하고 있는 것으로 보인다. 그러나 재수를 한다고 해서 반드시 자신이 원하는 대학에 입학하리라는 보장도 없다. 나는 이와 같은 선택에 직면한 학생들에게 다음과 같은 다양한 문제점에 대해 생각해 볼 것을 권한다.

- 자신이 선호하지 않는 대학에 진학할 것인가?
- 일단 학과를 무시하고 대학을 결정한 뒤 2학년 때 다른 학과로 전과(轉科)할 것인가?
- 일단 대학에 진학하고 나서 3학년 때보다 나은 대학으로 편입할 것인가?
- 대학을 졸업한 후에 학사·편입을 통해 자신이 만족하는 대학이나 학교에 입학할 것인가?
- 지식기반 사회가 진전되는 시점에서, 그리고 대학 교육이 시민 교육화 되고 있는 점을 감안하여, 대학 졸업 후 자신이 원하는 국내 대학원에 진학할 것인가?
- 외국 대학으로의 유학을 준비할 것인가?
- 대학 졸업 후 외국 대학의 대학원에 진학할 것인가?

이러한 대안 이외에도 조기 유학을 간다거나 또는 대학에 다니다가 외국 대학에 입학하는 방안들도 생각해 볼 수 있다. 어학 연수 등을 마치고 외국 대학에 진학하는 것은 그리 어려운 일은 아니다. 그러나 이 경우에도 상당한 경비가 소요되고 부모의 등의가 필요하다. 나아가 외국 대학의 학부 과정에서 공부할 경우 교양 과목 이수에 너무 많은 노력이 소진되어 졸업도 어렵고 특히 외국 대학교 대학원에 진학하게 되는 경우 성과가 좋지 않을 수도 있다.

이 책에서 명문 대학에 들어가기 위한 대안으로 내놓은 것은 수시 또는 정시를 통한 입학, 편입, 전과, 학사 편입, 국내 대학원 진학 등이다. 따라서 대학이나 학과 선택 시 몇 가지 대안을 동시에 고려하여 학생과 부모가 일생에 걸친 종합적인 진학 계획을 세워야 한다.

대학인가, 학과인가

이론상으로 보면 대학 진학 시 적성에 맞는 학과를 먼저 결정한 후 자신의 실력에 맞는 대학을 선택하는 것이 합리적이다. 이 경우 학과 적성에 맞으나 자신이 선호하는 대학에 진학이 불가능한 경우 재수보다는 편입, 학사 편입 또는 자신이 원하는 대학의 대학원에 진학하는 방법을 고려해 볼 수 있다.

앞에서 우리는 적성보다 자신이 선호하는 일류 대학에 진학하는 것이 타당할 수 있다는 현실적 측면을 살펴 보았다. 여기에서는 현실을 감안하지 않을 경우 원칙적으로 대학 · 학과의 선택은 어떤 기준에 의해서 하는 것이 바람직한지 이야기해 보자.

고등학교 졸업을 앞두고 대학과 학과를 선택하려는 학생들의 입장에서 보면, 이 시기는 여태까지 살아온 일생을 통해 가장 중요한 결정을 내려야 하는 시점이다. 보통 대학 진학 시 학생, 학부모, 교사가 함께 대학 · 학과를 결정하는데, 이 경우 학생 당사자의 의사가 무시되는 경우를 많이 본다. 그러나 대학 · 학과를 결정할 때 학생의 의사를 존중하는 것은 매우 중요하다.

대학 교육의 목적은 두 가지로 볼 수 있다. 하나는 건전한 민주 시민으로서의 자질 함양, 홍익 인간은 물론 대학 생활에서 얻는 학문적 성취감, 대학 생활의 낭만, 교우 관계 등 인격 형성이고, 다른 하나는 변동하는 산업 사회에서 요구하는 각종 전문 지식의 습득과 이를 통해 취업하려는 것에 교육의 초점을 두는 것이다. 물론 어느 대학이든 이 두 가지 교육의 기능을 조화시켜 전인간적(全人間的) 교육을 시킴과 동시에, 산업 사회의 변동에 부응하여 교육의 현장 적응력, 교육 수준의 질적 향상에 노력하고 있다.

경제적 측면에서 보면 대학 교육은 미래의 더 높은 소득을 위해, 고등학교 졸업 후 취업을 하지 않고 투자하는 것이라고 볼 수 있다. 따라서 대학에 진학하려는 학생들은 장차 어떤 직업을 가질 것인지 진지하게 생각하고 대학과 학과를 선택해야 한다.

입시를 앞두고 대학·학과를 선택하려는 학생, 학부모, 지도 교사들에게 몇 가지 조언을 하고자 한다. 첫째는 대학·학과 졸정 시 10~20년 후 '미래의 자신의 모습'에 대한 고려가 뒤따라야 한다는 점이다.

둘째로, 우리나라의 경우 일단 대학·학과를 선택하면 변경이 어렵기 때문에 신중한 선택이 요구된다. 특히 부전공 제도, 예를 들면 복수 전공 등이 불충분한 대학의 현실을 감안할 때 학과의 선택이 매우 중요하며 따라서 제 2지망 학과에도 신중을 기해야 한다.

셋째로, 많은 학생들이 그 학과에서 무엇을 배우는지 정확히 알지 못한 상태에서 학과 선택을 하는 경우가 많다. 학과의 교과 과정은 대학에 따라서 다소 차이가 있고, 최근에 설립된 학과의 경우 특히 그러하다. 따라서 학생들은 해당 대학의 요람에 나타난 학과별 교과 과정의 내용을 충분히 이해한 다음, 자신의 적성과 미래의 포부에 맞는 학과를 선택해야 한다.

넷째, 현실적으로 보아 우리나라 전 대학에 설치되어 있는 학과 수가 수백 개에 이르며, 이들 학과 졸업생들의 취업률 격차는 매우 크다. 또한 명문 일류대라고 해서 모든 학과의 취업률이 높은 것도 아니다. 또 취업률 통계를 보면 학과에 따라 남자 대졸자, 여자 대졸자 간의 취업률의 격차가 큰 학과가 상당히 많다. 과거의 경우를 보면 학교 간의 취업률 격차가 크기 때문에, 학생들은 소위 명문대의 취업률이 낮은 학과에 진학하느냐 또는 대학의 명성이 다소 떨어지더라도 취업률 면에서 유리한 학과에 진학하느냐 하는 갈등을 겪게 된다. 최근 우리나라의 기업 특히 대기업의 채용 형태를 보면 표면적으로는 학과 간의 차별을 두지 않는 것으로 보이나 사실상 학과 간 차별을 상당히 두고 있다. 따라서 대학 선택은 물론 학과 선택도 중요하다.

다섯째, 대학의 선택 역시 매우 중요하다. 대학마다 교풍(學風)이 다르고 수업 분위기, 학사 행정 등 모든 측면에서 차별성이 있으나 이를 제대로 파악하기란 쉽지 않다. 그러나 어느 학생이든 자신의 마음에 드는 대학이 있기 마련이다. 이 경우 직관적인 판단도 중요하다. 즉 이런 직관적 판단이 대학에 대한 선호도에 많은 영향을 주며, 이러한 판단에 따라 자신이 선호하는 대학을 선택하는 경우 후회가 적을 것이다. 대학 선택과 관련하여 한 가지 충고하고자 하는 점은 우리나라의 현실을 감안할 때, 대학의 역사가 길고, 대학 재정이 건실하며, 졸업생을 많이 배출하고, 인문계-자연계가 균형을 맞추어 발전된 종합 대학의 선택이 바람직하다는 것이다. 이는 대학 졸업 후 취직을 하거나 사회 생활을 하면서 더욱 절실히 느끼게 될 것이다.

여섯째, 많은 학생들이 분교, 즉 제 2캠퍼스에 대해 궁금해 하고 있으나, 이에 대한 정보가 불충분한 것으로 보인다. 제 2캠퍼스의 단점은 역사가 짧고 취업 시 불이익을 받는 경우가 있다는 점이다. 한편 제 2캠퍼스의 장점은 우선 미국 대학(college)의 장점과 같다고 볼 수 있다. 미국의 유명 사립 대학의 경우 대학원 과정에 있는 학생이 아닌 교수가 전과목을 가르치고 있고 시간 강사도 대부분 외국에서 학위를 취득한 사람이다. 또한 대학의 역사가 짧은 반면 교수의 연령층이 낮고 외국에서 최신 학문을 전공한 교수의 비율이 높으며 석·박사 과정이 없기 때문에 교수의 담당 과목 수도 상대적으로 적어 수업 내용이 충실하다는 등의 장점이 있다.

우리나라의 경우 고등학교는 대학을 잘 모르고 대학은 고등학교를 잘 모르며, 또한 대학-기업 간의 상호 이해 정도도 낮다. 고등학생들이 대학이나 대학 졸업 후의 진로에 대한 이해도 불충분한 실정이다. 원대한 포부를 갖고 미래를 위해 대학에 진학할 중·고등학생들은 무엇보다도 장기적 측면에서 일과 직업의 세계에 대한 이해와 자신의 바람직한 미래의 모습을 충분히 고려한 후, 대학·학과의 선택에 임하기를 다시 한번 권한다.

한국은 교육열이 높은 나라인가?

다음은 우리가 사실이라고 믿고 있는 말인데, 오히려 그 반대일지도 모른다.
① 우리나라의 교육열은 매우 높다. ② 우리나라 대학의 등록금은 1인당 국민 소득에 비해 지나치게 높다. ③ 과외를 많이 하면 성적이 올라간다. ④ 8학군 지역의 학부모들의 교육열이 다른 지역에 비해 높다. ⑤ 8학군 출신 학생들의 대학 학업 성취도가 다른 지역에 비해 높다.

언론이나 매스컴에서 흔히 한국은 세계에서 교육열이 가장 높은 나라라고 말한다. 말 뒤에 꼬리표처럼 붙는 코멘트는 우리의 교육 제도가 잘못되어 이대로 가다가는 교육망국이 될 수 있다는 것이다.

우리나라의 교육 제도가 잘못되었다는 점은 나도 동의한다. 그러나 우리나라가 세계에서 가장 교육열이 높다는 말에는 찬성하기 어렵다. 과연 미국의 교육열이 우리나라보다 낮은가? 상급 학교 진학이나 대학·학과의 선택을 위한 현명한 판단도 교육열이라 본다면, 과연 우리나라 학생이나 학부모들은 미국에 비해 더 합리적인 결정을 내리는 것일까?

싱가폴의 경우 초등학교 4학년 때 시험을 보아 대학 진학 여부를 결정한다. 그리고 5학년 때 다시 한 번 기회가 주어진다.

독일의 경우에도 다양한 직업 교육 제도가 있고 대학 진학에 따른 학비는 없으나 대학 진학은 소수의 학생에게만 주어진다. 싱가폴의 경우 초등학교 4학년 때 이미 대학에 진학할 수 있느냐가 정해지기 때문에 '치맛바람'이 우리의 상상을 초월한다. 싱가폴은 영국의 식민지였는데, 우수한 학생들은 영국에서 대학 교육을 받기 원한다. 일본의 경우를 보더라도 고등학교 진학 시 시험을 치른다. 이스라엘도 교육열이 높은 국가이다.

교육열을 학생이나 학부모들의 '무모한' 또는 '비합리적'인 대학 진학 선호라는 기준에서 보아도 우리나라의 교육열이 세계에서 가장 높다는 말은 성립하기 어렵다. 더욱이 합리적인 판단에 의해 대학의 진학 여부를 결정하는 기준에서 보면 우리나라 학생이나 학부모들의 교육에 대한 관심은 결코 높은 수준이 아니다.

우리나라의 사교육비가 가계 지출에서 차지하는 비중이 높다는 면에서 본다면 우리나라의 교육열은 매우 높다고 볼 수 있다. 대부분의 선진국의 경우 재수 학원이나 학원이 없고 공교육이 제 역할을 담당하고 있기 때문이다.

8학군 학부모의 교육열이 높다는 점도 마찬가지이다. 내 생각으로는 8학군 학부모들의 교육열이 높은 것이라기보다는 이들 지역 학부모들의 학원비 지출 액수가 높다는 것이 보다 정확한 표현이다. 한국교육개발원에서 2002년에 출간한 「스스로 공부하는 아이가 21세기를 지배한다」라는 책을 보면 과외비를 많이 써도 성적이 오르지 않는다는 '고 비용 저 효율인 과외비'라는 결과가 나와 있다. 이는 서울시의 중·고등학생 2천 명의 2001년 1월~7월까지 국어, 영어, 수학 과외비 지출 액수가, 2001년 1학기의 국어, 영어, 수학 석차 백분위 성적에 어떤 영향을 주었는지 분석한 것이다. 이에 따르면 ① 국어의 경우 성적이 많이 오른 학생이 떨어진 학생보다 국어 과외비를 평균 3만원 적게 지출한 것으로 나타났고, ② 영어는 성적이 크게 오른 학생의 과외비 지출이 가장 낮게 나타났으며, ③ 수학의 경우 과외비 지출이 많은 학생이 성적은 가장 많이 하락한 것으로 나타났다. 즉 과외비 지출이 많은 학생의 국어, 영어, 수학 성적이 오히려 떨어졌다는 것이다.

이것은 두 가지로 해석할 수 있다. 첫째는 한국교육개발원이 강조한 대로 과외를 해도 성적이 오르지 않아 과외의 효과가 없다는 것이고, 둘째는 해당 과목의 실력이 상대적으로 낮은 학생이 과외비를 많이 지출했기 때문에 이런 결과를 초래하였다고도 볼 수 있다. 어쨌든 이 조사는 과외를 한다고 해서 꼭 성적이 향상되지는 않는다는 점을 보여주고 있다.

같은 책자에서, 모 대학교 입학 관리실에서 1997년~2001년의 학업 성취도를 분석한 결과 서울 학생들의 학업 성취도는 강남구, 서초구 등 이른바 서울 강남권 출신 학생들이 성동구, 도봉구, 중구 등 다른 지역 학생들에 비해 성적이 크게 낮은 것으로 나타났다.

　　이상의 결과를 볼 때 8학군 지역의 교육열이 다른 지역에 비해 높다거나, 과외비 지출이 많다고 해서 성적이 향상된다거나 나아가 8학군 지역 출신 학생이 대학에서의 학업 성취도가 높다는 것은 검증된 바 없는 것이라 볼 수 있다.

Summary

1. 충분한 정보와 미래를 생각한 다음 종합적인 판단을 내려 대학 입시를 결정하라.

2. 명문 대학에 입학하는 방법은 제한되어 있으나 명문 대학을 졸업하는 방안은 다양하다.

3. 현실적인 측면을 중시한다면 자신이 선호하는 대학에 진학하도록 노력하라. 이 경우 학업 성취도도 높아지고 행복한 대학 생활을 할 수 있다.

4. 이론상으로 보면 자신의 적성에 맞는 학과를 선택한 후, 대학을 결정하는 것이 올바른 수순이다.

5. 우리나라는 교육열이 높은 나라가 아니라 가계 지출 중 사교육비 지출이 가장 높은 나라이다.

좋은 대학이란?

좋은 대학, 좋은 학과의 기준은 객관적인 잣대로 재는 것보다는 수험생 자신의 선호도가 가장 중요하다. 서울대 황우석 교수는 부모님의 반대에도 무릅쓰고 당시 서울대 농대에 입학하여 현재 생명복제술의 세계적 대가가 되었다. 세계 최초로 광우병에 걸리지 않는 소의 복제에 성공한 것도 자신이 좋아하는 일을 하였기 때문이라고 말한다.

좋은 대학이 어떤 대학이라고 정의하기는 어렵다. 객관적 기준으로 본다면 좋은 대학이란 시설이나 기자재 보유 면에서 앞선 대학이라기보다는, 가르치는 교수와 배우는 학생들의 자질이 훌륭한 대학이라고 볼 수 있다. 즉 대학의 좋고 나쁨은 하드웨어 적 측면보다는 소프트웨어 적 측면에서 접근하는 것이 바람직하다.

학생의 입장에서 좋은 대학이란, 우선 자신의 적성에 맞는 학과가 있고 그 학과의 교수진이나 졸업생들이 사회에서 활발하게 활동하고 있는 대학이라고 볼 수 있다. 또한 대학의 이미지나 전통도 무시할 수 없는 부분이다.

또한 자기가 다니고 있는 고등학교 출신이 많이 진학한 학교가 친숙하게 느껴질 수도 있다. 대학에 입학한 학생의 고등학교

분포를 보면, 어떤 대학은 지방 출신이 많고 어떤 대학은 서울, 경기 출신이 많다. 그리고 대학에 진학하는 과정에서 친구들이 함께 같은 대학에 진학하는 경우도 많이 보게 된다.

이와 같이 학생 입장에서 본 좋은 대학이란 '닮고 싶은 인물', 즉 롤모델(role model)을 정하는 것과 비슷하다고 볼 수 있다. 학생들이 닮고 싶은 인물을 선정하는 기준을 보면 우선 잘 알려진 사람이나 자신이 좋아하는 사람을 고르는 경향이 많다. 잘 알려진 사람이란 대학에 비유하자면 대학의 이름이 잘 알려진 서칭 일류 대학이고, 이는 잘 알려진 대학의 서열화 순에 따르는 성향이 많다는 것을 의미한다.

우리나라의 대학 서열 기준은 지극히 단순하다. 우선 서울에 있는 대학 중에서 그동안 학생들에게 잘 알려진 대학 그리고 수능 점수가 높은 대학이 세칭 일류 대학으로 인식되어지고 있다. 포항공대, KAIST 등을 제외하고는 서울에서 얼마나 가까우냐는 기준에 의해 대학의 서열이 결정되는 경우가 많다.

닮고 싶은 인물을 자신이 좋아하는 사람이라고 볼 때 대학의 선호 순위도 이와 흡사하다. 부모나 친척들이 졸업한 대학을 자녀도 선호하는 경향이 많다. 심지어 부모가 전공한 학과까지 따르는 자녀가 있고, 다른 한편으로는 부모가 자신이 나온 학과를 자녀에게 강요하는 경우도 적지 않다.

이렇게 여러 가지 측면에서 볼 때, 공부를 잘하는 학생 입장에서 좋은 대학이란 세칭 일류 대학이고 선호학과는 자신의 취향과 맞는 여러 학과 중 사회적으로 인기도가 높은 학과인 경우가 대부분이다. 즉 대학은 물론 대학 내의 학과나 학부까지도 서열화 되어 있는 실정이다. 이러한 현상이 바람직하지는 않으나 현실적으로 대학·학과 선택의 기준이 되고 있다.

수능이나 내신 점수에 의해 자신의 적성에 맞는 학과보다는 '대학'에 중점을 두어 진학을 결정하는 것은 옳지 않다. 예를 들어 경영학과에 들어가고 싶어하는 학생이 자신이 진학하고 싶은 대학의 경영학과에 점수가 모자란 이유로 입학하지 못하고, 그 대학에서 자신의 점수에 맞는 학과를 선택하는 경우 등이 이에 해당한다.

학과의 선택은 적어도 10년 내지 20년 후를 내다보고 자신의 적성을 고려하여 결정해야 한다. 혹자는 아무 학과(부)에 입학하고 나서 전과(轉科)를 하면 되지 않느냐고 반문할 수 있다. 그러나 전과를 하기 위해서는 1학년 때 성적이 좋아야 하는데, 최근 들어 1학년 때 전공 과목의 수가 줄어들었다 하더라도 대부분의 학과(부)에서는 아직도 상당수의 전공 필수 또는 전공 선택을 이수하여야만 한다. 그런데 자신의 적성과 전혀 맞지 않은 학과에 입학하여 전공 과목의 학점을 잘 받는다는 것은 현실적으로 매우 어렵다. 즉 교양 과목은 선택의 여지가 많고 상대 평가(예를 들어 A.B.C.D.F의 비율을 학교에서 정한 바에 따라 성적을 평가하는 제도)를 적용해도 자신이 좋아하는 교양 과목을 선택한 경우 성적을 잘 받을 수 있을 것이다. 그러나 전공 과목의 경우 대부분 절대 평가(A.B.C.D.F의 비율을 정하지 않고 학생들의 학업 성취도에 따라 평가하는 제도)이기 때문에 성적의 격차가 작고 자신이 좋아하지 않는 전공 과목의 성적을 잘 받는다는 것은 쉬운 일이 아니다.

자신이 좋아하는 대학이나 학과에 진학하는 것은 매우 바람직하다. 그 이유는 학습의 동기 유발이 스스로 이루어지며 흥미를 가지고 공부할 수 있기 때문이다. 이 경우 학업의 성취도가 높아지는 것은 당연하다. 그리고 어느 대학, 어느 학과가 좋으냐의 여부는 전적으로 학생에게 달려 있다. 진학 이전에 적성·흥미 검사 등을 해보고 또한 진학의 최종 결정 시 본인의 의사를 존중하여 대학과 학과(부)를 선택하는 것이 바람직하다.

명문 대학이란?

명문대는 교수의 연구 업적과 학생의 질이 뛰어나고, 학문적 다양성이 존재하며 특히 학생들의 애교심이 큰 것이 특징이다. 이런 측면에서 볼 때 우리나라는 명문 대학은 없고 세칭 일류 대학만이 존재한다. 따라서 교육 여건을 개선시킬 수 있는 노력이 필요하다.

대부분의 사람들은, 특히 외국에서 공부한 사람들은 우리나라에는 명문 대학이 없다고 말한다. 그들이 말하는 명문 대학이란 대체로 교수의 학문적 성과가 뛰어나고, 학생들의 자질이 우수하며, 졸업생들이 자신이 원하는 곳에 취업할 수 있고, 또한 역사도 오래된 대학들을 말하는 것 같다. 미국의 유명한 학술지에 실린 한 논문에 의하면, 1980년대 초에 시카고대학 MBA출신들은 평균적으로 의뢰가 들어온 5군데의 직장 중 자신이 원하는 한 직장을 선택했다는 통계가 나온다.

또한 세계 대학 순위를 보아도 100대 대학 안에 들어가는 우리나라 대학은 하나도 없고, 노벨상을 수상한 교수도 없다. 일본 대학을 보면 역사가 오래된 대학이 많고 노벨상을 수상한 학자들도 적지 않다. 이런 기준으로 본다면 우리나라에는 명문 대학이 없다는 말이 맞다.

최근 10여 년 사이 우리나라 대학이 질적으로 크게 발전한 것은 사실이다. 몇몇 기관에서 대학 평가를 시작한 이후 우리나라 대학들도 교수 당 학생의 비율을 줄이고, 장학금 비율을 높이고 대학의 재정 자립도도 건실화하려고 노력하고, 보다 나은 강의를 할 수 있도록 각종 시설을 확충해 왔다. 각 대학들이 앞다투어 국제적 전문 학술지 또는 국내 학술지에 교수들의 게재 수를 늘리도록 교수들을 격려하고 연구할 수 있는 분위기를 만들고 있다. 또한 외국의 유명 대학을 모델로 하여 대학의 질을 높이려고 노력하고 있다.

그러나 아직도 우리나라 대학의 취약점은 여러 가지면에서 나타나고 있다. 특히 우리나라 고등학생들이 가장 선호하고 가고 싶어하는 서울대학교의 경우 그냥 지나칠 수 없는 문제점이 있다. 이 대학 재학생의 많은 수가 학과를 불문하고 행정고시나 사법고시를 목표로 공부를 하고 있다. 쉽게 말해 이 대학의 대부분의 학생들은 법대를 다니고 있는 것이나 다름없다. 그리고 당장이라도 법대로 전과할 수 있다면 대부분의 학생들이 그렇게 할 것으로 보인다. 몇 년 전 IT 산업이 호황을 누리던 시절에는 이 대학 학생들 중 상당수가 IT 업종의 창업을 희망했던 적이 있다. 즉 당시에는 행시, 사시와 IT 업종에 종사하려는 학생들이 균형을 이루고 있었다고 볼 수 있다. 그 후 IT 산업이 쇠퇴하자 이 대학의 학생들은 다시 원점으로 돌아와 행정고시나 사법고시를 준비하고 있다. 이 경우 대학의 특성화라는 말이 성립할 수가 없고 대학의 비교 우위가 어디에 있는지도 알 수 없다. 미국의 어느 대학을 보아도 이런 현상을 보이는 대학은 없다. 이런 점을 볼 때 우리나라에서 가장 일류 대학이라는 서울대학교를 명문 대학이라고 보기는 어렵다. 오히려 이 대학보다는 사립 일류 대학이 명문 대학이 될 가능성이 더 높다고 볼 수도 있다.

명문대는 교수의 연구 업적이나 학생의 질이 뛰어나고, 더불어 학생들의 애교심이 큰 것이 특징이다. 어느 조직이든 좋은 조직은 그 구성원들이 '조직=나' 라고 생각하는 경향이 크다. 즉 명문 대학이란 기자재나 실험 도구, 교육 환경 등도 중요하지만, 이보다 더 중요한 것은 교수와 학생의 질, 학문적 다양성과 학생들이 학교에 갖는 자긍심이 높아야 한다. 이러한 점에 대해 우리나라 대학들이 관심을 갖고 지속적으로 노력한다면 앞으로 10년 내지 20년 후에는 우리나라에도 세계 100대 대학 안에 드는 대학이 5개 정도는 탄생할 가능성도 있을 것이다. 그러나 현재 시점에서 보면 우리나라 대학 수가 200개나 되는데 과연 이들 중 몇 % 정도가 대학다운 대학이라고 볼 수 있는지 의문이다. 우선 인구 수에 비해 대학이 너무 많고 재정이 열악한 곳이 태반이다.

명문 대학은 없고 세칭 일류 대학만이 존재하는 것이 우리의 현실이다. 따라서 대학 당국, 교직원 그리고 학생들이 하나가 되어 세계의 명문 대학에 진입하려는 노력을 지속적으로 기울여야 한다.

좋은 대학이 명문 대학을 뜻하는가?

우리나라의 세칭 일류 대학들은 아직까지 명문 대학과는 거리가 멀다. 그러나 졸업생들은 사회적 연줄의 혜택을 그 어느 나라보다 많이 받고 있는 실정이다. 이런 점들을 고려해 볼 때 대학에 진학하려는 학생들에게 정직하게 조언해 줄 수 있는 말은 가능하면 세칭 명문 대학에 가되 자신의 적성도 고려해야 한다는 정도이다.

아직까지 우리나라의 경우 명문 대학은 존재하지 않고 세칭 일류 대학만이 존재한다. 다른 나라에도 같은 현상이 없는 것은 아니나 특히 우리나라의 경우 세칭 명문 대학 출신들은 사회적 연줄의 이득을 많이 보고 있다. 다시 말하면 우리나라의 세칭 일류 대학 출신들은 그렇지 않은 사람보다 출세할 기회가 훨씬 많다. 그리고 이로 인한 사회적 비용도 매우 크다.

아무리 이러한 현상을 막기 위해 교육인적자원부가 대학별 특성화를 강조하고 이를 실천하지 않는 대학에 한해 불이익을 주겠다고 해도 현재 200개 대학을 특성화할 뾰족한 방안이 없다. 즉 대안이 없을 뿐더러 학생들도 세칭 일류 대학에 만족하는 것으로 보인다. 따라서 이러한 여건 속에 교육백년대계라든가 대학별 특성화가 중요하다는 말은 학생은 물론 학부모에게 잘 따혀들지 않는다.

　대학 특성화는 말처럼 쉬운 것이 아니다. 특성화란 대학별로 비교 우위를 지닌 학문 분야를 집중적으로 키우는 것을 의미한다. 그런데 현재 우리 대학의 실정은 거의 모든 대학이 대부분의 학과를 지니고 있는 백화점 식 형태를 지니고 있다. 이런 상황에서 특성화를 지향한다는 것은 학생 수를 줄여야 한다는 것을 의미한다. 아무리 한 대학이 전자컴퓨터공학을 특성화하였다 하더라도 이 분야의 학생 수를, 예를 들어 5,000명 이상으로 하기에는 어려운 실정이다. 즉 현실적으로 볼 때 재정이 어려운 우리 대학에서, 대학별 학생 수를 줄이는 특성화를 추진하기는 어렵다.

　교육 개혁이 그만큼 어렵고 각종 이익 집단(지방대 • 지방 사립대의 재단 또는 졸업생들 등)의 반발에 거슬러가면서까지 교육 개혁을 성공적으로 성취하기는 어렵다는 말이다. 이는 단적으로 A장관 시절에, 편입학에 대한 지방 대학 등의 반대로 그 규모를 바꿀 수밖에 없었다는 점에서도 잘 알 수 있다. 즉 그 이전까지는 대학 편입이 2, 3 학년 모두에게 허용되었고 편입생의 60% 정도가 2학년 때 편입한 학생이었으며 편입생에 군입대자까지 포함하였으나 A장관이 지방 대학의 반대에 밀려 편입 대상에서 군입대자를 제외하고 편입도 3학년 때에만 허용하기로 방침을 바꾼 바 있다.

　이러한 이유로, 학생은 수능 점수뿐만 아니라 장래 계획이 바

뀐 경우에도 대부분 자신이 원하지 않는 대학·학과에 다녀야
할 수밖에 없다. 이것은 결코 바람직하지 않다. 그런데 결국 이
조치로 인해 편입생의 규모가 6만 명에서 4만 명으로 줄어들었
고 2006년에는 더욱 축소될 전망이다.

이런 점들을 감안해 볼 때 대학에 진학하려는 학생들에게 조
언해 줄 수 있는 말은 가능하면 세칭 명문 대학에 가되 자신의
적성도 고려해야 한다는 정도이다.

자신이 다니는 대학·학과에
만족하는 학생은 얼마나 될까?

불행하게도 우리나라 대학생 중 자신이 다니는 대학이나 학과에 모두 만족하고 있는 학생은 100명 또는 200명에 1명 정도밖에 되지 않는다. 대학 생활을 행복하게 보내고 대학에서의 성취도를 높이기 위해서는 무엇보다 자신이 속한 집단(대학·학과)에 만족해야 한다. 고등학교 학생들은 대학 입시에만 전념하여 점수를 잘 받으면 자신이 원하는 대학에 갈 수 있을 것으로 생각한다. 그러나 대학이나 학과의 선택은 다소 시간이 걸리더라도 전문가의 도움을 받거나 수험생-부모-교사 간의 상담을 통해 학생이 스스로 원하는 것이 무엇인지를 찾는 노력이 중요하다. 더욱이 앞으로 10년~20년 후를 내다보고 이런 결정을 내린다면 더할 나위 없이 좋다. 이러한 상담이나 대화는 공부할 시간을 뺏는 것이 아니고 입시를 앞둔 학생들에게 확실한 목표를 주어 오히려 학업 성취도가 높아질 수 있다는 것을 학부모 먼저 깨달아야 한다.

자신이 다니는 대학·학과에 만족하는 학생이 얼마나 되는지를 알아보는 것은 어렵다. 그 이유는 우리나라 모든 대학생을 대상으로 설문 조사를 해야 알 수 있기 때문이다.

여기에서는 포항공대, 카이스트, 서울대, 연세대, 고려대, 한양대, 서강대, 성균관대, 이화여대 등 13개 대학에 입학한 학생들이 자신의 대학에 만족한다는 가정 하에 우선 자신이 다니는 학과에 만족하는 학생 수를 추정하였다.

위에 열거한 각 대학의 입학 정원을 보면 포항공대 300명, 카이스트 600명 내외, 서울대 3,955명, 연세대 3,937명, 고려대

4,080명, 한양대 3,337명, 서강대 1,680명, 성균관대 3,999명, 이화여대 3,635명, 중앙대 2,645명, 한국외국어대 1,725명, 경희대 2,941명, 숙명여대 3,469명으로 총 35,303명이 된다. 이를 4년제 대학과 전문대를 합친 입학 정원 64만 4천 명으로 나누면 5.58%가 된다. 즉 우리나라 대학생 중에서 대략 5.5% 정도가 자신이 다니는 대학에 만족하고 있다고 생각할 수 있다.

그런데 이들 13개 대학에 다니는 학생들이라고 해서 자신이 다니는 학과(부)에 만족하는 학생 수는 그리 많지 않을 것으로 생각된다. 다시 말해 대학은 만족하나 자신이 다니는 학과가 마음에 들지 않는 학생들이 상당히 많을 것이다. 그 이유는 내신 또는 수능 점수로 대학을 선택한 다음 자신의 적성을 고려하지 않고 학과를 선택한 경우도 있고, 또는 자신의 적성에 적합하다고 생각한 학과에 막상 들어가 보니 적성과 맞지 않는 학생들도 있을 수 있기 때문이다.

서울대의 경우 법과대학, 경영대학, 사회·과학계열, 의예 그리고 공과대학의 입학 정원은 1,281명으로 총 입학 정원의 32.4%에 달한다. 고려대학의 경우는 법과대학, 경영대학, 정경대학, 생명환경과학더학, 생명과학대학, 공과대학의 입학 정원은 1,240명으로 총 입학 정원의 30.4%에 달한다. 한편 서울대의 경우 법과대학, 경영대학, 의예과, 사회과학계열의 1/2, 공과계열의 1/2에 해당하는 학생들이 대학·학과에 만족한다고 보면 그 수는 818명으로 총 입학 정원의 20.7%이다. 고려대의 경우 법과대학, 경영대학, 의과대학, 생명과학대학, 정보통신대학, 전기전자공학부와 정경대학의 학생 1/3이 만족한다고 하면 이들의 수가 791명으로 총 입학 정원의 19.3%에 달한다.

연세대의 경우는 자연계는 의예, 공학계열, 인문계는 사회과학계열, 인문계열, 생활과학계열, 간호, 신학으로 대단위 계열별 모집을 하고 있다. 따라서 연세대와 고려대를 비교해 볼 경우 고려대 법과대학이 서울대를 제외한 대학 중 수능 점수가 가장 높은 반면 고려대의 경영대학은 연세대의 사회계열과 같은 등급에 속해 있다. 자연계의 경우도 연세대 공학계열이 고려대학에서 의과대학을 제외하고 가장 높은 생명과학대학과 같은 수준에 있다. 따라서 수능 점수별 인문계, 자연계의 조건표를 보면 고려대의 법과대학이 가장 높게 나타났으나 사실 상 수능 점수는 연세대가 고려대보다 낮다고 볼 수 없다. 그 이유는 예를 들어 연세대의 경우 사회계열의 입학 정원이 670명이나 되고 이 중에서 1학년 때 성적이 좋은 학생이 자신이 선호하는 학과를 선택할 수 있는 등 광역화 된 계열별 모집을 하고 있기 때문이다.

따라서 고려대학의 경우 1학년 때 성적에 좌우되지 않고(즉 위험 부담 없이) 인문계열의 법과대학이나 경영대학에 곧바로 진학할 수 있는 반면, 연세대의 경우에는 일단 사회계열로 지원한 다음 자신이 원하는 학과를 선택할 수 있는데 인기 학과에 많은 학생이 몰리는 경우 1학년 때의 성적을 기준으로 한다.

여기서 다시 앞으로 돌아가 보자. 서울대학에 입학한 학생 중

넓게 보면 약 32%, 좁게 보면 약 20%가 자신이 다니는 학과에 만족하고, 고려대학의 경우 이 비율이 각각 30%, 19%에 달하는 것으로 보인다. 여기서 우리가 생각할 수 있는 것은 대학의 명성이 낮을수록 그 대학의 재학생 중에 자신이 선호하는 학과 또는 학부에 다니는 학생의 수가 낮게 나타나리라는 점이다.

이상을 고려해 보면 위에서 언급한 13개 대학에 다니는 학생들의 학과 만족도는 서울대, 연세대, 고려대가 높다고 생각할 수 있다.

따라서 이들 13개 대학 전체를 기준으로 볼 때 자신이 다니는 학과 만족도는 서울대, 연세대, 고려대보다 훨씬 낮을 것으로 보인다. 또한 이들 대학생 중 학과에는 만족하더라도 대학 자체에 만족하지 못하는 학생들도 상당수 있을 것으로 보인다.

이들이 자신이 다니는 대학에 만족한다고 보고 이들 중 자신이 다니는 학과 또는 학부에 만족하는 학생의 비율을 10~20%로 보면 전체 대학생 중 자신이 다니는 대학·학과에 모두 만족하는 학생의 비율은 약 0.5~1.0%정도로 추정된다. 약 100명 중 1명 또는 200명 중 1명만이 대학·학과에 만족하고 다닌다는 계산이 나온다.

학부모들에게는 이 수치가 매우 충격적으로 받아들여질 것이다. 그러나 대학에서 20년 이상 몸담고 있고 다양한 대학 및 학과의 학생들을 수없이 접해 본 나의 입장에서 보면, 이 수치가 결코 낮게 추정된 것이 아니라는 생각이 든다. 대학은 마음에 드나 학

과가 마음에 들지 않는 학생 또는 자신이 다니는 학과는 마음에
드나 대학의 인지도가 낮아서 자신의 진로에 걸림돌이 된다고 생
각하는 학생들을 수없이 많이 보았기 때문이다.

　나는 학부모들에게 다음과 같이 말하고 싶다. 자녀들이 고등
학교에서 공부에만 열중하다 보면 자신이 정말 원하는 대학이나
학과를 모른 채 대학에 지원하는 경우가 많다. 그리고 이런 학생
일 경우 대학에 들어와서 자신의 전공이 적성에 맞지 않아 고민
하는 경우가 생각보다 훨씬 많다. 대부분의 학생들이 그렇듯이
고등학교 2, 3학년 때에는 자신의 적성과 학과의 조화를 생각할
여유가 없는 실정이다. 따라서 나는 학부모와 자녀가 자신이 들
어갈 대학이나 학과에 관해 오랜 시간 동안 대화하는 것은, 시간
낭비가 아니라 오히려 자녀들이 뚜렷한 목표를 가지고 대학 입
시에 전념할 수 있도록 유도하는 데 효과가 매우 크다는 점을 강
조하고 싶다.

한국 대학의 순위

　　　　　우리나라에서의 대학 순위는 평가 기준이 매우 복잡하고, 소프트웨어 적인 측면보다는 하드웨어 적 측면을 중요시하고 있다. 그러나 대학이 기본적으로 인적 자본을 육성하는 기관이고 정보화의 설비가 세칭 일류 대학의 경우 어느 정도 갖추어졌다고 보면, 교수의 연구 업적이나 학생의 질이 대학의 순위를 좌우한다고 보는 것이 합리적일 것이다. 우리나라의 경우 현재 세계 100대 대학 내에 진입한 대학은 없으나 세칭 일류 대학들은 세계 명문 대학에 합류할 수 있도록 부단한 노력을 하고 있다. 대학에 진학하려고 하는 학생들은 국내는 물론 세계 대학의 평가에서 각 대학이 차지하는 순위와 자신이 선호하는 학과의 평가도 함께 고려하여 진학 결정을 내려야 한다.

　앞에서 나는 세칭 일류 대학과 명문 대학은 다르다는 점을 지적한 바 있다. 또한 우리나라에 아직 명문 대학은 없다고 볼 수 있으며, 세칭 일류 대학 출신들은 각종 연줄을 통해 다른 나라보다 상대적으로 많은 혜택을 누리고 있다는 점도 함께 설명하였다.

　다시 말해 우리나라의 기준에서 보면 세칭 일류 대학이 명문 대학이라고 볼 수 있고, 이런 대학들이 10년 이내에는 세계의 명문 대학으로 발돋움할 가능성도 있다. 그러면 과연 우리나라의 명문 대학은 어떤 대학들인가?

명문 대학을 재는 척도에는 여러 가지 방법이 있다. 미국의 경우 대학 총장들의 투표에 의해 명문 대학을 선정하는 기관도 있고, 몇 가지 지표에 기준을 두어 명문 대학의 순위를 선정하는 기관도 있다. 우리나라의 경우에는 모 일간지의 대학 평가팀이 매년 대학 순위를 매긴다. 참고로 모 일간지의 최근 대학 평가순위는 각 평가 요소별로 10위 안에 드는 지표수가 얼마나 되는지를 기준으로 본 것이다. 그런데 이 평가는 미국의 기준보다 더욱 까다로운 것으로 보인다. 예를 들어 학생 당 장학금의 규모, 해외 파견 교환 학생 비율, 강의실 정보화 비율, 세입 중 납입금 비중, 기숙사 수용률, 외국인 교수 비율, 교육비 환원율, 교수 당 학생 수, 학생 당 교육비, 교수 연구 실적, 평판도 등 다양한 지표를 이용하여 대학을 평가하고 있다.

그러나 이 평가 기준을 자세히 살펴보면 명문 대학의 기준으로써 하드웨어 적 측면이 너무 많은 지표로 사용되고 있고, 상대적으로 학생, 교수 등 인적 자본과 관련된 소프트웨어 적 측면이 적게 반영된 것으로 보인다. 나는 앞에서 말한 대로 명문 대학의 기준을 말할 때에는 하드웨어 적 측면보다는 소프트웨어 적 측면이 강조되어야 한다고 생각한다.

우리나라에서 행하는 대학 평가의 특징은 우선 평가 기준이 너무 많고 재정 상태가 건실한 대학이 좋은 평가를 받을 수 있는 구조를 지니고 있다. 이에 비해 미국에서의 대학 평가는 몇몇 중요한 지표를 선정하고 이들 자료의 대부분을 자체적으로 평가하며, 교수의 학문적 성취도나 학생의 질 등에 중점을 두어 평가하고 있다.

그러나 현실상 우리나라 대학에 대한 평가 자료가 별로 없기 때문에 〈표 1-1〉에서는 모 일간지의 국내 대학 평가, 중국의 상하이대학에서 평가한 세계 500대 대학의 순위와 2004년 2월 6개 기업 신규 임직원 수를 단순·평균화하여 국내 대학의 순위를 정하였다.

〈표 1-1〉 국내 대학 순위

평가		서울대	포항공대	KAIST	연세대	고려대	한양대	서강대	성균관대	이화여대	중앙대	외국어대	경희대	숙명여대
국내대학	2000	3	2	1	4	5	6	10	7	8	–	–	9	–
	2001	3	1	2	4	5	7	8	6	13	11	–	–	–
	2002	3	1	2	3	6	8	7	5	–	–	–	–	–
	2003	3	1	2	3	6	7	7	5	10	–	–	–	–
	평균	3	1	2	4	5	7	8	6	9	10	12	11	–
세계대학		1	4	3	2	6	5	–	8	–	–	–	–	–
6개기업 신규 임원수		1	–	–	4	3	5	–	6	–	–	8	–	–
평균		1	–	–	2	3	4	6	5	7	8	10	9	11

1) 국내 대학 평가 : 모 일간지가 1999-2003년 간 순위의 평균이다. 이 자료는 학생 당 장학금 규모, 해외 파견 교환학생 비율, 강의실 정보화 비율, 세입 중 납입금 비중, 기숙사 수용률, 외국인 교수 비율, 교육비 환원율, 교수 당 학생 수, 학생 당 교육비, 교수 연구 실적, 평판도 등의 지표를 이용하여 추정한 것이다.

2) 세계 대학 평가 : 중국의 상하의 교통대 고등교육연구소에서 2003년에 발표한 자료에 근거하였다. 참고로 국내 대학 순위를 보면 서울대(163), 연세대(300), KAIST(312), 포항공대(322), 한양대(408), 고려대(412), 성균관대(423) 순으로 나타났다.

3) 6개 기업 신규 임원수 : 2004년 2월 현재 S 그룹, L 그룹, H 차, HJ 그룹, H중공업, H 그룹의 신규 임원 출신 수를 대상으로 하였다. (모 경제 일간지 2004. 2. 3)

4) 포항공대와 KAIST는 대학의 특성을 감안하여 순위를 매기지 않았고, 다른 순위 지표가 없는 대학의 경우 국내 대학 평가(모 일간지)를 기준으로 하였다.

참고로 세계 500대 대학의 평가 결과에 의하면 국내 대학 중 100위 안에 드는 대학은 하나도 없다. 서울대 163위, 연세대 300위, 카이스트 312위, 포항공대 322위, 한양대 408위, 고려대 412위 등으로 나타났다. 또한 〈표1-1〉은 대학 종합 순위만을 보여주고 있는데 이를 인문·사회계, 자연계, 공대로 세분하면, 나아가 각 학과(학부)별로 세분하면 그 괴리가 매우 크다는 점을 알 수 있다. 따라서 〈표1-1〉은 국내 대학의 순위를 단순화하여 종합적으로 평가한 것이다.

〈표1-1〉에 의하면 국내 대학 순위는 서울대 1위, 포항공대와 카이스트가 공동 2위, 연세대 4위, 고려대 5위, 한양대 6위로 나타났다. 그 뒤를 이어 성균관대, 서강대, 이화여대, 중앙대가 7위~10위를 차지했고, 경희대, 외국어대, 숙명여대가 그 뒤를 이어 11위~13위를 보이고 있다. 과연 이 평가가 어느 정도 신뢰성이 있는지는 누구도 장담할 수 없다. 내가 이 대학 순위를 가지고 대성학원과 김영 한국대학편입사에 문의한 결과 대체로 이들 순위에 공감을 하고 있음을 알 수 있었다.

앞에서 언급한 바와 같이 아직까지 우리나라 대학 중에서 세계 명문 대학에 진입한 학교는 없는 실정이나, 〈표1-1〉에 나타난 대학들은 대부분 세계 명문 대학 안의 진입을 모색하고 있다.

명문 대학을 선호하는 이유

일류 대학을 선호하는 이유는 사회적 편견에 의한 것이고 이는 대학의 선진화에 걸림돌이 된다. 그러나 정보가 부족한 학생이나 학부모의 입장을 고려해 볼 때 '묻지마 식'의 세칭 일류 대학 선호 경향을 탓할 수만도 없는 것이 우리의 참담한 실정이다. 무엇보다 기업의 채용 형태가 과학화·합리화되어야 한다.

2004년 현재 우리나라에 명문 대학은 없다. 그러나 세칭 일류 대학을 포함한 대부분의 대학들이 명문 대학을 목표로 부단한 노력을 하고 있는 것은 사실이다. 그리고 학생들이나 학부모들이 일류 대학을 선호하는 것도 사실이다. 그 이유는 무엇일까?

학부모들은 우리나라의 경우 아직도 학벌이 사라지지 않았다고 믿고 있다. 기업의 채용을 예로 들어보자. 기업의 신규 사원 채용 시 H그룹 등에서 학벌을 보지 않고 자료 없이 면접 등을 실시하였고, 이것이 많은 사람들에게 좋은 반응을 얻은 것은 사실나 이 경우에도 2차 견접, 즉 임원 면접 시에는 입사 원서와 자기 소개서를 보고 면접한다. 원적이나 본적의 경우에도 마찬가지이다. 얼마 전부터는 입사 지원서에 원적이나 본적을 표기하지 않는 것이 일반화되어 있다. 그러나 기업은 채용 시 입사 지망자의 성장 배경을 중요시한다. 특히 새로운 세대의 사고 방식이 예전과는 많이 바뀌었기 때문에 이들이 일과 조직에 적합한 사람인지 면접을 통해 면밀히 검토한다. 이런 기업의 입장에서는 입사 지원자의 가족 배경이나 자라난 환경을 중요시하기 마련이다. 이런 의미에서 원적이나 본적을 알고 싶어하는 것이 인사 담당자들의 공통된 심정일 것이다. 현재는 대부분의 지원자들이 본적이 서울이라고 말한다. 그것은 사실이다. 인사 담당자는 자기 소개서에 "저의 증조부께서는 이북 신의주에서 월남하셔서 인천에서 사시다가 제가 초등학교 4학년 때 서울로 이사와서 현재까지 서울에서 살고 있습니다."라고 말하는 지원자들에게 호감을 갖는다.

나는 'new generation'을 두 가지로 부른다. 하나는 신세대이고 다른 하나는 신(新) 일류이다. 전자의 경우가 새로운 세대의 창의적이고 진취적인 긍정적인 면을 강조하는 것이라면, 후자의 경우는 책임감 없고 남과 어울리지 못하는 등의 부정적인 면을 강조하는 것이다.

기업 채용 시 학벌을 중요하게 보는 이유 몇 가지를 적어보면 다음과 같다. 명문 대학의 경우, 학점 관리 등 전반적인 학사 관리가 정직하다는 점이 첫 번째 이유이다. 두 번째 이유는 명문 대학 출신이 그렇지 않은 사람보다 업무 수행 능력을 평가할 수 있는 전공 지식, 영어와 컴퓨터 실력이 뛰어난 경우가 많기 때문이다.

세 번째로 사회에서 명문 대학 출신을 선호하는 이유는 명문 대학 출신의 경우 사회적 연줄 면에서 유리하고, 이것이 궁극적으로 회사의 이익과 무관하지 않다고 판단하고 있기 때문이다. 이는 잘못된 것으로 볼 수도 있으나 우리 사회에 오랫동안 토착된 관행임은 부인하기 힘들다.

예를 들어보자. 어느 모임에서 민간 연구소 소장을 만난 적이 있다. 인사를 나누고 난 다음 혹시 박사를 채용할 필요가 있느냐고 물어본 적이 있다. 그는 나에게 어느 분야를 전공한 박사가 필요하다고 말하였다. 마침 조건에 맞는 박사가 있어서 이런 사람은 어떻겠느냐고 물어보았더니, 연구소장이 어느 대학 출신이냐고 물어왔다. 그가 외국의 OO 대학을 졸업한 사람이라고 말했더니 그 연구소장은 우리나라에서 어느 대학을 나왔냐고 물었다. 내가 추천한 박사는 우리나라의 대학 기준으로 보아서 일류 대학을 나온 사람은 아니었다. 그 박사가 나온 국내 대학을 말하였더니 연구소장은 그 사람은 곤란하다는 식으로 대답하였다. 이처럼 민간 연구소의 경우에도 내재된 실력뿐만 아니라 그가 국내의 일류 대학을 졸업하지 않아 사회 연줄이 좋지 않다는 이유로, 다시 말해 연구에 필요한 자료를 얻기가 쉽지 않다는 판단에서 내가 추천한 박사의 실력이나 박사 논문도 보지 않고 그를 채용 대상에서 고려조차 하지 않은 것이다. 이와 같이 아직도 우리나라 사회에서는 일류 대학 출신의 사회적 연줄을 중요시하고 있다.

　대기업의 경우 일류 대학 출신을 우선으로 하는 성향은 더욱 심하다. 일류 대학 재학생 중 인턴 사원을 뽑고 졸업 후에 이를 채용하는 기업이 대부분이다. 일류 대학 출신이 아닌 사람은 아예 채용 대상에서 제외된다는 말이다. 그러나 기업에 물어보면 우리 기업의 경우 일류 대학 출신이 아닌 사람도 상당수 있다고들 한다. 맞는 말이다. 그런데 이들의 숫자가 매우 적고 대부분 특별한 재능을 지녔거나 실력이 매우 뛰어난 극소수에 불과하다.

　언젠가 텔레비전 모 채널에서 채용 방식의 개선 방안에 대해서 토론을 한 적이 있다. 당시 한 대기업의 부사장은, 선배가 후배들을 만나 술자리 면접을 통해 사원을 뽑는다는 말을 하였다. 술자리 면접 대상이 되는 대학은 일류 대학에 국한되는 것이었다. 당시 그 기업은 대기업이었지만 인사 관리 면에서 뛰어난 그룹은 아니었다. 부사장이 얼마나 머리가 나쁘면 그런 말을 방송에서 할 수 있는지 그리고 그 기업의 인사 관리가 어느 정도의 수준이기에 그런 말을 하는지 한심한 생각을 가지지 않을 수 없었다.

　10여 년 전의 이야기지만 모 그룹의 인사 담당자들을 공식적으로 만날 기회가 있었는데, 그 중 한 이사는 자기 회사의 경우 제 2캠퍼스, 소위 분교 학생들은 절대로 뽑지 않는다는 말을 점심 식사 도중 정직하게 말하였다. 그의 설명은 다음과 같다.

　K대학교 OO 캠퍼스에서 데모를 하는 도중, 학생들이 K대학교 설립자 동상의 목에 밧줄을 매고 이를 쓰러뜨리는 것을 텔레

비전에서 보고 충격을 받았다. 따라서 애교심이 없는 제 2캠퍼스 학생들을 어떻게 뽑을 수 있겠느냐 하는 것이 그의 논리였다. 그는 덧붙여서 다음과 같이 설명하였다. 만약 제 2캠퍼스의 학생이 지원했는데 그의 자질이 우수한 경우, 면접을 30분 이상이라도 하여 결점을 발견해 불합격시킬 구실을 찾는다는 것이었다. 나로서는 그 말이 거슬려 점심이 소화가 안 될 정도였다. 나가 그 말을 회장에게 전달하겠다고 했더니, 그는 잘못 발언했으니 한번만 '용서' 해 달라고 간곡히 요청하였다. 나는 그에게 한마디의 메시지만 전달하였다. K대학 제 2캠퍼스의 경우는 잘 모르겠으나 경기도 안에 있는 제 2캠퍼스의 경우 교수의 질이나 학생의 학업 성취도가 높다, 특히 이들 학교의 경우 8학군 고등학교 출신들이 많은데 븐사가 서울에 있지도 않은 당신네 회사에서 오라고 사정을 해도 절대 가지 않을 것이라는 점을 분명히 말하였다.

이상의 예는 특별한 경우가 아니라 대기업들이 대학에 대해 일반적으로 가지고 있는 생각이라 할 수 있다. 대학의 발전은 물론 기업의 성장을 위해서도 대단히 안타까운 일이나 이것이 우리의 현실이다.

이 밖에도 사회나 기업이 일류 대학 출신들을 선호하는 이유를 보면 "일류 대학 출신들이 일반적으로 애교심, 자긍이 높고 조직과 나를 일치시키는 정도가 크다." 또는 "일류 대학 학생들의 경우 사회나 자기 개발에 대한 정보를 많이 알고 있다."는 등의 이유를 들고 있다. 이 또한 검증된 바 없는 사실이다.

그러나 학생이나 학부모의 입장에서 보면 사회나 기업이 대학을 보는 시각을 무시할 수 없는 실정이고, 따라서 일류 대학 선호 현상이 줄어들지 않고 있는 것으로 보인다. 며칠 전, 일류 대학에 8학군 출신의 입학자가 늘어 교육이라는 매체를 통해 부(富)의 세습이 이루어지는 것이 아니냐는 우려가 매스컴에서 방영되었다. 그러나 한 대학의 연구에 의하면 소위 8학군 출신들의 입학 후 학업 성취도가 다른 지역에 비해 떨어진다는 상반된 연구 결과가 나왔다.

대학에 대한 사회나 기업에서의 편견이 사라지고 나아가 대학에 대한 평가도 학과나 대학별로 특성화되는 것이 바람직할 것이다. 그러나 현실적으로 이런 점이 부족한 우리의 상황은 결국 대학별 서열화와 일류 대학 선호 경향을 가속화시키는 결과를 가져오고 있다.

특히 기업의 여성에 대한 차별이나 편견은 대단히 심각하다. 2004년 졸업자의 경우 작년에 비해 구직 횟수가 상당히 늘었다는 보도 자료가 나오고 있다. 특히 여학생의 경우 이런 현상은 더욱 심각하다. 심지어 50개 이상의 회사에 입사 원서를 낸 학생도 있고 1.5 : 1의 최종 면접에서 단지 여자라는 이유로 불합격한 사례도 많이 보았다. 심지어 여학생이 입사 지원서를 낼 경우 원서를 접수하는 여직원들이 이들을 보기가 안타까워 이곳에서는 여성을 뽑지 않으니 입사 원서를 내지 말라고 했다는 이야기를 들은 적이 있다.

내가 여성단체협의회의 자문위원으로 재직하던 기간 중 이 문제를 심각하게 검토한 적이 있다. 언젠가 실력이 우수한 여학생 중, 기업의 채용에서 불합격한 학생들을 골라 소송을 제기하자는 안건이 나왔었다. 당시 서울시 여학생들이 이러한 기업의 여성 기피 현상에 대해 법적으로 대처하자는 모임도 구성되었었다. 법적 소송을 제기할 경우 해당 여학생을 불합격시킨 이유를 설명해야 할 귀책 사유는 학생 자신이 아닌 기업의 대표 이사에게 있다. 남녀고용평등법에서 이와 같이 명시한 이유는 입사 지원서를 낸 여학생은 불합격한 이유를 모르고 있기 때문이다. 이 경우 회사측은 모든 채용 관련 자료를 공개하고 해당 여학생이 불합격한 합리적인 사유를 설명할 수 있어야 한다.

그러나 여성단체협의회의 자문위원들은 이런 법적 대응을 하지 않기로 하였다. 그 이유는, 여학생에 대한 채용을 기피할 가능성이 더욱 높아질 것을 우려해서이다. 즉 여학생들을 위해 이런 소송을 자제한 것이다. 또 다른 이유는 채용이란 그야말로 사람을 뽑는 과정으로써, 요즘은 시험 대신 면접이나 서류 전형을 많이 보기 때문에 그 이유를 합리적으로 설명하기가 어렵다는 점이다. 기업은 인사 담당 전문가나 심지어 변호사를 고용해서라도 법적인 소송에서 지지 않으려고 노력할 것이고, 나아가 앞으로 여성의 사회 진출이 더욱 어렵게 될 것이라는 점을 염려하지 않을 수 없었기 때문이다.

Summary

1. 원하는 대학이나 학과(부)의 선택 시 객관적인 기준보다는 수험생 자신의 선호도를 중시하라.

2. 자신이 좋아하는 대학·학과에 진학하는 경우, 자연스럽게 동기 유발이 이루어지며 자긍심을 갖고 공부할 수 있다.

3. 명문대는 교수 연구 업적이나 학생의 질이 뛰어나고, 학문적 다양성과 학생들의 애교심이 큰 것이 특징이다.

4. 좋은 대학이 반드시 명문 대학을 뜻하는 것은 아니다. 그러나 세칭 일류 대학의 경우 사회적 연줄(인맥)의 혜택을 많이 본다.

5. 우리나라 대학생 중 대학·학과에 만족하고 있는 학생은 100명 혹은 200명 중 1명 정도로 매우 낮다.

6. 국내 및 세계 대학 평가와 6개 기업 신규 임원 수를 기준으로 추정한 국내 대학의 순위는 서울대, 연세대, 고려대, 한양대, 성균관대, 서강대가 1위~6위, 그 뒤를 이어 이화여대, 중앙대, 경희대, 외국어대가 7위~10위 순으로 나타났다. 포항공대와 카이스트는 대학의 특수성 때문에 제외하였다.

Part 2

명문 대학 들어가기

명문 대학을 졸업할 수 있는 다양한 방법

여기서는 명문 대학에 들어가는 방법을 간단히 소개하고자 한다. 명문 대학에 입학할 수 있는 방법은 특별한 경우를 제외하고는 수시 입학 1, 2 그리고 정시 입학밖에 없다. 그러나 명문 대학을 졸업할 수 있는 방법은 수시, 정시 입학 외에 전과(轉科), 편입학, 학사 편입, 대학원 진학 등이 있다.

여러분 중에는 자신의 성적으로 명문 대학에 들어가기는 어렵다고 느끼는 사람들이 많을 것이다. 나는 여기서 우선 수시 입학과 정시 입학에 대해 이야기한 후, 이러한 방법으로 자신이 원하는 명문 대학에 입학하기 어렵다고 느끼는 학생들을 위해 명문 대학을 '졸업' 할 수 있는 다양한 전략을 소개하고자 한다.

우선 전과는 대체로 대학교 1학년을 마치고 나서 같은 대학 내에서 다른 학과로 옮기는 것을 뜻한다. 편입학은 1, 2학년을 마치고 나서 타 대학 3학년으로 입학하는 제도이다. 학사 편입은 대학을 졸업하고 나서 같은 또는 다른 대학의 타과로 입학하는 제도로써 대체로 졸업하는 데 2년 정도의 기간이 걸린다. 대학원 진학은 또 다른 명문 대학을 졸업할 수 있는 제도라 할 수 있다. 이에 대한 자세한 사항은 Part 5~Part 9에서 자세히 살펴 보기로 한다.

수시 입학

수시 입학은 대학 입학의 기회를 또 한 번 갖는다는 의미에서 버리기 아까운 기회이다. 그러나 이 경우 경쟁률이 높음을 감안하여 상향 지원보다는 자신의 실력에 맞게 소신 지원하는 것이 바람직하다.

최근 들어 대학 입시에서 수시 입학의 비중이 높아졌다. 그리고 2005학년부터는 이 비율은 더욱 높아질 것으로 보인다. 수시 입학은 1학기 수시 입학과 2학기 수시 입학으로 나뉜다. 국·공립 대학의 경우 2학기 수시 입학 제도만 있고, 사립 대학의 경우에는 1, 2학기 두 번의 수시 입학 기회가 있다. 1학기 수시 입학에 비해 2학기 수시 입학에서 뽑는 학생 수가 3배 정도에 달한다. 1학기 수시 모집은 대체로 7~8월 중에 시험을 보고 2학기 수시 모집은 9~12월 중에 이루어진다. 2005학년도의 경우 200개 대학을 종합해 볼 때 수시 입학의 비중은 무려 45%에 이르는 것으로 나타난다.

수시 입학은 모집의 기준(전형 요소)과 전형 요소별 비율이 각 대학마다 다르다. 2학기 수시 모집의 경우 주요 대학들이 최저

학력 기준을 명시하고 있는데, 이는 수시 입시에 합격하였다 하더라도 수능 점수가 대학에서 정한 기준에 미달하면 불합격 처리된다는 것을 뜻한다.

수시 입학은 수능보다는 학교 성적이 월등히 뛰어난 사람에게 유리하다. 수시 입학의 경쟁률이 상당히 높고 무조건 상향 지원하는 경우 불합격할 가능성이 높다. 그렇다고 하향 지원하기도 곤란하다. 수시 입학은 합격하고 나면 다른 대학에 지원할 수 없기 때문이다. 따라서 수시 입학에 뜻을 둔 학생들은 상향 지원보다는 자기 실력을 감안하여 소신 지원하는 것이 바람직하다.

정시 입학

교과 과정이 바뀜에 따라 수능의 유형이 불가피하게 바뀔 것으로 보인다. 또한 주요 대학에서는 언어, 수리, 외국어(영어) 중에서 일부 과목을 뺀다. 탐구 영역의 경우, 서울대는 국사를 포함한 4과목이나 대부분 주요 대학들은 3과목을 선택하도록 하는 등 대학별로 수능의 반영 방법이 다르다. 따라서 수험생들은 각 대학별 차이를 알고 이를 현명하게 이용해야 한다.

정시 입학은 수능 이외의 전형 요소도 고려하고 있으나, 수능의 영향이 당락을 좌우하는 가장 중요한 요인이다. 최근의 경향을 보면 수능시험에서 재수생의 평균 성적이 재학생에 비해 훨씬 높게 나타나고 있다.

2005학년도 수능에서는 제 7차 교육 과정에 의한 문제가 처음으로 출제되므로 새로운 교과 과정이 무엇을 중요시하고 있는지 알아야 한다.

제 7차 교육 과정에서 달라진 점을 보면 우선 사회·과학 탐구 모든 과목을 선택하도록 되어 있고, 전 교과에 걸쳐 단순 암기보다는 이해력과 응용력이 중요시된다. 또한 교과 내용도 탐구 활동, 보충 심화 자료, 읽기 자료 등 과거에 없던 것들이 추가되었다. 그런데 이러한 부문들은 학생들에게 익숙하지 않을 뿐더러 일선 학교 교사들도 제대로 가르치기 어렵다. 그러나 2005학년도 수능에서는 이러한 새로운 교과 과정을 중심으로 출제되기 때문에 이에 대비해야 한다.

수능 영역별로 유의해야 할 사항을 간략히 적으면 다음과 같다. 우선 영역별 배점이 과거에는 언어, 수리, 외국어(영어)가 각각 120점, 80점, 80점이었으나 2005학년도부터 이것이 모두 100점으로 바뀌었다. 탐구 영역의 경우 2004학년도에 인문계는 사회 탐구 72점(공통 57, 선택 15), 과학 탐구 48점, 자연계의 경우 과학 탐구 72점(공통 48, 선택 24), 사회 탐구 48점이었으나 2005학년도부터는 50점씩으로 바뀌었다. 주요 대학의 경우 탐구 영역의 점수를 절반 정도로 하향 조정하여 반영할 가능성이 있다는 것이 입시 전문가들의 예상이다.

언어 영역의 경우 지문 길이는 2004학년도에 이어 더 줄어들 것으로 예상된다. 그러나 고급 어휘가 대폭 늘어나고, 이해하고 동의하거나 비판할 수 있는 능력이 중요시될 것으로 보인다.

수리 영역의 경우 배점이 높은 주관식 문항이 늘어나게 된다. 따라서 수리 영역의 변별력이 높아질 것으로 예상된다. 계산 능력보다는 이해력, 추론, 문제 해결 능력이 강조될 전망이다.

외국어 영역(영어)은 어휘의 출제 범위가 전에는 고 1까지였으나 2005학년도부터는 심화 선택 단계로 불리는 고 2, 3학년 과정이 포함된다. 따라서 고급적 어휘가 지문에 많이 프함되어 외국어 영역은 전보다 더 어려워질 것으로 보인다.

탐구 영역의 경우 문항 수가 늘어났고 새로운 교과서들에 소개된 탐구 활동, 심화 보충 학습, 읽기 자료 등이 수능에서 강조될 것으로 보인다.

이밖에 주요 대학의 경우 대부분 제 2외국어 • 한문 중 하나를 반드시 선택하도록 하고 있고 이의 반영 비율은 고려대의 경우 5점을 배정하고 있다.

전과(轉科)

전과는 자신의 적성에 맞는 학과로 옮길 수 있는 귀중한 기회이다. 따라서 이 기회를 잘 활용하기 위해서는 1학년 때 학점 관리에 신경을 써야 한다.

대학 입학 시 전공학과는 전혀 고려하지 않고 대학만을 보고 선택하는 학생들이 의외로 많다. 이들에게 전과는 자신의 적성에 맞는 학과에서 공부할 수 있는 좋은 기회가 된다.

전과는 대체로 1학년 때의 성적을 기준으로 하여 2학년부터 허용하는 곳이 많다. 전과의 허용 학과 범위는 특별한 경우(의과, 예체능, 사범 대학 등)를 제외하고는 제한이 없다. 전과는 재학 중 한 번만 허용하는 것이 일반적이다.

이러한 제도가 있음에도 불구하고, 주요 대학의 경우 실제 전과를 지원하는 학생 수가 전과 정원에 훨씬 못 미치고 있다. 전과에 대한 홍보가 부족한 데에도 원인이 있지만, 대부분 학생들이 고 3의 입시 지옥에서 해방되어 대학교 1학년 때 학업을 소홀히 해 전과에 필요한 최저 학점 기준을 충족시키지 못하였기 때문이다.

　이런 학생들의 경우 전과 대신 다중 전공제를 택하는 경향이 있다. 그러나 우리나라의 학사 제도를 보면 아직도 자신이 속한 학과에서 요구하는 전공 이수 과목이 많기 때문에 다중 전공제를 실속 있게 활용하는 데에는 어려움이 따른다. 실제로 다중 전공제에서 요구하는 다중 전공 학과의 전공 이수 과목 수는 생각보다 많다. 따라서 자신의 학과가 적성에 맞지 않는 학생들은 대학교 1학년 때 학점 관리를 잘하여 전과를 하는 것이 다중 전공보다 낫다.

편입학

　　　　　　편입학은 명문 대학에 들어갈 수 있는 매력적인 제도이나 경쟁률이 매우 높다. 따라서 편입학을 원하는 학생들은 1학년 때부터 학점 관리를 잘하고 영어 실력도 향상시키도록 노력해야 한다. 아울러 각 대학별로 전형 기준이 다르므로, 편입학을 원하는 대학 및 전공을 미리 정한 후 그 대학의 기준에 맞게 전략적으로 준비하는 것이 중요하다.

　　편입학은 자신의 대학 혹은 전공에 만족하지 못하는 학생들에게 대학이나 전공을 바꿀 수 있는 기회를 제공하는 제도이다. 편입학의 규모는 연간 4만 명 정도이며 이를 준비하는 학생들은 12만 명에 이른다. 이와 같이 편입학은 매우 매력 있는 제도이기는 하나 경쟁률이 매우 높다. 따라서 편입학으로 명문 대학에 들어가는 것은 재수를 해서 명문 대학에 들어가는 것 이상으로 어렵다.

　　편입학을 통해 명문 대학에서 공부하고자 하는 학생들은 1학년 때부터 학점 관리도 잘하고 영어 실력도 우수해야 한다. 또한 주요 대학 편입생 대부분이 편입 학원에서 적어도 6개월 이상 공부한 학생이므로 스스로 공부해서 편입학에 성공하기란 쉽지 않게 보인다.

또한 편입학을 위해서는 학점도 잘 받아야 하므로 1학년 여름 방학 때부터 2학년 겨울방학까지 4번의 방학 기간을 최대한 활용하여야 한다. 또한 대학별로 편입학 전형 요소에 많은 차이를 두고 있으므로 자신이 편입학하고 싶은 대학을 미리 선정한 후 전략적으로 선택하여 집중적으로 공부하는 것이 편입학의 확률을 높일 수 있는 길이다.

학사 편입

학사 편입은 '시간적'으로 손해를 많이 보는 제도이다. 따라서 이를 결정하기 이전에 신중하게 검토해 보는 자세가 요구된다.

학사 편입의 전형 요소는 일반 편입과 비슷하다. 학사 편입은 대학을 졸업하고 난 후에 자격이 주어지므로 편입에 비해 덜 매력적이라고도 볼 수 있다. 그러나 우리나라의 학사 여건을 볼 때 두 개의 전공을 충실히 공부하고자 하는 학생에게는 학사 편입이 일반 편입에 비해 더 나을 수 있다. 그 이유는 일반 편입학은 3학년에만 적용되기 때문에 전공이 다른 학과에 편입하여 3, 4학년 중에 전공을 충분히 공부하기 어렵기 때문이다.

학사 편입의 경우 한 가지 유의해야 할 점은 취업을 원하는 경우, 학사 편입을 해서 졸업한 이후 자신의 연령이 취업 제한 연령을 초과하지 않는지를 미리 알아보고 결정해야 한다는 것이다.

대학원 진학

대학원 진학을 원하는 학생들의 경우 대부분 세부 전공이나 장래에 대한 구체적인 목표 없이 진학을 결정하는 경우가 많다. 이런 경우 공부하려는 목표가 뚜렷하지 않을 뿐더러 어느 대학 또는 여느 교수 밑에서 공부하는 것이 좋은지 판단을 제대로 할 수 없게 된다.

정보화 및 디지털 시대를 맞이하여 경영의 외부 환경이 변함에 따라 기업들은 변하는 환경에 능동적으로 대처할 수 있는 능력을 지닌 사람을 채용하기 원한다. 우리나라의 경우 대학 교육이 시민 교육화 되고 있어 대학만을 졸업한 경우 이러한 능력이 부족한 대졸자가 많다. 따라서 대학원 진학은 학문적 성취를 위해서 뿐만 아니라, 졸업 후 취직하여 더 오랫동안 직장에서 살아남기 위해서도 필요하다고 볼 수 있다.

기업의 일류 대학에 대한 선호는 학부보다 오히려 대학원에 더 크게 나타나고 있는 것으로 보인다. 따라서 대학원 진학을 원하는 학생은 자신의 전공 분야, 장래의 포부뿐만 아니라 어느 대학에 진학하여 어느 교수의 지도를 받는 것이 최선인지에 대해서도 생각해 보아야 한다.

Summary

1. 명문 대학을 선호한다면 명문 대학에 들어가는 방법과 명문 대학을 졸업하는 방법에 관심을 가져라.

2. 수시 입학의 비중이 높아졌다.

3. 수시 입학은 수능보다는 내신이 뛰어난 사람에게 적합하다.

4. 정시 입학은 수능이 당락을 좌우한다.

5. 수시 입학과 정시 입학의 선발 기준이 대학별로 다르므로 이를 정확히 파악하라.

6. 전과는 같은 대학교 내에서 과를 옮기는 제도이다. 전과의 경쟁률은 그다지 높지 않으므로 이를 적극적으로 활용하라.

7. 편입학은 3학년 1학기에 대학·학과를 바꿀 수 있는 기회를 제공한다. 편입학에 합격하기 위해서는 1학년 때부터 학점 관리를 잘해야 한다.

8. 학사 편입의 전형 요소는 일반 편입과 비슷하다. 학사 편입 시 졸업 후 연령이 취업 제한 연령을 초과하는지 미리 알아보고 결정하라.

9. 대학원에 진학하기 전에 세부 전공이나 구체적인 목표를 확실히 세워라.

대학·학과의 결정

대학·학과 결정은 어떻게 할까?
대학별 취업률은 천차만별
수험생-부모-교사는 한 마음이 되어야 한다
10년 후 나의 모습을 그려라

대학 • 학과 결정은 어떻게 할까?

대학 진학을 앞둔 학생들이 대학 • 학과를 결정하는 과정은 매우 다양하다. 과연 어떠한 방식으로 결정을 내리는 것이 최선의 방안인지 현명하게 판단해야 한다. 대학 • 학과의 선택은 인생에 있어서 가장 중요한 의사 결정이다.

대학 진학의 진로 결정 과정에서 나타나는 두 가지 전형적인 유형은 대학을 중시하는 유형과 또는 학과를 중시하는 유형이다. A군의 경우 S대 사회학과에서 실패하고 다음 해에 Y대 응용통계학과에 들어갔으나 본인이 만족하지 않아 그 다음 해에 S대 인류학과에 입학하였다.

B군의 경우 S대 심리학과를 지망하였으나 실패한 후 다음 해에 Y대 경영학과에 입학하였다. C군의 경우 S대의 성적에 맞는 학과를 적당히 지원하려 하였으나 이보다는 자신의 적성에 맞는 Y대 경제학과에 입학하였다.

첫 번째 사례는 아마도 학과보다 대학을 중시한 경우로 보이며, 두 번째, 세 번째 사례들은 학과를 중시한 경우로 보인다. 많은 학생이 지나친 하향 지원으로 합격은 했으나 대학이나 학과가 마음에 들지 않아 방황하는 경우를 많이 본다.

이렇듯 대학·학과의 선택은 수험생과 그 가족에게 매우 중요한 문제이다. 대부분의 고등학교에서 고 3 때 모의고사와 중간, 기말고사를 보고 몇 번에 걸친 모의 수능고사를 본 후 이 모의 수능고사의 점수를 기준으로 하여 대학과 학과를 결정한다.

이제 몇몇 대학 진학 사례를 중심으로 과연 우리나라 학생들의 대학 진로 결정은 어떻게 이루어지는지 살펴보도록 하자.

〈사례1〉 담임 교사의 조언을 따른 경우

본인은 Y대를 고려하고 있었으나 진로 결정 시 담임 선생님이 A대 전자컴퓨터공학과를 추천하였다. 본인은 이에 대한 불만은 있었으나, 어머님이 담임 선생님과 상의하여 결정을 내렸다. 결국 담임 선생님의 조언대로 하향 지원하였다.

〈사례2〉 본인이 스스로 결정한 경우

첫 대학 입시 때 본인은 상경계열을 원했으나 대학을 고려하여 B대 사회학과에 응시했다가 실패하였다. 다음 해에 C대 무역학과에 응시하여 합격하고 결국 적성에 맞는 학과에 다니고 있어 만족스럽게 생각하고 있다.

〈사례3〉 원서 접수 상황에 따라 학과를 결정한 경우

적성검사 결과 자연계가 적합하다고 나타나 전산학과를 고려했으나 분반할 때 인문계로 바꾸었다. 첫 대입 시험에 실패하고 재수 후 경제학과에 입학하였다. 경영학과를 원했으나 경제학과를 택한 이유는 당시 경제학과의 지원률이 낮았기 때문이었다.

이 사례는 자신의 적성보다는 점수에 맞는 학과를 택한 경우이다. 참고로 대부분의 학생들이 경제학과와 경영학과는 비슷한 학과로 인식하고 있으나 대학에서 배우는 내용은 매우 다르다.

〈사례4〉 전공 학과를 고집한 여학생의 경우

고 1 때 치른 적성 검사에서 공학계열의 적성이 높게 나타났고 자신도 공학계열에 가고자 마음먹었다. 공학계열 중 재료공학과에 지원했고 지금도 자신이 결정한 학과에 다니는 것을 만족스러워 한다.

〈사례5〉 지나친 하향 지원으로 적성에 맞지 않는 학과를 선택한 경우

본인은 공대 중 전산학과 등 첨단학과에 가고 싶어했으나, 부모님의 권유로 지나치게 하향 지원해 합격하였다. 그러나 학과가 적성에 맞지 않을 뿐더러 고등학생 때 자신과 성적이 비슷한 학생들에 비해 손해를 보았다는 생각 때문에 대학 생활에 흥미를 느끼지 못했다. 졸업하여 유학을 준비 중이다.

〈사례6〉 어머니의 전공을 따른 경우

맏딸로서 진로 결정 시 어머님과 같은 명문 여대 정외과에 입학하였다. 적극적이고 책임감이 강한 성격을 지니고 있고, 취업

을 하거나 유학을 가서 MBA 공부를 하려고 하나 자신의 적성과
안 맞아서 고민이 많다.

〈사례7〉 타의로 전공을 바꾸어야만 했던 경우

미대가 적성에 맞고, 주위 친척 중에 미대 교수가 있어서 미대
입시를 준비하였으나 부모님의 반대로 포기하였다. 여대 중 상
위권 학과인 유아교육학과에 합격하였으나 졸업 후 응용 미술
디자인을 공부할 계획이다.

〈사례8〉 친척형의 영향을 받아 학과를 결정한 경우

진로 결정 시 담임 선생님은 어문계열을 추천했으나, 본인은
친척형의 영향을 받아 상경계열에 가기로 결정하였다. 자신이
내린 결정이 옳았음을 깨달았으며, 졸업 후 공부를 계속할 예정
이다.

〈사례9〉 성적에 따라 학과를 결정한 경우

중위권 대학 회계학과에 응시했으나 실패한 뒤 다음 해에는
부모님의 의사에 따라 자신의 성적에 맞는 중위권 어문계열에
다니고 있다. 현재 드중 전공으로 경영학을 공부하고 있으나, 자
신이 원했던 회계학과에 가지 못한 것을 후회하고 있다.

〈사례10〉 친구의 영향으로 대학을 선택한 경우

아버님이 기업을 경영하시기 때문에 경영학과를 권하였다. 첫

시험에서는 중상위권 경영학과에 응시하여 실패하였고, 재수한 다음에도 역시 아버님의 의사에 따라 같은 대학 같은 학과에 응시하였으나 다시 실패하였다. 3수 후에는 친구의 영향으로 대학을 선택하였고 학과도 경제학과로 바꾸어 지원하였다.

대학에 불만이 있어 재수를 결심했으나 군대 제대 후 복학해 열심히 공부하여 현재 대학원에 다니고 있다. 이 학생의 경우 부모님 의견만 존중할 것이 아니라 선배 또는 친구들의 의견을 참고하여 본인이 신중하게 생각한 후 진로를 결정하는 것이 중요함을 보여준다.

〈사례11〉 집과의 거리를 염두에 두고 대학을 결정한 경우

수능을 그리 잘 본 편이 아니라서 대학을 선택할 때 처음부터 가고 싶은 학과는 무시하고 대학 이미지만 보고 선택하려고 마음먹었다. 합격 발표가 나자 많은 고민에 빠지게 되었다. 합격된 대학들이 다 명성이나 이미지가 비슷한 학교들이어서 우열을 가리기가 힘들었기 때문이다. 그래서 주변 사람들과 친구들 그리고 부모님과 많은 이야기를 나누었고, 많은 조언을 구하였다. 결국 집과의 거리, 대학 이미지에 우선을 두었고 학과는 점수에 맞는 적당한 곳을 선택하였다. 1학년을 마치고 이제 본격적인 전공 수업을 수강해야 하는데, 다중 전공을 하려고 하나 앞으로의 진로를 놓고 고민을 많이 하고 있다.

대학별 취업률은 천차만별

각 대학별 취업률의 격차가 크게 나타나고 있다. 따라서 대학 진학 후 취업을 원하는 학생들은 취업률을 염두에 두고 대학·학과를 선택해야 한다.

고교 졸업 후 취업을 하지 않고 대학에 진학하는 이유는 대학 졸업 후 더 높은 임금을 받기 위한 것이라 볼 수 있다. 그런데 취업을 하지 못하면 임금을 받을 수 있는 기회조차 없게 된다. 최근에는 전문대의 취업률이 대학교보다 높아 전문대에 대한 선호도가 높아지고 있는 실정이다. 한편 대학별, 학과별 취업률의 결과는 각각 다르게 나타나고 있는데 여기에서는 대학별 취업률을 비교해 보기로 한다.

대학별 취업률 자료로 1991년 자료를 사용한 이유는, 우선 최근 대학들이 취업률을 공개하고 있지 않기 때문이다. 2003년 10월 13일자 모 일간지 기사에 의하면 앞으로 대학의 학과별 취업률과 취업 수준을 공개해 수험생들이 대학을 선택할 때 판단 자료로 활용토록 하는 방안이 추진될 것으로 보인다. 기사에 따르면 노동부는 대학별 졸업자 명단을 교육부로부터 넘겨받아 고용보험 데이터베이스를 통해 취업 현황과 노동 이동 경로를 확인해 대학·학과별로 취업률과 취업 수준을 산정하고, 또 기업의 채용 방식 변화에 맞는 학사 운영을 위해 정원과 학제, 휴학 요건의 융통성, 재학 중 산업 현장 연수 시 학점 인정 활성화 등을 교육부와 공동 논의할 예정인 것으로 나타났다.

그러나 현재까지는 대학·학과별 취업률이 나오지 않는 실정이다. 우리나라의 경우 다른 부분도 비슷하지만 대학 입시나 대학 선택에 관하여 학생이나 학부모의 '알 권리'를 너무 무시하고 있다. 따라서 여기서는 오래된 자료이긴 하나 1992년 5월 말에 모 경제일간지에서 대학별 졸업자의 취업률을 표로 만들어 기사화한 자료를 사용하기로 한다.

설령 최근의 취업률 자료가 있더라도 이것을 이용하는 데에는 문제점이 따른다. 우선 최근에는 기업이 되도록 채용을 하지 않으려는 경향을 보이고 있고 나아가 채용을 하더라도 대학 졸업자보다는 경력자를 선호하기 때문이다. 따라서 대학의 취업률이 저조할 뿐만 아니라 대학별 취업률의 격차가 매우 적게 나타나고 있다. 또한 임시직의 비중이 매우 높은데 이들도 모두 취업자에 포함되기 때문에 최근의 취업률 자료만을 가지고 대학 간의 우열을 가리기는 어려운 실정이다. 반면에 1991년의 경우 대부분의 대기업에서는 면접 시험을 보기 이전에 필기 시험에 합격해야 했기 때문에, 그 당시의 취업률 자료가 대학 교육의 질이

기업이나 사회의 요구에 얼마나 잘 맞는지 더 잘 파악할 수 있는 자료라고 생각된다. 문제는 10여 년이 지난 현재 시점에서 대학 교육의 질이 변하여 당시 자료가 현재의 상황을 왜곡할 가능성이 있다는 점을 염두에 두어야 한다는 점이다.

참고로 취업률은 1992년 2월 졸업 예정자가 1992년 4월까지 취업한 통계치를 가지고 작성하고 있다. 취업률에는 여러 가지 개념이 있으나 이 중 대표적인 것은 전체 취업률과 순수 취업률이다. 전체 취업률이란 '취업자+군입대자+상급 학교 진학자'를 졸업자 수로 나누어 구한 것이고, 순수 취업률이란 취업자를 졸업자 수로 나누어서 구한 것이다.

대졸자의 성별 취업률을 보면, 1992년의 경우 여자 대졸자의 취업률은 40%로 남자 대졸자의 순수 취업률 58%에 크게 못 미치고 있다. 한편 1976년~1988년 기간 중 남녀 대졸자 취업률의 변동을 비교해 보면, 경기가 불경기에 접어들면 남녀 대졸자의 취업률이 모두 낮아지고 있으나 여자 대졸자의 취업률이 상대적으로 크게 떨어지는 것으로 나타났다. 한편 경기가 회복되는 시점에서는 남자 대졸자의 취업률은 빠른 회복세를 보이는 반면, 여자 대졸자의 취업률은 변화가 없거나 시간을 두고 서서히 회복하는 경향을 보였다. 또한 여자 및 지방 대학 대졸자들의 취업률이 낮게 나타나고 있다.

1992년도 졸업생의 취업률을 〈표 3-1〉, 〈표 3-2〉에 나타난 몇 가지 특징을 중심으로 살펴보면 다음과 같다.

① 지역별로 보아 서울 소재 대학 졸업생들의 취업률이 지방 소재 대학 졸
업생들의 취업률보다 높게 나타나고 있고, 제 2캠퍼스의 취업률이 높게
나타났으며,
② 여자 대졸자의 취업률이 남자 대졸자의 취업률에 비해 월등히 낮게 나타
났고,
③ 특히 여자 대졸자의 취업률이 매우 낮게 나타났다.

〈표 3-1〉 1992년도 대학 졸업자의 취업률

(단위 : %)

	전체 취업 비중			순수 취업 비중			해당 대학 수
	남	여	계	남	여	계	
서울소재 종합대	86.1	56.1	73.9	65.9	5.5	57.6	27 (3)
지방소재 종합대	67.3	39.7	57.9	54.4	35.3	47.9	37 (9)
서울소재 단과대	79.2	59.9	69.1	49.3	55.3	52.4	6 (3)
지방소재 단과대	74.5	41.2	62.3	58.1	36.5	50.2	33 (4)
제 2 캠퍼스	75.5	43.7	66.2	60.8	38.8	54.3	11 (–)

자료 : 모 경제일간지, 1991.5. 31.
1) 1992년 2월 졸업자의 4월까지의 취업 여부를 기초로 작성하였음.
2) 전체 취업 비중 : 전체 취업률은 대학원 진학, 해외유학, 군입대자를 포함한 것임.
3) 해당 대학 수 : ( )내의 수치는 취업률이 나타나 있지 않은 대학 수를 나타냄.

〈표 3-2〉에서는 대졸자의 취업률을 1)서울 소재 남녀 공학(종
합) 대학, 2)제 2캠퍼스(남녀 공학), 3)여자 대학으로 나누어 이
들 대학의 여성 대졸자의 취업률을 비교하고 있는데, 취업률이
높은 순위는 서울 소재 종합 대학, 제 2캠퍼스, 여자 대학의 순
으로 나타났다.

〈표 3-2〉 1992년도 남녀 공학 대학 및 여자 대학의 여성 대졸자 취업률의 비교

(단위 : 구성비, %)

취업률의 분포	전체 취업률			순수 취업률		
	남녀 공학 서울 소재 종합 대학	남녀 공학 제2캠퍼스	여자 대학	남녀 공학 서울 소재 종합 대학	남녀 공학 제2캠퍼스	여자 대학
20~30% 미만	–	–	–	–	–	9.1
30~40% 미만	–	30.0	36.4	11.8	50.0	63.6
40~50% 미만	23.5	30.0	18.2	23.5	10.0	27.3
50~60% 미만	23.5	–	36.4	47.1	20.0	–
60~70% 미만	29.4	30.0	9.1	11.8	10.0	–
70~80% 미만	17.6	10.0	–	5.9	10.0	–
80~90% 미만	5.9	–	–	–	–	–
계 (해당 대학 수)	100.0 (17)	100.0 (10)	100.0 (11)	100.0 (17)	100.0 (10)	100.0 (7)
취업률의 범위	43.0 / 87.3%	34.9 / 79.6%	33.1 / 60.0%	436.3 / 73.6%	30.0 / 70.3%	29.1 / 48.5%

자료: 모 경제일간지, 1992. 5. 31. 〈표 3-1〉 참조

순수 취업률 기준으로 볼 때, 서울 소재 종합대(57.6%), 제 2 캠퍼스(54.3%), 서울 소재 단과대(52.4%), 지방 소재 단과대(50.2%), 지방 소재 종합대(47.7%)의 순으로 나타났다.

〈표 3-3〉 1992년도 여자대학 졸업자의 취업률

(단위 : %)

		전체 취업 비율	순수 취업비율
서울소재 종합여자대학	이화여대	50.0	36.6
	숙명여대	60.0	48.5
	덕성여대	51.4	47.3
	동덕여대	44.2	37.2
	상명여대	38.3	30.1
	서울여대	55.4	42.9
	성신여대	50.8	39.5
지방소재 종합여자대학	효성여대	35.1	30.0
지방소재 단과여자대학	부산여대	33.1	29.1
	성심여대	41.8	37.1
제 2캠퍼스	상명여대	35.6	30.5

자료 : 모 경제일간지, 1992.5.31 〈표 3-1〉 참조

　〈표 3-3〉에 의하면 여자 대학의 경우 취업률이 매우 낮았음을 보여준다. 이 표에 나타난 11개 대학 중 숙명여대(48.5%), 덕성여대(47.3%), 서울여대(42.9%)의 순수 취업률이 비교적 높게 나타났다. 한편 〈표 3-4〉에 나타난 1991년 2월 졸업 기준 대학별 취업률을 보면 다음과 같다. 남녀 전체의 취업 비율이 높은 곳은(전체 취업 비율 기준), 연세대(92.3%), 서강대(90.8%), 한양대(88.3%), 고려대(88.3%), 홍익대(86.6%), 성균관대(83.1%), 숭실대(81.5%), 중앙대(81.4%), 경북대(80.4%), 한양대 안산 캠퍼스(79.7%), 아주대(76.7%)의 순으로 나타났다. 한편 여자 대졸자의 취업률이 높은 학교는 연세대(87.3%), 홍익대(75.3%), 고려대(69.5%), 중앙대(64.4%), 한양대(62.7%), 한양대 안산 캠퍼스(61.7%), 단국대(60.3%), 경북대(60.1%), 숙명여대(60.0%)의 순서를 보이고 있다.

〈표 3-4〉 1992년도 기준 대학교별 취업률의 순위

(단위 : 취업률, %)

순위	전체 학생 기준		여학생 기준	
1	연세대	92.3	연세대	87.3
2	서강대	90.8	홍익대	75.3
3	한양대	88.3	고려대	69.5
4	고려대	88.3	중앙대	64.4
5	홍익대	86.6	한양대	62.7
6	성균관대	83.1	한양대(안산)	61.7
7	숭실대	81.5	단국대	60.3
8	중앙대	81.4	경북대	60.1
9	경북대	80.4	숙명여대	60.0
10	한양대(안산)	79.7		
11	아주대	76.7		

1) 전체 학생의 경우 졸업생 수가 1천 명이 넘는 대학, 여자의 경우 졸업생 수가 4백 명이 넘는 대학을 대상으로 함. 자료 : 모 경제일간지, 1992.5.31.

수험생-부모-교사는
한 마음이 되어야 한다

수험생-부모-교사가 함께 진학을 결정할 때 유의해야 할 점은 다음과 같다. 우선 부모의 학벌을 자녀의 대학 선택 기준으로 삼지 말고, 대학과 학과 결정을 되도록 빨리 내리고, 진학 관련 상담은 아버지, 어머니가 함께 참여하는 것이 바람직하나 이것이 불가능할 경우에는 어머니보다는 아버지가 상담에 응하는 것이 좋다. 또한 학업이나 진로에 대한 상담은 초등학교 때 가장 빈번하게 이루어지고 있는데 이보다는 대학교, 고등학교 때 더 절실히 필요하다는 점을 명심하라.

우리나라 문화는 가족과 함께 의논하는 것을 중요하게 생각하지 않는 경우가 많다. 그러나 사람이 혼자 떨어져 살 수 없듯이, 가족과의 대화를 통해 진로 결정을 내리는 것이 개인이 혼자 내리는 것보다 더 나은 선택을 할 확률이 높다.

따라서 졸업 후의 진로를 결정할 때, 즉 진학을 할 것인지 취업을 할 것인지 혹은 기술을 배울 것인지 사업을 계획할 것인지 등을 결정할 때 가족들과 상의하는 과정을 거쳐야 한다. 또 취업을 결정할 때에도 직장의 선택과 진로에 관련된 사항 등을 상의한다. 진학을 결정할 경우에 있어서도 어느 대학·학과를 선택할 것인지 상의한다.

가족이 모여 의논하여 결정을 함께 내리는 것이 중요한 이유는, 가정은 가족 모두의 행복을 추구하는 집단이기 때문이다. 특

히 자녀의 대학 진학 문제는 가족과 대화하는 과정이 매우 중요
하다. 진학을 할 경우 수험생 자신과 부모는 물론 입시 정보를
가지고 있는 사람, 예를 들어 교사와 충분한 대화를 가져 진학
결정을 내리는 것이 바람직하다. 물론 이러한 대화는 수능시험
을 보고 난 후에 상의하는 것보다는 되도록 빨리 대화와 상담을
하는 것이 중요하다. 특히 대학 진학에서 수시 입학의 비중이 높
아지고 있는 추세에 비추어 볼 때 학생-부모-교사 또는 학생-
부모-입시 전문가의 대화와 상담은 중 3 또는 고 1 때 하는 것
이 바람직하다. 학생-부모-교사가 진학에 대한 의사 결정을 내
릴 경우 유의할 점은 다음과 같다.

우선 대학·학과를 되도록 빨리 결정하는 것이 좋다. 각 대학
마다 수시 및 정시의 입시요강이 다르므로 특정 대학을 목표로
하는 것이 좋다고 생각할 수 있다. 그러나 이 경우, 예를 들어 수
험생의 실력이 향상되어 다른 대학에 진학하고자 할 경우 계획
에 차질이 생길 수가 있다. 따라서 대학·학과의 목표를 좁게 할
것인지 넓게 할 것인지는 수험생과 부모가 내려야 하는 전략적
선택에 속하는 문제이다.

둘째로 부모가 나온 대학을 기준으로 하여 수험생인 자식에
게 이를 강요하는 것은 삼가는 것이 좋다. 과거 부모가 대학에
진학했을 당시에는 여자들이 대학 진학률이 낮았을 뿐만 아니
라 남녀 공학보다는 여자 대학을 선호하는 경향이 컸다. 또한
남학생 중에도 가정 형편이 어려운 경우 인문계보다는 상업고

등학교에 장학생으로 들어가서 은행 등에 취업하는 경우가 많았다. 경제 사정이 어려워서 요즘과 같이 과외가 많지 않았을 뿐더러, 입학 시험을 치른 명문 고등학교의 일류 대학 합격률이 높게 나타났다.

이러한 점을 감안할 때 만약 아버님의 연세가 50대라면 고등학교 시험을 보고 들어간 경우이기 때문에, 아버지가 나온 학교를 아들이 입학하기에는 어려운 여건임을 생각해야 한다. Part 1에서 대학별 순위를 추정하여 소개한 바 있는데, 부모님 세대와 한 세대 차이가 나는 현재 대학 입시를 앞두고 있는 수험생을 비교해 보면 후자의 경우가 대학에 들어가기가 훨씬 힘들다는 것을 알 수 있다 부모님이 들어간 대학보다 순위가 1, 2위 밀리는 정도의 대학에 입학하면 만족스러운 결과라고 보아야 한다.

한번은 절친한 친구가 나에게 상담을 요청한 적이 있다. 상담의 요지는, 부모가 모두 일류 대학을 나왔는데 자식이 중·하위 권 대학에 다니고 있으니 자녀를 자식으로 인정하기가 고통스럽고 부모와 자식 간의 관계도 매우 나쁘니 어떻게 하면 좋겠냐는 것이었다. 나는 그 친구에게 아들의 성적과 토익 점수를 물어보았다. 그의 말에 의하면 성적도 좋고 토익 성적도 아주 높다는 것이었다. 나는 그에게 대학이 인생의 전부가 아니고 인생의 출발점에 불과한 것이므로 다양한 진로를 통해 그의 아들이 성장할 가능성은 얼마든지 있다는 점을 설명하였다. 그 친구의 문제는 아들에게 갖는 불만이라기보다는, 다른 사람이 아들이 어느 대학에 다니는지 물어보았을 때 느끼는 본인의 창피함이 더 크지 않나 하는 생각이 들었다. 즉 아들의 문제라기보다는 부모의 의식이 문제인 셈이다. 이런 예는 우리 주변에서 수없이 많이 찾아볼 수 있다. 부모가 사태를 올바로 인식하고 오히려 진취적인 방향에서 자녀를 격려하는 것이 무엇보다 중요하다.

세 번째로 나는 고등학교에서 담임 교사가 부모와 상담을 할 경우 반드시 아버지, 어머니가 함께 학교에 가서 교사와 상담할 것을 권한다. 내 딸이 고 3일 때 담임 교사는, 자녀의 진학 상담을 위해 아버지가 학교에 오는 학생들은 적어도 서울 시내에 있는 대학은 합격한다는 말을 한 적이 있다. 부모가 같이 학교에 갈 수 없는 경우라면 어머니보다는 아버지가 학교에 가서 선생님과 상담을 하는 편이 낫다.

우리나라에서는 어머니들이 담임 교사와 교육 문제를 상담하는 것이 관례로 되어 있다. 그러나 입시 제도가 바뀌었고 이를 학부모 입장에서 이해하기가 어려울 경우 사회 활동을 하고 사람들과 공적인 접촉이 많은 아버지가 진학에 대한 상담을 하는 것이 바람직하다.

마지막으로 우리나라의 학부모들이 자녀의 교육 문제에 대해 상담을 가장 많이 하는 시기는 초등학교, 중학교, 고등학교, 대학교 순이다. 그러나 자녀의 진로에 대해 상담이 가장 절실한 시기는 그 반대라 할 수 있다. 내가 대학 교수로서 20년 이상 재직

하는 동안 자녀의 진로 문제를 놓고 부모가 상담을 요청한 경우
는 전화 상담을 포함하여 열 번도 채 안 되는 것으로 기억한다.

아마도 자녀가 대학생이 되면 모든 것을 혼자서 판단할 수 있
을 것으로 부모들이 믿나 보다. 그러나 '일과 직업의 세계'에서
매 학기 250여 명의 학생들을 가르치면서 4학년 2학기까지 자
신의 진로를 결정하지 못하고 방황하는 학생이 부지기수임을 보
아 왔다. 즉 자녀의 진로에 진정으로 상담이 필요한 경우는 대학
진학과 그 후의 진로 문제라고 볼 수 있다. 따라서 초등학교 때
보다는 고등학교, 대학교 때 자녀 문제에 대해 상담하는 것이 더
필요하다.

10년 후 나의 모습을 그려라

대학·학과 결정은 빠를수록 좋고, 정확한 정보와 자기 성찰 하에 결정을 내려야 한다. 또한 자신이 원하는 대학의 방문이나 대학·학과의 재학생, 졸업생과의 대화는 시간 낭비가 아니라 투자임을 인식하라. 인생의 궁극적 목표를 염두에 두고 장기적 안목에서 다양한 '졸업'의 대안을 고려하여, '종합적' 의사 결정을 내려야 한다.

대학 진학을 위해 최선의 결정을 내리는 방안에 대해 학생이나 학부모에게 설명한다는 것은 매우 어려운 일이다. 그러나 대학 진학을 원하는 학생이라면 어떠한 형태라도 결정을 내려야 한다. 대학 진학은 학생의 입장에서 볼 때, 초등학교 때부터 12년 간 축적된 자신의 실력을 토대로 하여 대학이나 학과를 결정해야 한다는 것을 의미한다. 이런 면에서 단시일 내에 대학이나 학과를 결정하는 방법을 논의하는 것은 그 자체가 무의미하다고 볼 수 있다.

예를 들어 고등학교 3학년 초에 대학이나 학과를 선택할 경우에는 고등학교 2학년까지의 학업 성취도를 고려하지 않을 수 없다. 즉 이러한 제약 조건 하에서 결정을 내려야 한다. 고등학교 3학년 때 성적이 급속도로 오르지 않는다면, 자신의 성적에 맞는 제한된 범위 내의 대학이나 학과를 선택할 수밖에 없다.

그렇다면 장기적인 안목에서 어떻게 대학 진학 결정을 내리는 것이 최선의 방안일까? 우선 앞서 언급한 바와 같이 자신이 원하는 대학이나 학과에 입학하기 위해서는 축적된 학업 성취도를 감안해 결정을 내릴 수밖에 없다. 따라서 대학이나 학과 선택의 결정은 빠를수록 좋다. 특히 최근에는 수시 입학의 비율이 높아지는 추세이고 고 1 때의 성적 반영 비율이 높은 점을 감안할 때, 대학이나 학과에 관한 결정은 적어도 중학교 3학년 또는 고등학교 1학년 초에 내려야 한다.

중학교 2학년 때 나는 서울상대를 졸업하고 파일럿으로 근무했던 상업 선생이자 담임 교사였던 분의 영향을 받아 대학에 진학하면 경제학을 공부하겠다고 생각하였다. 대학교 3학년 초에는 가능하면 외국 유학을 가서 공부하고 싶었고 이 경우 노동 경제학을 전공하겠다는 결정을 내렸었다. 중학교 때에는 경제학이 어떤 학문인지 잘 몰랐고 대학교에서는 노동 경제학이란 과목이 없어서 이것이 무엇을 공부하는 학문인지 알 수 없었다. 단지 내가 짐작할 수 있었던 것은 경제학 중 '사람에 관련된 학문'은 노동 경제학뿐이고 이는 경영학의 인사 관리와 비슷한 학문일지도 모른다는 정도의 지식밖에 없었다. 이러한 불충분한 정보를 가지고 진로에 관한 결정을 내렸으나 나는 지금까지 이러한 결정에 대해 한 번도 후회해 본 적이 없다. 즉 불충분한 정보밖에 없다 하더라도 전공 결정은 빨리 할수록 좋고, 후에 이를 보완하면 된다.

둘째, 장기적 의사 결정을 내리는 과정에서는 정확한 정보와 자기 자신에 대한 성찰이 요구된다. 요즘은 인터넷 사이트에서 적성 검사, 직업 흥미 검사 등 다양한 검사를 스스로 받아 볼 수도 있다. 가급적이면 경비와 시간을 투자해서라도 검증된, 질적으로 우수한 기관에서 검사를 받아 보는 것이 좋다. 또한 검사의 결과가 자신의 생각과 일치하지 않을 경우는 다시 검사를 받아 보는 것이 좋다. 특히 성적이 우수한 학생들의 경우 인문계, 자연계의 적성이 비슷하게 나오는 경우가 종종 있다. 따라서 과연 나는 10년 또는 20년 후에 무엇이 되기를 원하는지 잘 생각해 본 후 대학·학과를 결정하는 것이 필요하다.

셋째, 자신의 실력에 맞는 다양한 대학·학과 중 최선의 선택을 내리기 위해서는 다양한 대학·학과의 학풍, 졸업한 선배들의 활약, 교수진 등 여러 가지를 생각해 봐야 한다. 대학·학과에 대한 기본적인 정보는 고등학교에 비치되어 있는 대학 요람에 나타나 있다. 그러나 더 중요한 정보를 얻기 위해서는 직접 대학을 방문해 보는 것도 필요하다. 집과의 거리도 알 수 있고, 학교의 건물이나 학생들의 표정도 볼 수 있다. 그 학교 출신 선배들을 통해 대학·학과의 특성, 졸업생들의 진로 등 중요한 정보들을 얻을 수 있기 때문이다.

학생들은 공부하기에도 시간이 촉박한데, 대학을 방문하거나 그 대학의 재학생 또는 졸업생을 만나 볼 시간이 어디 있느냐고 반문할지 모른다. 당장 공부할 시간을 할애하기 어렵다면, 학생이 궁금해 하는 것을 부모가 대신 설명해 줄 수도 있다. 이렇게해서 자신이 원하는, 가고 싶은 대학·학과에 대한 정보를 알고나면 그 대학·학과에 진학할 목표가 분명해지고, 이 경우 공부를 열심히 해서 그 대학·학과에 입학하려는 마음이 생긴다. 따라서 이러한 결정은 고 3 때가 아닌 중 3 또는 고 1 때 내리는 것이 바람직하다.

마지막으로 인생의 궁극적 목표를 가지고 대학·학과를 고르는 것이 중요하나, 이 결정은 자신의 학업 성취도가 따라주지 않으면 아무런 소용이 없다. 이 때문에 자신이 원하지 않는 대학·학과에 진학하는 학생들이 수없이 많다. 이러할 경우, Part 2에서 언급했듯이 자신이 선호하는 대학·학과를, 입학뿐만이 아니라 '졸업'까지 포함한 다양한 대안을 가지고 결정할 것을 권한다.

대학에 들어와서 자신이 생각했던 학과가 적성에 맞지 않다는 학생들을 수없이 많이 본다. 이들에게는 대학에 따라 2학년 또는 3학년 초에 과를 바꿀 수 있는 기회가 있다. 전과를 하기 위해서는 1학년 때 성적이 좋아야 한다. 대학에 들어오면 고 3 때의 스트레스를 푸는 심정으로 학업을 등한시하는 학생들이 대부분이다. 1년이 그냥 지나가면 전과의 가능성은 아예 없다. 또한 연세대학교와 같이 계열별 모집을 하는 경우 1학년 때 학업을 소홀히 하면 자신이 원하는 학과나 학부를 선택할 수 없다. 이런 면에서 대학 1학년 때는 학생이나 학부모가 대학 입학 시 선택한 학과가 적성에 맞는지를 살펴보고, 나아가 학점 관리를 잘해야 한다.

대학이 자신의 기대치에 비해 낮아 하는 수 없이 다니는 학생들도 매우 많다. 이 경우에는 우선 편입학을 고려해 볼 수 있다. 그러나 편입학의 경우 적어도 6개월 이상 편입 학원 등에 다녀야 하므로, 1학년 여름방학 때부터 준비해야 한다. 편입학이 어렵다고 생각하는 경우에는, 학과는 마음에 드나 대학이 마음에 들지 않는 경우, 대학을 졸업하고 난 후 자신이 원했던 대학에 학사 편입하거나 대학원에 가서 졸업하는 방안도 생각해 볼 수 있다.

대학·학과를 선택할 때 남자의 경우 짧게는 대학 입학 후 1~2년, 길게는 군복무 기간을 포함해 6~7년(여학생의 경우 1~2년, 또는 4년)을 잡아 계획을 세워야 한다. 이러한 중·장기적 목표가 뚜렷할 경우, 비록 자신이 선호하지 않는 대학이나 학과를 점수에 맞춰 선택한 경우에도 이에 대한 대비책이 있으므로 미래에 대한 꿈을 가지고 대학 생활을 할 수 있을 것이다.

Summary

1. 대학·학과 결정 시 학생–학부모–교사의 상의가 중요하다.

2. 대학·학과 선택 시 본인의 의사를 가장 중요시하라.

3. 대학에 진학하는 목적이 취업이라면 대학별, 학과별 취업률을 살펴봐야 한다. 그러나 최근에는 이러한 자료를 공개하지 않으므로 과거에 공개한 학과별 취업률만이라도 참고하라.

4. 취업률이 높은 순서를 보면 서울 소재 종합대, 제 2캠퍼스, 지방 소재 단고대, 지방 소재 종합대, 서울 소재 단과대이다. (순수 취업률 기준)

5. 대학별 취업률을 보면 연세대, 서강대, 한양대, 고려대, 홍익대, 성균관대, 숭실대, 중앙대, 경북대, 한양대(안산 캠퍼스), 아주대의 순을 보이고 있다.

6. 부모가 나온 대학을 기준으로 수험생에게 이를 강요해서는 안 된다. 과거와는 상황이 달라졌기 때문이다.

7. 담임 교사와 상의할 때는 부모가 함께 가라. 부모가 함께 갈 수 없을 경우에는 어머니보다는 아버지가 가는 것이 좋다.

8. 대학·학과 선택 시 장기적 안목에서 결정을 내리는 것이 바람직하다. 즉 수시, 정시 이외에도 전과, 편입, 학사 편입, 대학원 진학 등을 종합적으로 고려하여 결정을 내려라.

9. 대학·학과 선택의 결정은 빠를수록 좋다.

10. 대학·학과 선택 시 다양한 정보를 가지고 결정을 내리는 것이 후회가 적다.

부모가 자녀의 명문 대학 입학 여부를 결정한다?

부모는 최악의 조언자가 될 수 있다
부모가 해야 할 일 · 하지 말아야 할 일
자녀의 명문대 입학 여부는 부모의 선택에 달려 있다

부모는 최악의 조언자가 될 수 있다

'부모님의 사랑은 가이 없어라.'는 말은 자녀의 교육 문제에 대해서만큼은 통하기가 어렵다. 자식에 대한 높은 기대치가 모든 자녀를 몰개성적인 인간으로 만드는 것은 아닌가? 그리고 부모인 '나'는 자녀들의 교육에 관한 한 객관적인 조언자는커녕, 최악의 훼방꾼은 아닌가?

부모가 자녀의 진학에 걸림돌이 될 수 있는 가능성은 얼마든지 있다. 첫 번째 이유는 대학 진학 시 자녀의 성적이나 학업 능력을 고려하지 않고 특정 대학·학과에 진학하도록 강요하는 경우가 많기 때문이다. 이 경우 부모-자녀의 의견 충돌이 생기거나 자녀가 부모의 기대치에 미치지 못한다는 생각으로 불안해하고 괴로워해 공부하는 데 집중력이 떨어지게 된다.

두 번째 이유는 학생-부모-교사가 상의하여 결정을 내리는 과정에서 수능시험 점수에 맞는 학과에 적당히 지원하는 데 동의하는 부모도 의외로 많기 때문이다. 즉 부모들은 자식들이 위험을 감수하면서 도전하는 것보다는 자녀에게 스트레스를 주지 않으려고 자녀보다 먼저 포기하는 경우가 많다.

세 번째 이유는 대학 입시가 복잡하기 때문이기도 하지만, 과외는 열심히 시키나 의외로 입시 제도나 입시 전략에 대해 전혀 모르는 부모가 많기 때문이다. 아예 진학 문제를 부모가 연구해야 할 분야가 아니라 전문가인 담당교사나 학원 선생의 몫이라고 생각한다. 그러나 아무리 훌륭한 입시 전문가라도 자녀를 부모보다 더 잘 이해하지는 못한다. 부모는 입시생인 자녀와 더불어 최종적으로 대학·학과를 선택하고, 입시 전략을 세우는 데 적임자이다.

최악의 경우는 부모가 대학 입시를 이해하지 못하면서 미리 포기하는 경우이다. "학벌이 최고는 아니다."라고 스스로 위로하고 자식들이 덜 고생하고 적당한 대학·학과에 입학하기를 바라면서 자녀에게도 그렇게 요구하는 경우이다. 자녀와 부모가 머리를 맞대고 대학·학과를 탐색하지 않는 한 자녀가 '적당히 만족할 대학·학과에 진학하는 것은 불가능하다. 왜냐하면 이를 놓고 부모·자녀가 고민하는 것 자체가 곧 '자녀의 실력에 맞는 최선의 대학·학과를 탐색하는 과정' 이고, 이런 과정을 거쳐 대학·학과를 결정할 경우 후회가 적기 때문이다.

자녀의 진학에 일관성을 갖는 부모들이 많지 않다. 그 이유는 자녀의 적성이나 선호도를 잘 모르거나, 대학 입시를 좌우하는 '성적' 과 서열화 된 대학의 순위 정도에 따라 결정되는 대학·학과에 대한 '자녀의 선호도' 를 '조화' 시키는 것이 어렵기 때문이다.

말로는 이렇게 부모가 최악의 조언자가 될 수 있다는 점을 설명하고 있지만, 나 자신도 4년 전에 딸이 대학에 입학할 때 많은 어려움을 겪었다. 특히 딸이 문과, 이과를 결정하는 시점에서 나는 딸과 '전쟁'을 하였다. 나는 딸에게 경영학과에 진학하라고 '강요'했고, 딸은 건축학과에 들어가기를 원했기 때문이다. 딸의 모의 수능 채점표에는 인문계보다 자연계가 적성에 더 맞는 것으로 나타났었다. 나의 '반강제적인' 설득이 통하지 않자 딸에게 부모가 경제학 박사, 사회학 박사인데 그 사이에 어떻게 건축학이 존재할 수 있느냐는 '우정 어린 설득'을 하였으나, 결국 실패하였다.

지금 와서 생각하면, 딸에게 너무 내 주장을 강조하지 말았어야 했다. 딸의 입장에서 보면 아버지가 최악의 '훼방자'가 된 셈이다. 그 후 내가 느낀 점은 부모가 자식에 대해 잘 알지 못하는 부분이 많고 따라서 전문가와의 상담이 요구된다는 점이다. 나아가 부모가 자녀에게 갖는 기대치가 크면 클수록 최악의 조언자가 될 가능성이 많은 것이 아닌가 하는 생각도 들었다.

그러나 4년이 지나 현재 아들이 고3이 되는 시점에서 같은 잘못을 되풀이하고 있다는 것을 깨닫고는 나 자신이 충격을 받았다. "그래. 아들이 원하는 대로 하자."고 말하면서도 실천하기가 참으로 어렵다. 대학 진학 문제를 자녀에게 맡기는 것이 잘못된 결과를 초래하리라는 노파심이 문제다. 그렇다고 진학에 대해 전혀 개입하지 않고 간섭도 하지 않는 것이 최선이라고는 생각하지 않는다.

 명문대 들어가기

내 아들은 고 2까지 학교 방송국에서 활동을 하였다. 아들은 방송 쪽에 흥미와 자부심을 갖고 대학도 그런 계통으로 가려고 생각했다. 그러나 나는 언론의 상황도 어느 정도 알고, 그 분야에서 성공하는 사람은 극소수라는 점 때문에 쉽게 동의할 수 없었다.

어느 일요일, 아들과 같이 텔레비전을 보고 있을 때, 나는 "방송국에 전화를 걸어 OOO기자에게 만나자고 해야겠다."라고 아들이 알아들을 수 있도록 큰소리로 말하였다. 그 말을 듣자 아들은 "아빠, 오늘은 일요일이에요."라는 기대했던 말을 하였다. "야, 기자들은 일요일, 지금 이 시간이 제일 바빠. 월요일 자 신문 마감 시간이 다 되어가잖아."라고 말하였다.

이 말을 들은 순간 아들은 심각하게 무엇인가 생각하는 듯했다. 결국 나는 신방과보다는 OO학과가 전망 있다고 말하고 갈았다. 이 '작전'은 성공했다. 그러나 나는 딸에 이어 아들에게도 전공을 강요한 '나쁜' 아버지가 아닌가 하는 생각을 지금도 지울 수 없다.

그리고 스스로에게 반문해 본다. 나는 과연 자녀에게 도움이 되는 아버지인가? 그리고 다시 생각해 본다. 우리 사회에서 '좋은' 부모 되기가 얼마나 어려운가를. 교육 제도에 수많은 문제점이 있다고 하지만 제도적인 문제 이전에, 부모로서 나는 0점이 아닌지 심각하게 자성해 본다.

부모가
해야 할 일 · 하지 말아야 할 일

대학 입시를 앞둔 부모는 자식을 위해 최선을 다하려고 노력한다. 그러나 이러한 노력에도 불구하고 잘못하면 오히려 자녀의 공부에 방해가 될 수 있다. 따라서 입시를 앞둔 자녀의 입장으로 돌아가 부모가 '해야 할 일'과 '삼가야 할 일'을 구분하는 지혜와 인내심이 요구된다.

자녀가 명문 대학에 들어가는 것은 모든 부모의 바람이다. 기대가 큰 만큼 부모들도 수험생 또는 예비 수험생 못지 않게 스트레스를 받고 있다. 공부 잘하는 자녀를 둔 부모는 자녀가 더 나은 대학 · 학과에 입학할 수 있기를 바란다. 또 공부를 못하는 자녀를 둔 부모의 경우에는 더 많은 심적 부담을 안게 된다. 그 뿐만이 아니다. 고 3 자녀를 둔 가정에는 친척들도 방문을 자제한다. 온 가족이 적어도 1년간은 고 3 자녀의 대학 입시에 만사를 제쳐놓고 매달리는 것이다. 수시 입학의 비율이 높아져서 이제는 중 3 자녀를 둔 가정을 방문하는 것도 자제해야 할지 모른다.

이렇게 온 가족이 신경을 쓰고는 있으나 정작 무엇을 어떻게 하는 것이 최선인지 알 수 없어 고민하는 부모들이 많다. 성적에 너무 관심을 갖는 것이 자녀에게 부담을 주지는 않는지, 또

너무 방관하면 자녀가 자기 관리를 못하고 해이해져 성적이 떨어지지나 않을지 이러지도 저러지도 못하는 것이 부모의 심정이다. 고 3 자녀를 둔 학부모에게 어떻게 하는 것이 최선인지는 말하기 어렵다. 자녀의 성격에 따라, 집안의 분위기에 따라 '전략'이 다르기 때문이다.

그래도 예비 수험생을 둔 부모들의 경우 해야 할 일과 하지 말아야 할 일은 있다. 먼저 부모들이 해야 할 일부터 살펴보자. 첫째로 자녀들이 안정된 환경에서 공부에만 집념할 수 있도록 해야 한다. 누구나 알고 있지만 이것은 쉽지 않다. 예를 들어 고 3 자녀가 텔레비전을 보며 시간을 낭비한다고 생각해서 텔레비전을 교육 방송에 고정시키거나 또는 아예 텔레비전을 가족 모두 보지 않는 집도 있다. 그러나 하루종일 공부에만 집중할 수 있는 학생도 있지만, 학교 또는 학원을 다녀와서 잠시 텔레비전을 보며 머리를 식히며 입시의 스트레스를 풀려는 학생도 있다. 이런 학생에게는 이런 방법이 전혀 도움되지 않는다. 수험생들은 적어도 1년 간은 건강을 유지해야 하는데, 체력 못지 않게 정신적인 긴장을 지속적으로 유지할 수 있어야 한다. 따라서 자녀의 성격 • 정서를 고려하여 안정된 학습 분위기를 조성하도록 해야 한다. 수험생 자녀의 영양을 챙기고 건강 상태를 살펴보는 일도 매우 중요하다.

둘째로 부모가 해야 할 일은 수험생에게 자신이 갈 대학이나 학과를 정하도록 도와주는 것이다. 이를 위해서는 부모가 자녀의 성적이 어떻게 변해왔는지 파악해야 한다. 교사나 전문가의 말을 들어 보면, 대부분의 학생들은 고 1 때 성적이 고 3까지 변하지 않는 경우가 많다고 한다.

모든 부모의 공통적인 고민은 목표를 너무 높게 잡으면 모의수능이나 내신이 기대 이하로 나왔을 때 좌절하게 되고, 너무 목표를 낮게 잡으면 공부를 게을리한다는 점이다. 수험을 1년 앞둔 예민한 자녀에게 "나는 네가 적어도 OO대학에 들어갈 수 있길 바란다." 또는 "나는 네가 OO대학에만 가면 만족한다."는 말을 하는 것은 바람직하지 않다. "네가 최선을 다해 만족하는 대학에 가기를 바란다."는 식의 표현이 최선일 것이다.

이러한 충고를 하기에 앞서 부모는 교사 또는 입시 전문가와의 상담을 통해 자녀가 어느 정도를 성취할 수 있는지 그 범위를 파악해 두는 것이 필요하다. 자녀와 대화가 잘 되는 경우 마음을 터 놓고 자녀가 원하는 대학이나 학과를 들어보고, 자녀에게 자신감을 심어 주는 것이 바람직하다. 이 경우 단순히 "너는 할 수 있다고 믿는다."라는 말보다는 구체적인 자료를 가지고 신뢰감을 주어야 한다. 예를 들어 "네가 원하는 만큼 성적이 오르지 않는 이유는 OO과목이 부진하기 때문인데 OO과목의 성적이 점차 향상되고 있고, OO과목은 네가 시험 볼 때 실수를 많이 해서 그러니 실수를 줄이면 성적이 어느 정도까지는 올라갈 수 있다."는 식으로 자신감을 심어준다. 즉 수시 입학의 비중이 커진 상황에서 입시에 대해 자녀와의 대화는 매우 중요시 되고 있다. 즉 대학·학과(학부, 계열) 선택에 대한 부모-자식의 대화는 고 1 때부터 필요하게 되었다.

셋째로 학부모들은 자녀가 공부 이외에 시간을 많이 소요하지 않도록 대학 입학에 관련된 정보를 수집하고 자녀에게 최선의 전략이 무엇인지를 '열심히' 공부해야 한다. 최근 특히 수시 입학의 비중이 늘어난 후 부모, 특히 아버지가 대학 입시 전략에 대해 '치열하게 공부' 하는 경우가 많다.

언론이나 인터넷을 통해 정보를 파악해 자녀에게 무엇이 최선인지를 '연구' 한 후, 이를 자녀에게 설명해 주는 부모가 늘고 있다. 대학 입시가 점차 복잡해져서 이제는 부모가 머리를 싸매고 연구해도 정보가 부족하고 이해하기 어렵다. 전문가와 상담을 하기 위해서도 사전 지식이 필요하다. 이런 '입시 연구' 를 한 후에는 반드시 전문가의 상담을 거쳐야 한다. 그래야 자신의 판단이 옳았는지를 알 수 있다.

즉 이제는 부모도 입시 전문가가 되어야 하고, 이것이 자녀의 '명문 대학 들어가기' 와 무관하지 않다는 점을 알아야 한다. 또한 자녀들에게 진학 의사 결정을 내리는 데 도움을 주어, 자녀들의 학업 동기를 유발할 수 있도록 해야 한다. 특히 대학·학과의 선정은 수능을 보고 나서 점수 대에 맞추어 시간에 쫓기며 결정하는 것보다는, 부모가 정보를 수집·분석한 후 전문가의 조언을 받아 미리 자녀와 함께 결정해야 수시 입학에도 대비할 수 있다. 그래야만 자녀의 시간을 절약하고 수시 입학 결정에 따르는 자녀의 불안감을 해소할 수 있다.

이를 위해서는 자녀의 내신과 수능 점수를 파악해야 한다. 이들 정보를 가지고 부모가 교사·전문가와 상담하되, 최종 결정자는 바로 자녀와 부모라는 점을 잊지 말아야 한다.

이외에도 교우 관계, 이성 관계, 건강 등 학업에 직·간접적으로 영향을 주는 요인들을 살피고 자녀가 좌절에 빠졌을 때 도움을 주며, 부부 간에 평온을 유지하여 자녀가 정신적으로 안정을 갖고 공부에 전념하도록 해야 한다.

부모가 하지 말아야 할 일도 있다. 우선 지나친 잔소리나 간섭은 금물이다. 그렇다고 전혀 관심을 보이지 않는 것도 곤란하다. 관심을 보이되 잘 못한다는 꾸중보다는, 잘하고 있고 더 잘할 수 있다는 격려를 하는 것이 중요하다. 즉 성적이 잘 못 나온 경우 아무리 나무라도 효과가 없고 오히려 반감만 사게 된다. 따라서 성적이 나쁘게 나왔을 때는 다음 번에 잘할 수 있다는 식으로 격려하고, 성적이 상승할 때는 칭찬을 아끼지 말아야 한다. 「칭찬은 고래도 춤추게 한다」는 책도 있지 않은가? 부모가 성인군자가 아닌 한 이것은 어렵지만 그래도 노력해야 한다. 부모-자식이 성적을 놓고 소모전을 벌이는 것은 자녀의 학업에 전혀 도움이 되지 않는다.

부모의 금기 사항 제 1항은 성적표가 나올 때마다 초조한 마음 상태를 자녀에게 보여서는 안 된다는 점이다. 시험을 본 당사자도 초조하고 불안한데 오히려 부모가 자녀보다 더 불안해 한다면 자녀는 시험 공포증에 걸리고 말 것이다. 또 다른 면에서 최악의 부모는 자녀의 공부에 대해서는 전혀 모른 채 학원비만 대 주면서, 자신이 나온 일류 대학에 반드시 들어가야 한다고 자녀에게 강요하는 부모이다. 부모가 이렇게 행동하면 자녀는 부모와 대화조차 하지 않으려고 한다.

부모는 집안에서 텔레비전 시청을 자제하지 않으면서 자녀에게 텔레비전을 보는 최소한의 시간도 용납하지 않는 것도 올바른 자녀 지도 방법이 아니다. 부모는 대화의 상대자나 상담 역할은 못하더라도 자녀를 좌절시키거나 정서적으로 불안하게 해서는 안 된다.

또 한 가지 유의할 점은 고 2, 3이 되었다고 자녀를 위하는 마음에서 의·식·주 환경을 갑자기 바꾸는 것이다. 즉 의복이나 이불을 갑자기 바꾸어서도 안 되고, 비타민 영양제 등의 복용은 반드시 의사와 상의해서 결정해야 한다. 갑자기 주거 환경을 바꾸는 것도 좋지 않다. 특히 정서적으로 불안하거나 아토피성 피부 질환 등 몸 상태가 주위 환경에 민감한 학생에게 갑작스런 변화는 신체적, 정신적 건강에 문제를 줄 수도 있다.

학부모가 이 모든 것을 지키기는 어렵다. 그러나 앞에서 언급한 사항들이 수험생의 성적에 적지 않은 영향을 주므로 자녀를 진정으로 위하는 길이 무엇인지 곰곰이 생각해 보는 지혜와 인내심이 요구된다.

자녀의 명문대 입학 여부는
부모의 선택에 달려 있다

지극히 비교육적인 말로 들릴지 모르나 자녀를 명문대에 입학시킨 학부모는 자녀의 교육에 대한 정성과 집념이 크고, 과외비를 많이 지출하였다는 공통점을 갖고 있다. 이는 명문 대학에 입학시키기 위해서는 사설 학원의 가장 경쟁력 있는 선생에게서 배우고, 취약 과목에 대해서는 더 많은 과외 비용을 지출하는 등 경제적인 지출도 중요하다는 것이다.

앞에서 부모가 진학을 앞둔 자녀를 위해서 해야 할 일과 하지 말아야 할 일에 대해서 살펴보았다. 나는 그동안 명문 대학에 들어간 자녀의 부모는 무엇인가 다르다는 점을 느껴왔다. 물론 모두 그렇지는 않겠지만 대다수의 부모는 보통 부모와 확실히 다르다. 만약 부모가 전혀 신경을 쓰지 않았는데도 일류 대학에 들어간 학생의 경우, 부모가 좀더 세심하게 신경을 썼더라면 더 나은 대학·학과에 입학하였을 것이라고 생각한다. 이 부분은 사회적으로 논란의 소지가 있고 통계적으로 검증된 것도 아니지만, 내가 지금까지 관찰한 바는 다음과 같다.

자녀를 명문 대학에 입학시킨 부모들의 공통점은 부모 자신의 교육 수준이나 지적 능력보다는 정성과 집념이 더 크다는 것이다. 그리고 소득이 많은 학부모보다는 교육비 지출이 많은 학부모의 자녀들이 명문 대학에 가는 확률이 높은 것으로 보인다.

예를 들어 외국에서 박사 학위를 취득한 대학 교수 또는 연구원이 부모인 경우 자녀가 입학한 대학은 양극화를 보이는 듯하다. '아주 좋은 대학' 아니면 '아주 나쁜 대학' 으로 양분된다는 뜻이다. 이는 목사, 공무원, 군인의 경우도 마찬가지인 듯하다. 대학 교수 또는 목사의 경우 실력 있는 교수, 설교 잘하는 목사의 자녀가 명문 대학에 가고 그렇지 못한 경우 질이 떨어지는 대학에 가는 것은 아니다. 부모가 교수, 목사, 공무원, 군인의 경우에도 역시 부모의 정성과 집념이 자녀의 진학에 중요한 역할을 한다고 생각한다. 이는 의미심장한 메시지를 담고 있다. 예를 들어 자녀가 부모의 IQ를 물려받는다고 볼 때, 수능에서 높은 점수를 맞기 위해서는 부모로부터 물려받은 선천적인 지적 능력도 중요하지만 이보다는 후천적인 노력 또는 공부하는 방식이나 전략이 더 중요하다.

또한 과외비 액수와 수능의 성적은 비례하는 것으로 보인다. 한국개발연구원에서는 오히려 과외를 받은 학생의 성적이 낮게 나왔다는 통계를 제시하고 있으나, 이는 과외 받은 학생과 받지 않은 학생의 성적을 감안하지 않았고 평균적인 수치이기 때문에 명문 대학의 입학에 적용시키기는 어렵다.

예를 들어 어머니가 명문 대학 출신이나 직장을 갖고 있고 과외 또는 고액 과외에 부정적인 사람과, 어머니가 (경제적인 능력이 없어) 대학에 못 갔거나 명문 대학 출신이 아니고 전업 주부

이며 자신이 대학을 가지 못한 것에 대해 한이 맺혀 자녀 교육이라면 무엇이든 하겠다는 두 유형의 어머니를 생각해 보자. 만약 과외를 시킬 경제적인 능력이 똑같다면 대체로 후자의 경우 자녀를 명문대에 입학시키는 경우가 더 많다. 또한 고졸(또는 비명문대 출신) 전업 주부의 경우 대학 입시 관련 정보나 명문 대학에 입학하는 전략을 더 많이 알고 있는 사례를 많이 보았다.

정성이란, 일반적으로 자녀가 가장 공부를 잘할 수 있는 여건을 제공하고 이를 위해서 어머니가 중심이 되어 온 가족이 일 년 정도 희생하겠다는 인내심이다. 또한 집념이란 실제로 자녀를 명문 대학에 입학시키기 위해 여러 전문가나 다른 어머니들로부터 조언을 구하는 것은 물론, 자녀의 교육을 위해서라면 금전적인 부담은 얼마든지 감수할 수 있다는 '무서운' 끈기와 인내심으로 볼 수 있다.

대부분의 사람들은 강남에는 잘 사는 집이 대부분인 것으로 알고 있으나, 자녀의 교육을 위해 강남으로 이사 오고 어려운 형편에서도 빚을 내 가면서도 교육비 지출은 아까워하지 않는 부모들이 상당수 있다. 이런 부모들은 자녀가 고 2 정도가 되면 일체의 '외부 행사'를 단절함은 물론 자녀의 수면 시간이 부족하다고 생각하여 학교·학원에 자녀를 차로 데려다 주는 수고쯤은 당연히 감수해야 된다고 생각한다. 부모들이 평소에 즐기던 취미 생활도 자녀가 대학에 입학할 때까지는 포기한다. 이러한 부모의 희생과 경쟁력에 의해 얻어지는 자녀의 성적 향상은 생각

외로 높은 것으로 보인다. 따라서 웬만한 조건들이 비슷하다고 볼 때, 이런 어머니의 자녀를 따라 잡기는 어렵다.

나는 무엇이 좋다는 판단을 하려고 이 글을 쓰는 것이 아니다. 우리나라의 '엉망진창'인 교육 제도라는 틀 속에서 모두들 어려운 의사 결정을 내리고 있기 때문이다. 단지 명문 대학에 입학한 자녀의 부모들은 어떤 사람인지 주변의 예를 들어 설명한 것이다.

수단과 방법을 가리지 않고 자녀를 명문 대학에 보내는 것이 부모의 가장 절실한 목표라면, 자녀의 명문 대학 입학 여부는 상당 부분이 부모의 선택에 달려 있다. 이 글을 쓰면서 "8학군으로 이사 온 맹모삼천지교(孟母三遷之敎)는 과연 어떻게 판단해야 하는가?"라는 생각이 든다.

Summary

1. 입시 제도가 아무리 복잡하다 하더라도 부모는 이를 치열하게 '공부'하여 조언하라.

2. 부모의 역할은 학원비만 대 주는 것이 아니다.

3. 자녀의 교육에 관심이 많을수록 부모는 최악의 조언자가 될 수 있다.

4. 부모는 자녀가 안정된 환경에서 공부에만 전념할 수 있도록 해야 한다.

5. 부모는 대학 입시 전문가가 되어 자녀에게 올바른 조언을 할 수 있어야 한다.

6. 수험생에게 지나친 잔소리나 간섭은 금물이다.

7. 성적이 떨어진 경우에 수험생보다 부모가 더 초조해 해서는 안 된다.

8. 칭찬은 고래도 춤추게 한다. 자녀를 꾸중하기보다는 격려하라.

9. 자녀의 명문대 입학 여부는 부모의 선택에 달려 있다. 정성, 집념을 보이며 희생을 감수하라.

7차 교육 과정의 이해

제 7차 교육 과정의 특징을 보면, 학생 선택의 폭을 확대하기 위해 다양한 선택 과목을 개설하고 이를 통해 학생 개인별 선택을 최대한 존중한다. 입시 제도 자체는 큰 변화가 없으나 교과 과정(교과서)이 바뀜에 따라서 부분적으로 달라지는데, 과거에 비해 보다 현실적이고 항목간 또는 영역간 상호 연관성을 이해할 수 있는 심도 있는 사고가 요구되는 심화 학습이 강조되고 있다고 볼 수 있다.
또한 학생들의 과목 선택권이 강조되고 과거에는 대학 입시에서 사탐·과탐의 경우 공통 사회·공통과학에서 한 과목만 선택하던 것을 앞으로는 사탐·과탐의 전과목을 대상으로 선택하도록 입시 제도가 바뀌었다.

2005학년도 수능부터 적용되는 제 7차 교육 과정의 특징을 간단히 살펴보자. 교육 과정의 변화에 따라 수능의 내용도 달라지기 때문이다.

제 7차 교육 과정은 학생 중심의 교육과 함께 공통성, 다양성을 동시에 추구한다는 점이 가장 큰 특징이다. 또한 다양하게, 포괄적인 교육의 방향을 제시하고 개성과 창의적인 능력을 발휘할 수 있는 인간상을 추구하고 있다. 교과 과정의 특징을 보면, 학생 선택의 폭을 확대하기 위해 다양한 선택 과목을 개설하고 이를 통해 학생 개인별 선택을 최대한 존중한다. 나아가 세계화에 맞추어 제 2 외국어 교육의 다양화를 목표로 하고 있다. 교육 과정도 과거에는 초등학교. 중학교, 고등학교별로 체계적으로 구성되었으나 제 7차 교육 과정에서는 초등학교 1학년부터 고등학교 1학년까지 10년간을 국민공통기본교육 과정으로, 고등학교 2, 3학년 2년을 선택 과정으로 구분하고 있다〈표5-1〉.

제 7차 교육 과정에서는 학생의 선택권을 중시하고 있으나 현실적으로 여기에는 제약이 있다. 예를 들어 새로운 교과목을 신설하는 경우 일단 일선 고등학교에서 학생들을 대상으로 새 고과목에 대한 수요를 조사한 후 학교장이 이를 출판사 등에 의뢰해서 새로운 교과서를 만든다. 이것이 교육감의 검인정을 통과하면 새로운 교과도으로 인정받게 된다. 그러나 현실적으로 보면 고등학교에서 이러한 교과목을 신설해 달라고 출판사에 요구하는 일은 없다. 이와는 반대로 출판사가 새로운 교과목에 대한 수요를 조사하고 이에 대한 수요가 일정 수준을 넘어 이윤이 발생할 경우 새로운 교과목 개발에 들어가게 된다. 쉽게 말해 수요가 적은 교과목은 현실상 새로운 교과목으로 채택될 가능성이 없다.

그러면 이러한 교과 과정의 변화가 입시 제도에 미치는 영향은 무엇인가? 기본적으로 2005학년도 대학 입시의 기본 틀은 2002학년도 이후와 거의 비슷하다고 볼 수 있다. 즉 전체적으로 큰 변화가 없으나 교과 과정(교과서)이 바뀜에 따라서 부분적으로 달라진다. 달라지는 부분은 다음과 같다.

<표5-1> 제 7차 교육 과정의 교육 목표 및 내용의 주요 사항 요약

구분	제 6차 교육 과정	제 7차 교육 과정
교육 과정의 성격	• 국가 수준의 교육 과정 기준 • 지역 수준의 편성 • 운영 지침 • 학교 교육 과정 편성 • 운영의 공통적, 일반적 기준	• 교육 과정 고시의 법적 근거 명시 　– 국가 수준의 교육 과정 　– 학교 교육 과정의 공통적, 일반적 기준 • 교육 과정 성격의 명료화 　– 공통성과 다양성의 추구 　– 학생 중심 교육 과정 　– 학교 교육 체계의 개선 　– 교육의 질적 수준 유지, 관리
추구하는 인간상	• 건강한 사람 • 자주적인 사람 • 창의적인 사람 • 도덕적인 사람	다면적, 포괄적인 교육의 방향 제시 • 개성을 추구하는 사람 • 창의적인 능력을 발휘하는 사람 • 진로를 개척하는 사람 • 새로운 가치를 창조하는 사람 • 공동체의 발전에 공헌하는 사람
교육 목적 교육 목표	• 교육법에 교육 목적, 방침 및 학교급별 교육 목표 규정 • 교육 과정에 제시하지 않음 • 학교 급별 개념에 의한 교육 과정 체제 　– 초등학교 별도 구성 　– 중학교 별도 구성 　– 고등학교 별도 구성	• 교육 목적 제시 　– 홍익인간의 교육 이념 • 학교급별 교육 중점 및 교육 목표를 교육과정에 제시 　– 초등학교 : 기초 능력 배양과 기본 생활습관 형성 　– 중학교 : 기본 능력과 민주시민의 자질 함양 　– 고등학교 : 진로 개척 능력과 세계시민 자질 함양 • 학교 급별 개념에서 탈피, 학년제 개념에 기초한 일관성 있는 구성 　– 국민 공통 기본 교육 과정 (초 1~고 1까지 10년간) 　– 선택 중심 교육 과정 (고교 2, 3학년의 2년간)
교육 과정의 구성 및 배당 기준	• 고등학교 교과 　– 공통 필수 과목 : 10과목 　　(윤리, 국어, 공통 수학, 공통 사회, 국사, 공통 과학, 체육1, 음악1, 미술1, 공통영어) 　– 선택 과목 : 60과목 • 교육부, 시 • 도 교육청, 학교의 역할 분담 과정 구분 　– 인문 • 사회, 자연, 직업 및 기타 과정 • 제 2 외국어 : 7개 과목 • 전문 교과 　– 농, 공, 상, 수산 • 해운, 가사 • 실업, 과학, 체육, 예술, 외국어에 관한 교과	특징 • 학생 선택의 폭 확대를 위한 다양한 선택 과목 개설 • 다양한 유형의 학생 개인별 선택 가능 • 세계화에 부응하여 제 2 외국어 교육의 다양화 • 고등학교의 교과 　– 국민 공통 기본교과 : 10(1) 　　(국어, 도덕, 사회, 수학, 과학, 기술 • 가정, 체육, 음악, 미술, 영어) 　– 선택 과목 : 79과목 • 학생의 과목 선택권 부여 　– 학생 선택 : 최대 50% • 과정 구분 폐지 • 「아랍어」과목 신설 • 교육 과정 편제에 교과군 개념 도입 • 「국제에 관한 교과」신설 • 「예술에 관한 교과」에 문예창작과, 연극영화과, 사진과 신설

우선 교과서 내용에 탐구나 교과 관련 읽기 자료들이 많은 부분을 차지하고 있다. 즉 과거에 비해 보다 현실적이고 항목 간 또는 영역 간의 연관성을 이해할 수 있는, 깊은 사고가 요구되는 심화 학습이 강조되고 있다고 볼 수 있다. 또한 학생들의 과목 선택권이 강조되고 대학 입시에서도 과거에는 사탐·과탐의 경우 공통 사회·공통 과학에서 한 과목만 선택하던 것을 앞으로는 사탐·과탐 전과목을 대상으로 선택하도록 입시 제도가 바뀌었다.

대학 입시 전형의 개관

대학 입시에서 수시 모집의 비중이 높아지고 있고 대학에 따라 그 전형 방법이 매우 다양하다. 또한 수시 전형의 경우 선발 기준이 전형 전 1~3개월 전에 발표되기 때문에 이 내용을 가지고도 정확한 선발 원칙을 알 수 없는 게 현실이다. 따라서 수시 입학을 원하는 학생들은 자신에게 유리한 전형 방법을 택하는 대학을 선별할 수 있어야 한다. 이에 반해 정시 모집의 경우 수능 점수에 의해 당락이 결정된다.

학생이나 학부모들은 2005학년도 대학 입시가 어떤 방법으로 치러지는지 매우 궁금할 것이다. 무엇보다 제 7차 교육 과정이 적용되는 첫 번째 해이고 수시 입학의 비율이 높아졌기 때문이다. 그런데 대학별 전형 방법을 정확히 알기란 쉽지 않다. 그 이유는 2004학년도 현재, 입시 요강이 학교 홈페이지에 정확하게 나타나 있지 않은 학교가 많아서이다. 예를 들어 수시1, 수시2, 정시의 모집 비율의 경우를 보더라도 각 유형별로 설명은 되어 있으나 그 비율이 몇 %인지를 알 수 없는 대학이 많고 몇 % 이내 등으로 표기한 대학도 많다.

Part 1에서 유명 대학으로 분류한 대학 중 포항공대와 KAIST를 제외한 11개 대학의 경우 아직까지 수시1, 2와 정시의 비율이 나오지 않은 대학들은 서강대, 이화여대, 중앙대, 외국어대, 경희대로 5개 대학이나 된다.

　2005학년도 대학 입시의 모집 일정을 보면 1학기 수시 모집 원서 접수는 6월 3일~16일이고 전형 및 합격자 발표는 7월 19일~8월 19일이며, 2학기 수시 모집의 경우 원수 접수는 9월 1일~12월 13일, 전형 및 합격자 발표는 12월 19일까지로 되어 있다. 수능시험은 2004학년도 11월 17일(수요일)에 치르게 된다. 정시 모집의 원서 접수는 2004학년도 12월 22일~27일까지이고, 전형 기간은 '가' 군은 2004학년도 12월 28일~2005학년도 1월 11일, '나' 군은 2005학년도 1월 11일~1월 23일, '다' 군은 2005학년도 1월 23일~2월 2일까지이다. 2005학년도의 모집 정원은 200개 대학(전문대 제외) 394,379명으로 2004학년도의 395,703명에 비해 1,324명 줄었다〈표 5-2〉.

〈표5-2〉 모집 일정별 대학 수

모집 시기 구분		기간
전체일정	수시 모집	
	1학기	원서 접수 2004. 6. 3 - 6. 16. 전형 및 합격자 발표 2004. 7. 19 - 8. 19.
	2학기	원서접수 2004. 9.1 - 12. 13. 전형 및 합격자 발표 2004. 12. 19.까지
	수능 시험 일자	2004. 11. 17. (수)
	정시 모집	
	원서 접수 　전형 기간	2004. 12. 22 - 27.
	'가' 군	2004. 12. 28 - 2005. 1. 11.
	'나' 군	2005. 1. 11 - 2005. 1. 23.
	'다' 군	2005. 1. 23 - 2005. 2. 2.
	모집 정원	200개 대학 394,379명

2004학년도 입시의 경우 응시자 수가 재학생 45만 명, 재수생 18만 명으로 총 63만 명에 달했다. 2004년도의 경우 재수생의 비율이 28.6%였는데, 새 교과 과정이 적용되는 첫 해인 2005학년도의 경우 재수생의 비율이 줄어들 것으로 보인다.

2005학년도 대학 입시는 총 입학 정원 39만 4천 명 중 5.6%를 수시 1학기, 38.8%를 수시 2학기, 55.6%를 정시에 선발한다. 한편 전형 유형별 모집 인원의 비율을 보면 일반 전형 63.3%, 특별 전형 0.9%, 특기자 전형 2.1%, 대학별 독자적 기준에 의한 특별 전형 26.0%, 정원 외 특별 전형 7.5%이다. 대부분 학생들의 관심이 가장 많은 일반 전형은 총 정원이 25만 명이고 이들 중 2.0%를 수시 1학기에, 19.8%를 수시 2학기에, 78.3%를 정시에 선발한다〈표 5-3〉.

대학별 독자적 기준에 의한 특별 전형은 10만 3천 명으로 전체 전형 인원의 26%라는 높은 비율을 보이고 있다. 서울대의 경우 지역균형발전 전형으로 20%이내를 선발한다. 경희대는 교과 우수자, 영예 학생, 특정 과목 우수자, 국제화 추진, 바른 생활·모범 학생, 국가·사회 공헌자, 자기 추천, 자매지역고교 전형 등으로 41.8%를 선발한다. 한양대는 21세기 한양인, 세계화, 장애인 자녀, 소년·소녀 가정 출신자, 유공자 및 사회 기여자 (손)자녀, 예체능 우수자, 지역 학생, 특기자, 3대 이상 가족 동거, 리더쉽, 사랑의 실천, 특정 전형 우수자 전형이 40.1%에 해당한다. 한양대, 경희대의 경우 이들 대부분은 수시 모집을 통해 선발한다.

<표5-3> 전체 유형별 모집 인원 및 대학 수

전형 내	일반 전형 -일반 학생 (63.3%)	수시 1학기	4,935명 (41개 대학)	2.0%
		수시 2	49,284명 (114개 대학)	19.8%
		정시	195,736명 (360개 대학)	78.3%
		합계	249,955명 (515개 대학)	100.0%
	특별전형 -취업자 (0.9%)	수시 1학기	472명 (6개 대학)	
		수시 2학기	2,003명 (40개 대학)	
		정시	1,266명 (28개 대학)	
		합계	3,741명 (74개 대학)	
	특기자 특별전형 (2.1%)	계 8,146명 (505개 대학)		
전형 외	대학별 독자적기준 특별 전형 (26.0%)	수시 1학기	13,393명 (196개 대학)	
		수시 2학기	80,498명 (871개 대학)	
		정시	8,692명 (28개 대학)	
		합계	102,583명 (1282개 대학)	
	특별 전형 (7.5%)	수시 1학기	3,201명 (66개 대학)	
		수시 2학기	13,301명 (279개 대학)	
		정시	13,152명 (393개 대학)	
		합계	29,654명 (738개 대학)	
총계 (100.0%)		수시 1학기	22,138명 (326개 대학)	5.6%
		수시 2학기	152,841명 (1742개 대학)	38.8%
		정시	219,400명 (1046개 대학)	55.6%
		합계	394,379명 (3114개 대학)	100.0%

1) 대학에서 별도 캠퍼스 분리 모집, 주시 분할 모집, 유형별 모집을 하는 경우 별도의 대학으로 취급해서 중복·단순 합산한 것임. 따라서 층 대학의 수가 200개가 넘음. 전문 대학은 제외하였음.

주요 대학별 수시·정시 모집의 비율을 보면 정시 모집의 비율이 60%를 넘는 곳은 서울대뿐이고 나머지 대학들은 50%~60%의 비율을 보이고 있다〈표 5-4〉. 참고로 수시 모집의 비율은 2004년~2005년 기간 중 39%에서 45%로 크게 늘어났고, 정시의 비중은 61%에서 55%로 줄어들었다.

〈표5-4〉 주요 대학별 수시 1, 2, 정시의 모집 비율

(단위 : %)

	서울대	포항공대	KAIST	연세대	고려대	한양대	서강대	성균관대	이화여대	중앙대	외국어대	경희대	숙명여대
수시1	—	—	—	9.5	10	10	—	10	—	—	—	—	9.1
수시2	35	—	—	38.1	30	30	—	40	—	—	—	—	32.9
정시	65	—	—	52.4	55내외	55내외	—	50	—	—	—	—	58.0

1) 서울대 : 수시 2의 비율이 35% 이내로 나타났으나, 이중 20% 이내는 지역균형발전 전형으로 대학별 독자적 기준에 의한 특별 전형을 포함한 것임.

　　정시 모집의 경우 '가', '나', '다' 군이 있는데 이들에 해당하는 모집 정원의 비율을 보면 각각 37.9%, 36.9%, 25.1%이다.

　　주요 대학의 입시 유형의 채택 여부를 보면 국립대인 서울대는 수시 2만 보지만 사립 대학의 경우 모두 수시 1, 2를 동시에 채택하고 있다. 정시의 경우 '가', '나', '다' 군 중 한 번만을 선택한 학교는 서울대, 포항공대, 서강대, 성균관대, 이화여대이고, 두 번을 선택한 학교는 연세대, 고려대, 중앙대, 외국어대, 숙명여대이며, 세 번 모두 선택한 학교는 한양대, 경희대이다〈표 5-5〉.

　　여기서 한 가지 유의할 점은 '다' 군을 택한 학교의 경우 일부 학과만을 전형 대상으로 하고 있다는 것이다. '다' 군에 포함된 학과는 그 대학의 전략 학과 등을 분할 모집하는 경우가 대부분이고 모집 인원 수가 적을 뿐더러 '다' 군의 전형이 가장 늦기 때문에 예년의 경우 수능 점수가 매우 높게 나타나고 있다.

<표5-6>, <표5-7>에서는 주요 대학의 군별에 포함된 학과(부)·계열을 보여주고 있으니 이를 참고하기 바란다. 자신이 뒬 하는 대학·학과(부)가 어디에 속하는지, 겹치지 않는지를 미티 살펴보기 바란다.

<표5-5> 주요 대학의 입시 유형의 채택 여부

	서울대	포항공대	KAIST	연세대	고려대	한양대	서강대	성균관대	이화여대	중앙대	외국어대	경희대	숙명여대
수시1	—	○	—	○	○	○	○	○	○	○	○	○	○
수시2	○	○	—	○	○	○	○	○	○	○	○	○	○
정시 '가'	—	○	—	○	○	○	—	○	○	○	—	○	○
정시 '나'	○	—	—	○	—	○	○	—	—	○	○	○	—
정시 '다'	—	—	—	—	○	○	—	—	—	—	○	○	○

1) 2003년의 경우 3월에 2번, 9월에 1번 입학 전형을 하였음.
2) '-' 표시는 해당 사항이 없음을 나타냄.

<표5-6> 주요 대학별 2004학년도 정시 모집 현황 : 인문계

	'가' 군 (2003. 12. 16 -12. 3 .)	'나' 군 (2004. 1. 2 -1. 17.)	'다' 군 (2004. 1. 18 - 2. 5)
서울대		법과대학, 경영대학, 사회과학계열, 국어교육, 외국어교육계, 사회교육계, 인문교육계, 인문계1, 생활과학대학, 인문계2, 인류지리학군, 농경제사회학부	
연세대	사회계열, 인문계열, 생활과학계열, 간호, 신학		
고려대	법과대학, 경영대학, 정경대학, 국어교육, 국제학부, 영어교육, 언론학부, 국제어문학부, 교육, 역사교육, 지리교육, 식품자원경제		
한양대	법학, 국어교육, 정보통신학부, 경영학부, 사회과학부, 정제금융학부, 영어교육, 관광학부, 국제학부, 영어영문학부, 생활과학부, 교육공, 언어문학부, 고육, 역사철학부	정보통신학부	법학, 경영학부, 사회과학부, 경제금융학부

대학			
서강대	경영학부, 사회과학계, 법학계, 경제학부, 국제문화계Ⅰ, 국제문화계Ⅱ, 인문계		
성균관대	법학, 사회과학계열, 교육, 인문과학계열, 한문교육		
이화여대	초등교육, 영어교육, 언론홍보영상학부, 법과대학, 경영학부, 사회과학부, 인문과학부, 교육, 사회생활, 유아교육, 특수교육, 교육공		
중앙대		신문방송광고홍보계열, 경영학부, 영어교육, 심리, 국어국문, 영어영문, 일어일문, 법학, 교육, 사회, 사학, 사회복지, 문헌정보, 정경계열, 유아교육, 불어불문, 아동복지, 철학, 독어독문, 청소년, 민속	
외국어대		영어학부, 영어교육, 중국어, 언론정보학부, 일본어, 한국어교육, 상경계열, 정치행정계열, 법학, 경영학부, 서반아어, 불어, 독일어, 노어, 베트남어, 불어교육, 이태리어, 포루투갈어(브라질어), 독일어교육, 스칸디나비아어, 말레이인도네시아어, 아랍어, 네덜란드어, 인도어, 터어키어, 태국어, 이란어	영어학부, 중국어, 일본어, 상경계열, 정치행정계열, 경영학부, 법학
경희대	관광학부, 언론정보학부, 법학부, 경영학부, 영어학부, 컨벤션산업, 사회과학부, 경제통상학부, 국어국문, 사학, 철학	관광학부, 언론정보학부, 경영학부, 사회과학부, 법학부, 경제통상학부	
숙명여대	언론정보학부, 교육학부, 영어영문학부, 경영학부, 정치행정학부, 인문학부, 경제학부, 법학부, 가정아동복지학부, 영어영문학부(야), 경영학부(야), 인문학부(야), 경제학부(야)		언론정보학부, 교육학부, 영어영문학부, 정치행정학부, 경영학부, 법학부, 인문학부, 경제학부, 가정아동복지학부

    주요 대학별 정시 수능 및 학생부 반영 방법에는 공통점이 많다. 우선 수능 반영 영역을 살펴보면 언어, 외국어는 필수이며 수리의 경우 인문계는 '나' 형, 자연계는 '가' 형으로 지정된 대학이 많다. 사회 탐구와 과학 탐구 영역은, 인문계는 사회 탐구, 자연계는 과학 탐구로 지정되어 있는 경우가 대부분이다. 사회 탐구와 과학 탐구의 경우 대부분의 학교가 3과목을 선택하도록

<표5-7> 주요 대학별 2004학년도 정시 모집 현황 : 자연계

	'가' 군 (2003. 12. 16 ~12. 31.)	'나' 군 (2004. 1. 2 ~1. 17.)	'다' 군 (2004. 1. 18 ~ 2. 5.)
서울대		의예, 약학대학, 생명과학부, 수의예, 건축, 전기공학컴퓨터공학계열, 공학계열, 수학교육, 재료공학부, 물리학부, 기계공공학부, 응용화학부, 수학통계학계열, 지구환경시스템공학부, 과학교육계, 지구환경과학부, 화학부, 생활과학대학, 생물자원공학부, 간호대학, 농업생명과학계열1, 농업생명과학계열2, 농산업교육	
연세대	의예, 치의예, 공학계열, 이학계열, 생활과학계열, 간호		
고려대	의과대학, 수학교육, 생명과학대학, 정보통신대학, 전기전자공학부, 이과대학, 건축사회환경시스템공학부, 재료화공생명공학부, 기계산업시스템정보공학부, 생명환경과학대학, 컴퓨터교육, 간호대학, 가정교육		
한양대	의예, 전자전기컴퓨터공학부, 건축공학부, 정보통신학부, 도시건설환경공학과군, 시스템응용공학부, 컴퓨터교육, 자연과학부, 생활과학부, 간호	정보통신학부, 신소재공학부, 기계공학부, 응용화학공학부	전자전기컴퓨터공학부
서강대		전자공학컴퓨터학계, 자연과학부, 화공생명공학기계공학계	
성균관대	의예, 약학부, 수학교육, 정보통신계열, 공학계열(건축전공), 공학계열, 자연과학계열, 컴퓨터교육		
이화여대	의과대학, 약학부, 수학교육, 과학교육, 자연과학부, 생활환경학부, 공학부, 간호과학대학, 보건교육		
중앙대		의학부, 약학부, 건축학부(건축전공), 컴퓨터공학부, 생명과학, 건축학부(건축공전공), 전자전기공학부, 수학통계학부, 화학공, 화학, 간호, 건설환경공, 기계공학부, 물리	
경희대	한의예, 의예, 약학, 한약, 정보디스플레이, 외식산업, 생활과학부, 이학부, 간호, 지리, 조리과학, 식품영양		한의예, 의예, 정보디스플레이
숙명여대	약학부, 수학교육, 정보통신계열, 공학계열(건축전공), 공학계열, 자연과학계열, 컴퓨터교육		약학부, 정보과학부, 생활과학부, 수학통계학부, 자연과학부

되어 있으며 2과목 혹은 4과목을 선택하도록 하는 학교도 있다. 서울대는 사탐·과탐의 경우 국사를 포함한 4과목을 선택하도록 되어 있다. 주요 대학의 경우 제 2 외국어·한문은 인문계·자연계 모두 필수이다.

학생부 반영 교과목의 경우도 마찬가지이다. 인문계의 공통 과정(초등학교부터 고 1까지의 과정)으로는 국어, 영어, 수학, 사회를, 자연계는 국어, 영어, 수학, 과학을 반영하는 대학이 대부분이다. 선택 과정(고 2, 3학년의 과정)의 반영도 공통 과정과 동일한 대학이 대부분이다.

수시 입학은 Part 6에서 자세히 설명하고 있다. 수시 입학의 개요를 보면 수시 1, 수시 2가 있는데, 수시 2는 수능을 보고 난 후에 전형한다. 서울대를 비롯한 국립 대학은 수시 2만 보고 주요 사립 대학은 수시 1, 2 모두 모집한다. 수시 1은 고 2학년까지의 내신 성적이 주요 평가 요소이다. 주요 대학 기준으로 보면 수시 2의 경우에는 수능 점수가 최저학력기준에 미달하는 사람은 수시 2에 합격했더라도 합격이 취소된다.

수시 2의 경우에는 고 3학년 1학기까지의 내신 성적이 합격을 좌우한다고 볼 수 있다. 주요 대학 중에도 대학에 따라서 평어(수, 우, 미, 양, 가)를 적용하는 대학도 일부 있으나 대부분 석차 백분율을 적용하고 있다. 내신 이외에도 면접, 논술 등을 비중 있게 다루는 대학이 적지 않다. 서울대의 경우와 같이 1차, 2차에 따라 다른 전형 요소를 적용하는 대학이 상당수에 달한다. 그러나 수시 입학은 대학별로 전형 방법이 다르기는 하나 내신의 비중이 절대적이다. 특히 석차 백분율을 적용하는 경우 학교별 학력 차를 인정하지 않는 대학이 대부분으로 보여 고교 간 실력 차가 존재하는 현실에서 형평성의 문제가 제기된다.

위와 같이 수시 모집의 경우 학교 간 격차를 인정하지 않는 평준화에 의한 전형이 특징이라면, 정시 모집의 경우 수능 점수가 당락을 좌우하는 가장 큰 요인으로 작용한다는 것을 알 수 있다.

2005학년도 대학 입시,
무엇이 달라지나?

2005학년도 대학 입시의 경우 2004학년도와 무엇이 달라지는지를 분명히 알아야 한다. 특히 대학별로 인문계·자연계별 전형 방법이 다르므로 자신이 원하는 대학을 미리 결정하고 '맞춤식' 공부를 하는 것이 최선이라고 볼 수 있다. 그러나 대부분 명문 대학의 경우 입시 전형이 비슷한 경향을 보이고 있으므로 다양한 대학을 염두에 둘 경우에는 선택의 여지가 크지 않다는 점을 알아야 한다.

우선 2004학년도 대학 입시 전형을 살펴보면 크게 수시와 정시로 나눠지고, 수시는 다시 수시 1학기와 수시 2학기로 구분된다. 〈표5-8〉에서 보듯이 수시 1학기의 경우 2학년 때까지의 성적이 100% 반영되고, 수시 2학기의 경우는 3학년 1학기까지의 성적이 반영된다. 따라서 1, 2학년 때의 성적이 수시에서 차지하는 비중이 절대적이라고 할 수 있다. 정시의 경우는 과거와 마찬가지로 수능의 비중이 절대적이다.

〈표5-8〉 2004학년도 대학 입시의 전형 방법

대학 입시 구분	수시 모집		정시 모집
	1학기	2학기	
내신·수능반영 방법 (학년별 반영비율)	2학년까지의 내신 성적 (1:40%, 2:60%)	3학년 1학기까지의 내신 성적 (1:30%, 2:40%, 3-1: 30%)	3학년까지의 내신 성적 /수능 (1:20%, 2:30%, 3:50%)

1) 대학에 따라 차이가 있으나 대체적인 비율을 적었다.

수시 모집이 전체 입학 정원에서 차지하는 비율은 2004~ 2005학년도 기간 중 39%에서 45%로 높아진다. 이와 같이 수시의 비중이 높아지는 이유는 다음과 같이 볼 수 있다. 대학교 측에서 생각해 보았을 때 수시 전형의 합격자들은 반드시 등록을 해야하므로 우수 학생을 우선적으로 선택할 수 있다는 점에서 유리하며, 이런 학생들은 애교심이나 성실성 그리고 대학에서의 성취도가 뛰어나다는 조사 결과가 나와 있다. 즉 수시 모집은 대학 입장에서 전혀 손해 볼 것이 없는 장사라고 볼 수 있다. 수시의 경우 국·공립대는 2학기 수시 모집만 하고 사립대는 1, 2학기에 걸쳐 두 번의 수시 모집을 한다. 이 경우 1학기보다는 2학기 수시 모집의 정원이 3배 정도 많다. 정시, 수시를 종합해 보면 대학 진학에 요구되는 사항은 대학에 따라 다르나 일반적으로 그 중요도는 수능, 내신, 면접, 논술의 순이라고 볼 수 있다.

2005학년도 대학 입시도 기본적으로는 2004학년도와 비슷하다. 위에서 말한 비중의 순서도 동일하다. 그렇다면 다른 점은 무엇일까? 가장 1순위인 수능이 달라진다. 우선 시험 방식 면에서는 2004학년도와 변함없이 1~4교시까지는 언어, 수리, 사탐·과탐, 외국어(영어) 그리고 5교시가 제 2외국어이다. 그러나 2004학년도에는 1~4교시는 필수 과목, 5교시는 선택 과목이었으나, 2005학년도에는 1~5교시 모두 선택 과목이 된다. 즉 전에는 자신이 목표로 하는 대학이 반영하지 않는 과목까지 시험을 보아야 했으나, 2005학년도에는 자신이 원하는 대학에서 요구하는 영역만을 골라 시험을 볼 수 있다.

〈표5-9〉 2005학년도 수능 반영 영역의 구분

구분	3+1	2+1
과목	(언어 + 수리 + 외국어) + (사탐 · 과탐 중 택 1)	(언어 + 수리 +외국어 중 택 2) + (사탐 · 과탐 중 택 1)

1) 이외의 수능 반영 영역을 택하는 대학도 많이 있다. 그러나 세칭 일류대의 경우 대부분 3+1 또는 2+1에 제 2외국어 · 한문을 선택하도록 되어 있다. 사탐 · 과탐의 선택 과목 수는 일류대의 경우 서울대를 제외하고는 대개 3과목이다.

그러면 대학들은 어떠한 영역을 수능에서 반영하는가? 이에 대해서는 대학별 자료를 참고로 해야 하고, 이미 13개 대학 중 자료가 발표된 대학에 대해서는 앞에서 언급한 바 있다. 2005학년도의 경우 200개의 4년제 대학 중 절반이 3+1, 나머지 절반이 2+1을 택했으며 소위 명문대라 불리는 대학들은 거의 3+1을 택하였다〈표5-9〉. 한양대 자연계의 경우는 2+1(즉 언어 영역 제외)을 택하고 있다. 그리고 제 2외국어 • 한문을 반영하는 대학을 고려해 볼 때 대략 상위 30%이내의 학생들은 제 2외국어 • 한문을 준비해야 할 것으로 보인다. 제 2외국어 과목으로는 독어, 일본어, 아랍어, 중국어, 러시아어, 스페인어, 프랑스어, 한문이 있다. 제 2외국어 • 한문의 비중은 약 5점에 달하고 있다.

인문계와 자연계로 나누어 볼 때, 인문계는 언어, 수리, 외국어(영어), 사회 탐구, 제 2외국어 • 한문 그리고 자연계는 언어, 수리, 외국어(영어), 과학 탐구, 제 2외국어 • 한문을 선택하면 어느 대학이든 시험을 볼 수 있다. 명문대의 경우 사회 탐구와 과학 탐구의 선택 과목 수는 3과목이고 서울대의 경우는 인문계, 자연계를 불문하고 국사를 포함한 4과목을 선택해야 한다. 자세한 주요 대학별 선택 과목의 내역은 〈표5-10〉, 〈표5-11〉에 나타나 있다.

〈표5-10〉 주요 대학별 수능 및 학생부 반영 방법 (인문계)

	수능 성적 반영 영역	학생부 반영 교과목	
		공통 과정	선택 과정
서울대	1) 언어, 외국어 필수 2) 수리 가/나 중 택 1, 사탐/과탐(국사포함 4과목) 중 택 1 3) 제 2외국어/한문은 필수	전 교과	전 교과
연세대	1) 언어, 외국어 필수 2) 수리 나 적용 3) 제 2외국어·한문은 인문계열만 반영 4) 사탐 4과목 반영	국, 영, 수, 사, 과	국, 영, 수, 사 (미반영과목 학력미달시 감점)
고려대	1) 언어, 외국어, 제 2 외국어·한문은 필수 2) 수리 나를 적용 3) 사탐 3과목 반영	국, 영, 수, 사	국, 영, 수, 사
한양대	1) 언어, 외국어, 제 2외국어·한문은 필수 2) 수리 가·나 중 택 1 3) 사탐·과탐·직업 중 택 1해서 3 과목 반영	국, 영, 수, 사	국, 영, 수, 사
서강대	1) 언어, 외국어는 필수 2) 수리 나를 적용 3) 사회 탐구 3과목 지정 4) 제 2외국어·한문은 외국어 계만 반영	국, 영, 수, 사	국, 영, 수, 사
성균관대	1) 언어, 외국어, 제2외국어·한문은 필수 2) 수리 가·나 중 하나를, 사탐/과탐 중 하나를 선택 3) 탐구 영역 3과목을 반영하는데 제 2 외국어·한문은 1개의 과목으로 적용	국, 영, 수, 사	국, 영, 수, 사
한국외대	1) 언어, 외국어 필수 2) 수리 가·나 중 택 1 3) 사탐·과탐 중 택 1 4) 탐구영역 2과목 반영	국, 영, 수, 사	국, 영, 수, 사

1) 직업 탐구는 실업계 고교 출신만 택할 수 있음.
2) 공통 과정은 초등학교부터 고 1까지를, 선택 과정은 고 2, 3학년 과정을 말한다.

<표5-11> 주요 대학별 수능 및 학생부 반영 방법 (자연계)

	수능 성적 반영 영역		학생부 반영 교과목	
			공통 과정	선택 과정
서울대	자연 과학, 의대, 수의예, 약학, 사범계(자연) :	1) 언어, 외국어는 필수 2) 수리 가 적용 3) 과탐 반영	전 교과	전 교과
	공과대, 농생대(자연, 사범) :	1) 언어, 외국어는 필수 2) 수리 가 적용(공대 : 미적분) 3) 과탐·직업 중 택 1		
	생활 과학대(자연) :	1) 언어, 외국어는 필수 2) 수리 가·나 중 택 1(가형 가중치) 3) 과탐·직업 중 택 1		
연세대	1) 언어, 외국어 필수 2) 수리 가 적용 3) 과탐 4과목 응시 3과목 성적만 반영		국, 영, 수, 과	국, 영, 수, 사 (미반영 과목 학력미달 시 감점)
고려대	1) 언어, 외국어는 필수 2) 수리 가를 적용 3) 과탐 3과목 반영		국, 영, 수, 과	국, 영, 수, 과
한양대	1) 외국어 필수(언어 반영하지 않음) 2) 수리 가 반영 3) 과탐·직업 중 택 1해서 3과목 반영		영, 수, 과	영, 수, 과
서강대	1) 언어, 외국어는 필수 2) 수리 가를 적용 3) 과학 탐구 3과목 반영		국, 영, 수, 과	국, 영, 수, 과
성균관대	1) 언어, 외국어는 필수 2) 수리 가를 적용 3) 과학 탐구 3과목 반영		국, 영, 수, 과	국, 영, 수, 과

<표5-10>과 같음

2004학년도에는 고등학교 1, 2, 3학년 모두가 수능 출제 범위였는데 비해 2005학년도에는 국민공통 기본과정 중 국사만 출제가 가능하며 나머지는 출제되지 않는다. 그렇다고 고 1의 과정을 대충 넘어갈 수는 없다. 대학들은 수시의 경우는 말할 것

도 없고, 정시의 경우에도 내신의 비중을 1학년 때의 성적이 최
소한 30%에서 최대 40%까지 적용하고 있다. 그리고 이는 수능
이 그만큼 어려워진다는 말이 될 수도 있다. 1학년 때까지의 국
민 공통 과정에서 국사를 제외하고는 심화 선택 과목에서 출제
되므로 당연히 난이도가 높아질 것으로 생각할 수 있다. 이 문제
에 대해서는 다음에서 말하기로 한다.

2005학년도 수능은
어려워질 것인가?

전문가들은 2005학년도 수능이 어렵게 출제될 것 이라고 전망하나 수능시험을 주관하는 한국교육평가원에 의하면 난이도를 예년 수준으로 조정할 것이라고 한다. 수능 난이도에 대한 정부의 입장이 밝혀지면 이를 참고로 하는 것이 바람직하다.

앞서 2005학년도의 수능은 일반적으로 어렵게 출제될 것이라고 전문가들이 예상하고 있다고 말했으나, 수능이 쉽게 출제될 사회적·교육적 요인들도 많다.

제 7차 교육 과정은 학생들이 사회 탐구나 과학 탐구 과목을 '선택' 하고 교과 내용이 전에 비해 심화되었다. 즉 전에 비해 탐구 활동이나 주제관련 읽기자료들이 많이 소개되고 있다는 것이다. 따라서 전반적으로 보면 자신이 선택한 과목이나 언어, 수리, 외국어 과목 전반에 걸친 이해가 요구되며, 상호 관련성이 있는 문제나 창의적인 문제들도 출제된다고 볼 수 있다.

그러나 수능 문제가 쉽게 출제되리라는 가능성도 크다. 우선 새로운 교과 과정의 시행 초기에 너무 어려운 문제를 출제하는 것은 정부의 입장에서도 부담이 될 수 있다. 예를 들어 학교별로 교사의 질적 차이가 많이 나타나서 농·어촌 지역 학생들의 수능 점수가 지나치게 낮게 나타나거나, 수능 성적에 학교 교육보다는 학원 등 사교육이 더 기여했다는 문제가 제기될 수 있다. 이 경우 소득 양극화 현상이 가속화되는 시점에서, 공교육의 실종 문제와 사교육비의 과중 부담 등이 더욱 문제점으로 나올 것이다. 나아가 최근 서울대에서 발표한 연구 보고서에 대한 논쟁이 더욱 사회 문제될 것이기 때문이다. 이 보고서는 서울 강남 지역 학생들이 교육 제도의 변천 여부와 관계없이 지방은 물론 다른 서울 지역보다 서울대에 입학하는 비율이 현저히 높고, 이는 교육을 통한 부(富)의 세습이 이루어지고 있는 것이라 말하고 있다.

세칭 명문 대학에서는 수능이 쉽게 출제될 경우 공부 잘하는 학생과 못하는 학생 간의 변별력이 떨어지는 문제가 생긴다고 지적한다. 이런 대학들의 반발이 계속되면 이들 대학에서 수능의 비중을 줄이고 대학 자체의 평가에 의한 학생 선발을 늘릴 가능성이 크다. 그리고 이 경우 학교 교육의 의존도가 낮아진다는 문제가 생기게 된다.

이렇듯 2005학년도 수능은 여러 가지 변수에 의해 그 난이도가 결정될 것으로 보인다. 즉 수능의 난이도는 복합적인 사회적 요인에 영향을 받을 것으로 추측된다. 수능은 어렵게 출제되리라는 점을 염두에 두고 공부하되, 수능 난이도에 대한 정부의 구상이 발표될 경우 이를 참조하는 것이 불확실성을 줄일 수 있는 방안이다.

수능, 무엇이 달라지나?

2005학년도부터는 수능의 상당 부분이 달라진다. 또한 대학별, 인문계 • 자연계별로도 차이가 있다. 이들을 정확히 이해하는 것이 수능을 대비하는 첫 단계이다. 즉 2004년 수능의 경우 표준 점수만을 고려했는데 국 • 영 • 수의 경우 상수(常數) 10을 곱하던 것을 20을 곱하기 때문이다. 배점도 280점에서 300점으로 늘어났다. 특히 영어 시험이 더 어렵게 출제될 가능성이 크다. 또한 수학의 경우 4점 또는 2, 3점 주관식 문제가 더 많이 출제될 것으로 보여, 수학의 영향이 커질 것으로 보인다. 언어의 경우 '수능시험=언어 시험'이라고 해도 과언이 아닐 정도로 언어의 영향력이 컸는데, 이런 경향은 7차 교육 과정에서 탐구 또는 심층 학습이 강조됨에 따라 더욱 커질 것으로 보인다.

대학 입시 중 수능과 관련하여 무엇이 달라지는지는 생각보다 복잡하고 아직까지 그 방침이 확실히 결정되지 않은 실정이다. 여기서는 확정적이지는 않으나 대체의 윤곽을 알 수 있는 수능의 변동 사항 등 수능의 평가 기준이 어떻게 바뀌어졌는지에 대해서 설명하고자 한다.

첫째로 2004학년도 수능에서는 대체로 각 대학이 변환 표준 점수를 기준으로 수능 성적을 기준으로 삼았는데, 2005학년도 수능부터는 표준 점수 또는 백분위를 기준으로 하는 대학이 대부분일 것으로 나타났다. 두 번째로 올 수능부터는 제7차 교과 과정에 근거해서 수능이 출제된다. 세 번째, 수능의 경우 대상 과목이 언어, 수리, 외국어가 공통 과목이었다. 이는 2005학년도에도 동일하다. 2004학년도에는 사탐(사회 탐구)에는 국사, 윤리, 공통 사회(상), 공통 사회(하)가 공통 과목이었고, 정치, 경제, 사회·문화, 세계사, 지리의 5과목 중 한 과목을 선택하도록 되어 있었다. 과탐(과학 탐구)의 경우 물리, 화학, 지구과학, 생물이 공통 과목이었고, 물리2, 생물2, 화학2, 지구 화학2의 4과목 중 한 과목을 선택하게 되어 있었다. 제 7차 교육 과정이 적용되는 2005학년도 수능부터는 사탐·과탐의 필수 과목이 없어지고 주요 대학의 경우 3, 4과목을 선택하도록 입시 요강이 바뀌었다.

제7차 교육 과정의 선택 과목은 다음과 같다.

사회 탐구 : 사회·문화, 경제, 정치, 법과 사회, 국사, 윤리(윤리와 사상 + 전통윤리), 한국지리, 세계지리, 경제지리, 한국 근현대사, 세계사 (총 11개 과목)

과학 탐구 : 물리1, 물리2, 화학1, 화학2, 생물1, 생물2, 지구화학1, 지구화학2 (총 8개 과목)

네 번째, 점수의 배점도 바뀌었다. 2004학년도 수능의 경우 언어, 수리, 외국어(영어)가 각각 120점, 80점, 80점이었다. 인문계의 경우 사회 탐구에서는 공통 57점, 선택 15점 그리고 과학 공통이 48점이었다. 자연계의 경우는 과학 탐구 공통 48점,

선택 24점, 사회 탐구 공통 48점이었다. 원점수 기준 총점이 400점이었다.

그러나 2005학년도 수능의 경우 언어, 수리, 외국어(영어)가 100점씩으로 바뀌었다. 그리고 학교에 따라 다르나 사탐·과탐의 경우 서울대는 4과목을 선택하되 국사를 반드시 선택하도록 하였다. 사탐·과탐의 경우 한 과목의 배점이 50점씩이기 때문에 총점은 500점이 된다. 따라서 사탐이나 과탐의 비중이 전체의 40%나 되는 것으로 보이나, 대부분의 학교에서는 이들 사탐·과탐의 점수를 1/2인 100점으로 조정하여 반영할 것으로 보인다.

표준 점수의 이해

2005학년도부터 수능 점수가 표준 점수로만 기재된다. 표준 점수란 어느 과목에서 그 학생의 성취도를 알기 쉽도록 나타낸 것이다. 이러한 표준 점수가 새로이 도입됨에 따라 이에 대한 이해가 요구된다. 즉 2005학년도 수능은 2004학년도에 비해 표준 점수가 과목별 배점을 감안해 적용되기 때문에 언어, 수학, 외국어가 합격 여부에 미치는 영향이 클 것으로 보인다. 반면에 사탐·과탐의 경우 배점이 사실상 줄어들었고, 이들이 선택 과목화 됨에 따라 백분위 또는 백분위를 적용하여 '표준 점수화'하는 대학의 경우 입학의 당락에 미치는 영향이 줄어들 것으로 보인다. 특히 서울대의 경우 사탐·과탐의 영향력이 낮아졌다고 볼 수 있다.

학생이나 학부모들이 가장 이해하기 어려운 부분이 변환 표준 점수와 표준 점수이다. 2005학년도 수능에서는 대부분의 학교가 변환 표준 점수에서 표준 점수로 바꾼다는 점이 무엇을 의미하며 이 경우 수능 대비를 어떻게 해야하는지가 주된 관심사이다. 우선 이를 정확히 이해하고 또 변화된 제도에 따라 수능 전략을 어떻게 세워야 하는지 정확히 아는 사람은 아무도 없다. 그렇다고 변화의 의미를 전혀 모르면 학생이나 학부모들의 불안이 커지며, 차선의 대책을 세우는 데도 어려움이 있다. 나는 이 부분을 우선 정확하게 설명한 후에 이를 다시 쉽게 설명하려 한다. 여러분도 편안한 마음으로 읽어주기 바란다.

　수능 채점표에 나온 대로 원점수, 표준 점수, 변환 표준 점수를 설명해 보면 다음과 같다.

원점수 : 시험 결과 채점해서 얻은 그대로의 점수.
표준 점수 : 매회 시험 및 영역간의 성적을 비교할 수 있도록 평균 50, 표준 편차가 10인 척도로 환산한 점수이며, 50 이상이면 평균보다 높고 50 이하이면 평균보다 낮다는 것을 의미한다. 구체적인 산정 방식은 다음과 같다.

표준 점수 = [(자신의 득점 − 평균) / 표준편차] × 10 + 50

변환 표준 점수 : 각 영역별 표준 점수에 배점 비중과 400점 만점으로 조정하기 위해 전환 값을 곱해서 산출한 점수.
수능 지수 : 난이도와 응시 집단이 다르더라도 수능시험의 결과를 서로 비교해 볼 수 있도록 '대학수학능력시험 점수분포'에 맞추어 환산한 점수이다. 예를 들어 '변환 표준 점수에 의한 백분위(百分位) 점수'가 언어의 경우 97.50이라면, 그 학생의 언어 점수는 상위 2.50%에 해당한다는 뜻이다.

　수능 채점표는 학부모를 더욱 혼란스럽게 하고 있다. 그러나 이 수능 채점을 잘 보면 표준 점수 또는 변환 표준 점수의 의미를 이해하는 데 도움이 된다. 다음의 〈표5-12〉를 살펴보자.

　이 학생의 수능 성적은 언어 85.4/120 (120점 만점에 85.4점), 수리 27.0/80, 과학 탐구 25.0/48, 사회 탐구 40.4/72, 외국어 62.0/80 이고 총점은 원점수 기준 239.8/400 이다. 과목별 표준 점수를 구하기 위해서는 과목별 평균 점수와 표준 편차가 필요하다. 표준 편차란 학생들의 성적이 서로 비슷하면, 예를

들어 특정 점수 근처에 몰려 있는 경우 낮게 나타나고 학생 간의
점수의 높고 낮음이 심한 경우 높게 나타난다.

〈표5-12〉 인문계 A학생의 시험 결과

영역별	배점	원점수	표준 점수	변환 표준 점수	백분위	
					원점수 기준	변환 표준 점수 기준
언어	120	85.4	60.22	60.22×1.20×1.23=88.88	83.3	83.3
수리	80	27.0	53.24	53.24×0.80×1.23=52.39	70.6	70.6
과학 탐구	48	25.0	55.00	55.00×0.48×1.23=32.47	71.6	71.6
사회 탐구	72	40.4	50.67	50.67×0.72×1.23=44.87	52.7	51.2
외국어(영어)	80	62.0	65.44	65.44×0.80×1.23=64.29	91.4	91.4
총점	400	239.8	–	283.0	81.8	79.5

[그림 5-1] 원점수 분포의 예시

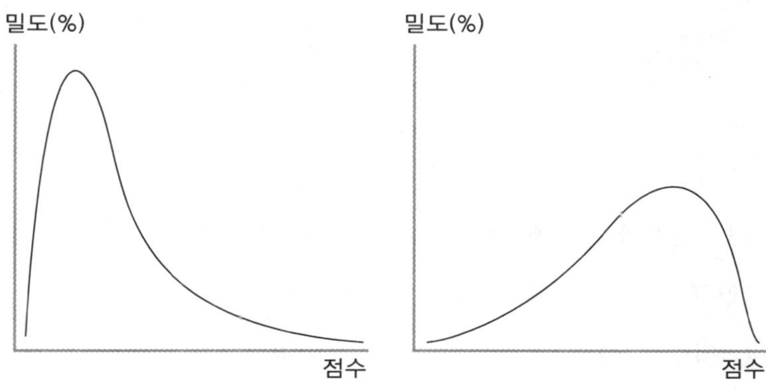

(A) 평균 점수가 낮고 표준 편차가 작은 경우　　(B) 평균 점수가 높고 표준 편차가 큰 경우

[그림 5-1]의 (A)가 언어 영역의 점수 분포라면 대부분의 학
생들이 낮은 점수를 받고 소수가 높은 점수를 받은 경우이고,
(B)는 점수의 평균이 높고 널리 분포되어 있는 경향을 보이고 있
다. 만약 모든 학생이 60.0점을 맞은 경우는 표준 편차와 분산

(표준 편차를 제곱한 것)이 모두 0이다. 따라서 이의 경우 점수가 조금만 차이가 나더라도 이를 표준 점수로 환산하면 그 차이는 무한대가 된다. 즉 표준 편차가 작을수록 원점수의 점수가 조금만 차이가 나도 표준 점수는 큰 차이를 나타내게 된다. 표준 점수의 개념을 알기 위해 다음의 두 과목에서 만점을 받은 학생을 생각해 보자.

〈표5-13〉 평균과 표준 편차의 표준 점수에 주는 영향 : 만점을 받은 학생

	지리	경제
내 점수	50.0	50.0
평균	30.0	25.0
표준 편차	10.0	5.0
표준 점수	70.0	100.0

1) 지리는 50+[(50−30)÷10]×10, 경제는 50+[(50−25)÷5]×10에 의해 산정하였다.

〈표5-13〉에서 보면 지리와 경제에서 만점을 받은 사람의 경우, 평균이 지리가 5점 정도 높고 표준 편차도 5점 정도 크다면, 표준 점수로 환산한 점수 차는 30점이나 된다. 따라서 똑같이 만점을 받은 경우에도 평균이 낮고 표준 편차가 낮은 과목을 택한 사람이 훨씬 이득을 본다.

만약 내가 어려운 경제를 택해 45점을 맞았고 친구는 쉬운 지리를 만점 받은 경우를 생각해 보자. 이 경우 나의 경제 점수는 50+[(45−25)÷5]×10=90점이고, 친구의 지리 점수는 50+[(50−30)÷10]×10=70점이 된다. 원점수가 5점 낮은 경제

를 택한 학생이 표준 점수는 오히려 20점 높은 것으로 나타났다.

또한 앞에서 보았듯이 2005학년도 수능의 경우 국어, 영어, 수학의 비중이 더 커진다고 볼 수 있다. 표준 점수가 기준이 되는데, 국・영・수의 경우 상수(常數) 10을 곱하던 것을 20을 곱했기 때문이다. 배점도 280점에서 300점으로 늘어났다. 특히 영어의 시험이 더 어렵게 출제될 가능성이 크다. 이는 새로운 수능에서는 국민 공통 과정인 고1 과정을 제외한 고 2, 3학년 과정에서 수능이 출제되고, 제 7차 교육 과정에서 영어의 어휘 수가 두 배로 늘어났기 때문이다. 또한 수학의 경우 4점 또는 2, 3점 주관식 문제가 더 많이 출제될 것으로 예상되어, 수학의 영향이 커질 것으로 보인다. 언어의 경우 '수능시험=언어 시험'이라고 해도 과언이 아닐 정도로 언어의 영향력이 큰데 이런 추세는 7차 교육 과정에서 탐구 또는 심층 학습이 강조됨에 따라 언어의 중요성은 여전히 클 것으로 보인다.

반면에 선택 과목인 사회 탐구, 과학 탐구는 주요 대학의 경우 실제 배점도 줄었고, 대학에 따라 과목별 난이도의 차이에 따른 문제점을 백분위 또는 백분위를 이용해 '표준 점수화' 할 것으로 보인다. 표준 점수의 이러한 성격은 사회 탐구 또는 과학 탐구 선택에 중요한 요소로 작용한다. 예를 들어 공부를 잘하는 학생이 한 사람은 지리를 또 다른 사람은 경제를 선택했는데, 지리는 평균이 높고 점수가 넓게 분포되어 있어 표준 편차가 크다고 하자[그림 5-1] (B). 경제는 문제가 어렵게 나와서 거의 모든 학생

의 점수가 낮고, 낮은 점수 대에 학생들이 몰려 있어 표준 편차
가 작다고 하자[그림 5-1]의 (A). 그런데 이 두 학생 모두 공부
를 잘해서 경제, 지리 중 어느 과목을 선택하더라도 만점을 맞을
경우에 대해 생각해 보자. 이 경우 이 학생이 쉽게 출제된 지리
를 선택할 경우 평균이 높고 표준 편차가 커서 표준 점수가 상대
적으로 낮게 나타나고, 경제를 택할 경우에는 평균이 낮고 표준
편차가 작아 상대적으로 표준 점수가 높게 나타난다. 즉 같이 만
점을 받은 경우 경제를 선택한 학생이 매우 유리한 결과를 갖게
된다.

　따라서 대부분의 학생들은, 특히 성적이 우수한 학생들은 사
회 탐구, 과학 탐구에서 가장 어렵고 대부분의 학생이 낮은 점수
대에 몰려 있어 표준 편차가 작은(그림 5-1의 A) 과목을 선택하
는 것이 유리하다. 이론적으로는 완벽하게 맞는 말이다. 문제는
과연 어떤 과목이 어려운 과목이냐를 사전에 예측할 수 없다는
점이다. 사실상 과거의 예를 보아도 한국교육과정평가원의 자료
에 의하면 사회 탐구, 과학 탐구의 과목 중 특정 과목의 평균과
표준 편차가 모의 시험 때마다 다르게 나타난다. 교육평가원의
입장에서는 사회 탐구, 과학 탐구의 과목별 난이도를 비슷한 수
준으로 유지하기 위해 부단히 노력할 것이다.

　사회 탐구, 과학 탐구의 선택 과목이 지나치게 확대될 경우 대
학 입시에서 의도적인 입시 조작이 가능할 경우도 가정할 수 있
다. 예를 들어 사회 탐구가 20과목으로 늘고 그 중 한 과목은 누

구나 어렵게 생각하는, 예를 들어 '국제 통상의 이해와 실무' 라는 과목이 있다고 하자. 이 경우 이 과목을 전공한 대학생이나 대학원생들이 수능시험을 보고 특정 학생에게 이 과목을 집중적으로 가르친 다음, 자신들이 수능에서 이 과목을 50점 만점에 모두 2점을 맡기로 담합했다고 가정해 보자. 이 경우 이 특정 학생이 2점만 높은 조수를 받아도 어느 대학이든 표준 점수를 활용하는 대학에 합격할 수 있을 것이다.

이러한 표준 점수의 활용에 따른 문제점은 소위 국어, 영어, 수학 과목에서는 발생하지 않는다. 대다수의 대학에서 이들 과목은 필수 과목으로 여기고 있기 때문이다. 물론 상대적으로 국어, 영어, 수학 중 어느 과목을 잘하는 학생이 수능에서 유리한지는 시험을 보고 나서 결정된다. 그러나 사회 탐구, 과학 탐구의 경우는 모두가 선택 과목이므로 표준 점수의 적용에 따르는 문제가 제기될 수밖에 없다. 이런 점을 의식하여 이화여대는 백분위 점수를, 숙명여대는 표준 점수와 백분위의 혼합형을 사용한다는 방침을 세웠으나 그 내용은 아직까지 구체화 되지 않았다.

서울대의 경우도 표면적으로는 표준 점수를 활용한다고 하고 있으나 입시 전문가들에 의하면 국어, 영어, 수학은 표준 점수를, 사회 탐구와 과학 탐구는 원점수 기준 200점이 아닌 100점으로 비중을 줄이고 나아가 이들 과목에 대해서는 백분위를 이용하여 '표준 점수화' 한다는 방침이라고 한다. 이 구체적인 나용은 물론 발표되지 않았다. 백분위의 적용도 서울대 지망생을 대상으로 한 것이 아니라 전체 수험생의 백분위 점수를 사용한 다는 것이다. 서울대 합격자들이 전국 백분위 순위가 매우 높다고 보면 이 경우 사실상 사회 탐구, 과학 탐구는 별 의미가 없어지고 국어, 영어, 수학에 의해 합격이 좌우된다고 볼 수도 있다. 서울대 지원자들이 사회 탐구, 과학 탐구를 적당히 공부할 것이라는 예측도 할 수 있다. 그러나 이 경우 제 7차 교육 과정의 특성이 사탐·과탐을 선택 과목화 하고 탐구 및 심화 학습 등을 통해 보다 폭넓고 현실적인 문제를 이해할 수 있는 능력을 키우는 데 중점을 두고 있는 것이므로, 이러한 취지가 약화될 가능성이 크다.

그러나 이는 사실과 다를 수 있다. 사탐·과탐의 경우, 예를 들어 서울대 지원자의 합격권에 든 사람 대다수가 백분위의 100에 해당한다면 (즉 만점에 동점자가 많은 상황이라면), 사탐·과탐의 백분위가 99%인 학생도 표준 점수를 환산하는 과정에서 큰 불이익을 볼 가능성이 있기 때문이다. 그러나 전반적인 면에서는 역시 서울대의 경우 사탐·과탐의 비중이 낮아졌다고 볼 수 있다.

표준 점수의 도입이 주는 시사점

대부분의 대학에서 수능 점수의 적용 기준이 변환 표준 점수에서 표준 점수로 바뀌게 된다. 표준 점수가 도입되면 모두가 선택 과목인 사탐·과탐의 경우 어떤 과목을 선택하는 것이 유리한지를 생각하지 않을 수 없다. 즉 과목이 어려워 대부분의 학생들이 성적이 낮은 경우 (따라서 표준 편차도 작고) '내'가 자신 있는 과목이 무엇인지 찾아야 한다. 그러나 과거의 예를 보면 과목별 난이도는 수능 때마다 다르게 나타나고 있어 이를 사전에 아는 것은 불가능하다. 따라서 자신의 학교에서 가르치고 내가 좋아하며 비교 우위가 있다고 생각되는 과목을 선택하는 것이 최선의 방안이다. 언어, 수리, 외국어의 경우도 내가 자신 있는 과목이 어렵게 출제되고, 자신 없는 과목은 쉽게 출제되는 것이 유리하다.

표준 점수가 도입됨에 따라 선택 과목에서 원점수 기준으로 같은 점수를 받았다 하더라도 표준 점수로는 큰 차이가 나타날 수 있다. 따라서 미세한 점수 차이로 당락이 결정되는 최상위권이나 또는 중상위권의 경우 원점수 기준으로 같은 점수를 맞았다 하더라도 과목의 선택 또는 대학별 가중치의 적용에 따라 당락이 결정된다. 따라서 대학 선택 시 이를 고려해야 한다.

예를 들어 사탐·과탐의 경우 어떤 과목을 선택하는 것이 유리한지를 생각해야 한다. 즉 과목이 어려워 대부분 학생들의 성적이 낮은데 (따라서 표준 편차도 작고) 그 중에서 '내'가 자신이 있는 과목이 무엇인지를 찾아야 한다. 그러나 과거의 예를 보면 과목별 난이도는 수능 때마다 다르게 나타나고 있어 이를 사전에 아는 것은 불가능하다. 따라서 다니고 있는 학교에서 가르치고 내가 좋아하며 비교 우위가 있다고 생각하는 과목을 선택하는 것이 최선의 방안이다.

대부분의 사람들이 표준 점수를 산정하는 과정에 있어, 과목별 배점이 다름에도 불구하고 표준 점수를 모든 과목이 50점 이상이면 평균 이상, 50점 이하면 평균 이하의 개념으로 산정하는 것을 이해하지 못해 어려워 하고 있다. 그러나 이는 표준 점수의 의미를 생각하면 쉽게 이해할 수 있다. 즉 표준 점수는 평균이 항상 50이 되게 변환한 점수로, 백분위와 같이 학생의 영역의 강약을 파악하고 전체 집단의 평균과 얼마나 떨어져 있느냐를 파악하는 데 필요한 평가 도구이다. 그러나 이런 표준 점수 자체만으로는 자신이 얼마나 우수하고 취약한지를 파악하기 어려우므로, 영역별 백분위와 함께 영역별 강약으로 자신의 위치를 파악하면 된다.

앞의 〈표5-12〉의 경우 A학생은 영역별 표준 점수가 모두 50 이상이므로 각 영역별로 평균 이상의 성취도를 보이고 있고, 표준 점수로 보나 백분위(원점수 또는 변환 표준 점수 기준)로 보나 마찬가지로 영역별 우수한 정도는 외국어, 언어, 과학 탐구, 수리, 사회 탐구라는 것을 알 수 있다. 이렇듯 표준 점수로 환산하면 자신의 영역별 강약을 파악할 수 있는 장점이 있다.

그러나 과목별 배점이 다르고 이런 식으로 표준 점수를 산정할 경우 표준 점수의 총계가 의미가 없다는 문제점이 생긴다. 따라서 2004학년도 수능에는 400점 만점이 되게 전환값을 적용한 표준 점수 즉 변환 표준 점수를 기준으로 하였다. 영역별로 계산된 표준 점수는 영역별 배점과 관계없이 모든 영역이 대략 20~80점의 점수 폭을 갖는다. 이에 우선 영역별 배점 비율을 곱한다. 즉 언어의 경우 1.20을 곱하고, 수리는 0.8, 외국어는 0.8, (인문계의 경우) 과학 탐구는 0.48, 사회 탐구는 0.72를 곱한다. 마지막으로 모든 과목에서 만점을 받은 학생의 표준 점수 총점이 400점이 되도록 일정한 수치(전환값)를 다시 일률적으로 영역별 표준 점수에 곱한다. 즉 앞의 표에서 언어 영역의 변환 표준 점수를 구하는 과정을 보면, 우선 언어의 평균과 표준 편차를 이용하여 50점을 준거로 하는 표준 점수(60.22)를 구하고, 언어의 과목별 배점이 120점이므로 1.2라는 배점 비율을 곱하며, 만점자의 변환 표준 점수를 400점 만점으로 조정하기 위한 전환값 1.23을 곱한다. 참고로 전환값은 매 시험의 난이도(평균, 표준 편차)에 따라 달라진다.

이와 같은 방식으로 변환 표준 점수를 구하다 보면 특정 학생의(예를 들어 만점자의) 변환 표준 과목 성적이 과목별 만점(배점)을 넘을 수도 있다. 변환 표준 점수에서는 전체 점수의 계를 400에 맞추는 데 중점을 두었기 때문이다. 그리고 개별 과목의 표준 점수는 50점을 기준으로(과목의 배점에 관계없이) 학생의 성취도를 산정한 것에 불과하다.

　이를 더 자세히 설명하자면 끝도 한도 없다. 이 정도에서 2004학년도 수능에서 변환 표준 점수를 사용한 이유와 산정 방법에 대한 설명을 그치기로 한다.

　2005학년도부터 수능이 변환 표준 점수에서 표준 점수나 백분위로 바뀌었음을 앞에서 설명한 바 있다. 마지막으로 한 가지 부연 설명해야 할 점은 2005학년도부터 적용되는 표준 점수의 개념이 전과 다소 다르다는 점이다. 이를 보면 다음과 같다.

언어, 수리, 외국어의 경우 :
　　　표준 점수 = 100 + [(자신의 득점 − 평균) / 표준 편차] × 20
사탐 · 과탐의 경우 :
　　　표준 점수 = 50 + [(자신의 득점 − 평균) / 표준 편차] × 10

　표준 점수의 경우 기본 개념은 2004학년도와 크게 다를 바 없다. 차이점을 쉽게 설명하면 다음과 같다. 2004학년도의 경우에는 해당 과목이 성취도가 평균 이상인지 여부를 과목의 배점에 관계없이 50점을 기준으로 하였고, 과목 당 배점에 상관없이 표준 편차를 10정도로 본 것이나 다름없다. 만약 모든 과목의 표준 편차가 10이라면 2004학년도 수능의 표준 점수는 50 + (자신의 점수 − 평균)이 된다. 즉 내가 평균보다 몇 점이나 더 받았는가를 산정하는 기준인 셈이다.

　2005학년도 수능부터 새로이 적용될 표준 점수도 기본 개념은 같으나 국어, 영어, 수학의 경우 100점, 그리고 사탐·과탐의 경우 50점(즉 과목당 배점)을 기준으로 평균보다 얼마나 점수가 높은지 또는 낮은지를 측정한 것이다. 또한 과목의 배점이 클수록 표준 편차도 이에 비례하여 커진다는 가정 하에 국어, 영어, 수학의 경우 20, 사탐·과탐의 경우 10을 곱했다는 차이밖에 없다. 즉 언어, 수리, 외국어의 경우 표준 편차를 20정도로 보았고, 사탐·과탐의 경우 과목 배점이 국·영·수의 1/2이므로 표준 편차도 이의 1/2인 10이라고 보았다고 생각하면 이해가 쉬울 것이다.

이를테면(소득 분배가 비슷하다면) 1인당 국민 소득이 100불인 나라와 10,000 불인 나라의 경우 가구 당 평균 소득의 편차가 후자의 경우 클 것임은 당연한데, 이 경우 후자의 표준 편차를 전자의 100배로 본 것과 같은 이치를 적용한 것이다. 이런 면에서는 새로이 적용될 표준 점수가 더 합리적이라고 볼 수 있다. 2004학년도의 경우 변환 표준 점수를 사용하였으며 만점을 받은 학생의 변환 표준 점수는 과목별 배점의 합계와 일치하도록 조정하였음은 이미 설명한 바 있다.

2005학년도부터는 표준 점수가 적용되므로 만점의 개념이 없다. 즉 전 과목 만점을 맞은 학생도 서울대와 같이 언어, 수리, 외국어와 사탐·과탐 4과목을 보고 사탐·과탐의 점수는 1/2만을 반영한 경우 총점이 400점이나, 표준 점수가 만점이 되는 것은 매우 이례적인 현상일 것이다. 왜냐하면 평균과 표준 편차가 각 과목별로 다르게 나타날 것이기 때문이다. 표준 점수의 경우 몇 점 만점의 개념이 없을 뿐 아니라 과목별 만점 개념도 존재하지 않는다. 언어 영역을 다 맞은 학생의 점수가 몇 점이 될지는 사전에 예측할 수 없다는 것이다.

새로운 수능부터는 원점수는 아예 기재하지 않고 표준 점수와 백분위만을 기재하게 된다. 따라서 수험생들의 혼란은 더욱 가중될 것으로 보인다. 교육평가원에서는 2004학년도의 경우 영역별 평균만 제시하였다. 즉 사탐·과탐의 개별 선택 과목은 평균을 제시하지 않았다. 물론 표준 편차는 영역별로도 제시하지 않았다. 과목별 평균과 표준 편차를 알면 과목별 원점수를 알 수 있음은 당연하다. 원점수 자체를 모를 경우 수험생의 '알 권리'를 둘러싼 분쟁이 심각해질 수도 있다. 수능을 보고 나서 자신이 스스로 가채점한 성적과 실제 수능의 원점수 간에는 거의 괴리가 없다. 따라서 스스로 채점한 원점수는 높은데 표준 점수가 낮은 경우 그 원인이 평균 또는 표준 편차에 있는지를 식별해야 되는데 이들 자료를 공개하지 않을 경우 수험생이 겪는 혼란은 매우 클 것이다. 나아가 2004학년도처럼 복수 정답 허용을 둘러싼 분쟁이 쟁점화 될 경우 이것이 표준 점수에 어느 정도 영향을 줄지도 알 수 없게 되면 혼란은 더욱 가중될 것이다. 이를 고려할 때 2005학년도의 수능에서는 과목별로 평균과 표준 편차를 공개하는 것이 바람직하다.

수능, 어떻게 대비할 것인가?

수능에 왕도는 없다. 건강, 집중, 전략이 결과를 좌우한다.

수시 1학기 합격자를 제외하고는 반드시 수능을 보아야 한다. 수시 1학기 모집 인원은 상대적으로 비중이 적으므로 대부분의 학생들이 수능을 보아야 한다는 뜻이다. 특히 명문 대학의 경으 수시에 합격했다 하더라도 수능을 잘 못 보면 최저학력기준에 미달했다는 이유로 합격이 취소된다.

'수능을 어떻게 대비할 것인가' 하는 문제는 체력을 잘 유지하여 수능시험 때까지 어떻게 컨디션을 조절하느냐 하는 문제와 수능 영역별 과목들에 대한 준비를 어떻게 하느냐 하는 두 가지로 크게 나누어 볼 수 있다.

수능을 잘 보기 위해 전반적으로 유의할 점들을 살펴 보자. 수능은 적어도 1년 정도 지속적으로 공부를 해야 하므로 정신적으로나 신체적으로 체력과 집중력을 안정되게 유지하여 수능 당일 최상의 컨디션을 유지할 수 있는 세심한 배려가 요구된다. 예를 들어 목표치를 너무 높게 잡고 3학년 1학기 때 너무 무리하게 공부할 경우 여름방학 이후에는 심신이 탈진하여 수능 점수가 떨어지는 학생들을 많이 볼 수 있다. 특히 목표를 높이 설정한 경우에도 모의 수능 점수가 생각만큼 나오지 않을 경우 좌절하여 포기하는 일이 없도록 해야 한다. 본인의 노력도 중요하지만 부모나 입시 전문가와의 상담을 통해 목표치를 재조정하고 공부하는 전략을 수정하는 노력 등이 필요하다.

과거에는 4당 5락이라는 말이 있었는데, 이는 하루에 4시간 자고 공부하면 대학 입시에 합격하고 5시간을 자면 떨어진다는 것을 뜻한다. 그러나 내가 주위에서 관찰해 본 결과에 의하면 적어도 9개월 이상 이런 식으로 공부할 수 있는 학생은 매우 드물다. 잠을 자지 않고 공부하는 시간을 늘리는 것이 중요한 것이 아니고, 공부하는 시간 중에 얼마나 집중할 수 있느냐가 더 중요하다. 보통 학생들의 경우 장기간 집중해서 공부하는 것은 생각만큼 쉬운 일이 아니다.

예를 들어 미국에서 박사 과정 처음 1년 동안에는 집중해서 치열하게 공부해야 한다. 즉 한 학기가 16주이므로 이 기간 동안에는 긴장을 늦추지 않고 공부에만 몰두할 수 있는 능력이 필요하다. 그런데 수능의 경우는 3월부터 약 8개월 이상을 집중해야 하며 두 학기 동안 긴장을 늦추지 말아야 한다. 따라서 수능 당일 최선의 컨디션으로 시험에 임하기 위해서는 자신이 공부하는 패턴을 일정하게 유지하고 집중할 수 있는 방법을 스스로 찾아야 한다. 이 기간 중에는 건강에 유의하여 아프지도 말아야 하며 평소에 스스로 입시에 따르는 중압감에서 벗어날 수 있는 스트레스 해소법을 익혀 두어야 한다. 수능시험에서 한 두 문제만 실수해도 이것이 학교 선택에 미치는 영향이 매우 크기 때문이다.

또한 수능은 실력이 있는 학생이 꼭 잘 보는 시험이 아니라는 점을 염두에 두어야 한다. 이 말이 매우 비교육적으로 들릴지는 모르겠지만, 본래 자신의 실력과 답안지에 답을 적어 성적을 뽑아내는 것과는 별개의 문제라는 것이다.

일반적으로 대학 입시 전략에는 몇 가지 중요한 사항이 있다. 우선 자신이 내신에 강한지 또는 수능에 강한지를 파악하여야 하고 이를 근거로 수시입학 지원여부를 결정해야 한다. 또한 내신과 모의 고사 성적의 변화를 면밀하게, 객관적으로 검토해 봐야 한다. 객관적이란 말에는 내가 알면서도 실수를 해서 틀린 경우에 이를 맞은 것으로 간주하여 계산해서는 안 된다는 것도 포함된다. 사람은 언제나 시험을 볼 때 실수하기 마련이므로 '알면서도 틀린' 점수를 문제 난이도별, 과목별로 분석해 보면 실제 수능시험에서도 내가 어느 정도 실수를 할 것인지 미루어 짐작할 수 있다. 알면서도 틀린 문제를 모두 정답으로 간주하기보다는 이들의 비율을 줄이는 데 노력해야 한다. 또한 수능이나 내신의 경우 어느 과목에서 많이 틀렸는가를 살펴봐야 한다. 즉 취약 과목이 무엇인지를 알고 취약 과목의 성적을 '적정' 수준으로 올리려는 노력을 하는 것이 중요하다.

이러한 말들은 수험생들이 모두 알고 있는 일반적인 사항이라고 생각할 것이다. 그러나 실제로 이런 사항들을 스스로 점검하고 개선하려는 학생은 의외로 적다. 대부분의 학생들은 '알면서도 틀린' 문제는 정답으로 간주하는 등 자신의 성적을 상향 조정하여 스스로 위안 받으려는 경향이 있다. 알면서도 틀린 문제를 맞았다고 '가정' 하기보다는 ① 알면서도 틀린 문제, ② 모르면서 틀린 문제, ③ 알면서 맞은 문제, ④ 모르면서도 맞은 문제를 식별할 수 있어야 한다. 특히 수능의 경우 ①과 ④의 비중이 어느 정도 되는지를 파악해 보는 것이 중요하다. ③ + ④, 즉 실제의 수능 점수가 수능 실력이다.

즉 자신의 모의 수능 점수를 영역별, 난이도별로 분석해 보고 내신과 수능의 추이를 파악하여 입시 전략에 임하는 객관적이고 합리적인 판단이 중요하다. 시험을 본 학생이 부모에게 정보를 주어, 부모가 이를 객관적인 입장에서 분석하여 입시 전략을 세우는 것이 매우 중요하다. 수능을 잘 보는 왕도나 비결은 없다. 그러나 위와 같은 원칙 하에 부모나 전문가의 도움을 받아 수능 전략을 세운다면 결과적으로 상당한 점수 차이를 보일 수 있을 것이다.

영역별 수능 대비 방법

2005학년도 수능의 대비 방법은 과목에 따라 차이가 있다. 그러나 공통점을 찾아보면 다음과 같이 요약할 수 있다. ①교과서로 공부하고, ②교과서의 학습 활동 문제를 실제로 풀어보고, ③기출 문제를 확실히 이해하고, ④서울시 교육청, 한국교육평가원의 모의고사의 유형을 파악하고, ⑤자신의 약점을 보완하는 것이다.

우선 2005학년도는 제 7차 교육 과정에 의해 수능이 출제되는 첫 번째 해이기 때문에 수능의 난이도나 출제 방식을 예상하는 데에 불확실성이 크다는 점을 전제로 하고 말하기로 한다.

영역별 수능 대책에 앞서 수능 대비책으로써 공통적인 사항을 생각해 보자. 2005학년도 수능은 제 7차 교육 과정에서 출제된다. 따라서 문제의 형식이 과거와 달라질 가능성이 크다. 제 7차 교육 과정에서 출제되는 수능은 교과서의 학습 활동 문제, 심층 탐구 활동 등을 기초로 한 문제가 출제될 비중이 높다. 제 6차 교육 과정과는 달리 국어, 영어, 수학 과목도 교과서가 여러 종류이다. 그리고 사탐·과탐·직탐 과목의 교과서는 출판사에 따라 한 교재를 두 개 이상 출판하는 곳도 있다. 각 교과서마다 읽기·탐구·심층 학습 자료도 매우 다양하다. 물론 이 교과서들은 모두 교육청의 검인정 과정을 통과한 것들이다.

수능시험 출제 시 출제위원들에게 제공되는 자료는 교과서와 기출 문제, 기출 문제 분석집뿐이다. 따라서 수능을 공부하는 기본 방향은 교과서를 기초로 하되 제 7차 교육 과정에서 강조하고 있는 읽기 • 탐구 • 심층 문제를 깊이 있게 이해해야 한다. 그런데 문제는 교과서가 다양하고 교과서마다 읽기 • 탐구 자료 등이 다양하게 제시되고 있어서 이것이 쉽지 않다는 점이다. 즉 학교에서 교과서 선택을 잘해야 하고 수험생의 입장에서는 특정 교과서만을 가지고 공부하는 경우 위험 부담이 따를 수 있다.

수능시험의 경제 문제를 풀어본 적이 있는데 경제학을 가르치는 교수의 입장에서도 답이 두 개 이상인 것으로 보이는 경우가 있었다. 그러나 소위 문제의 난이도를 높이기 위해 이와 같이 혼동되는 문제가 많이 출제되는 경우, 과거의 기출 문제를 보고 정답이 무엇인지 판별할 수 있는 능력을 기르는 것이 중요하다. 실력보다도 문제풀이 능력이 중요한 이유가 여기에 있다. 한마디로 혹평한다면 지금까지의 수능 문제는 출제위원의 입장에서 대학이 요구하는 변별력을 지니기 위해 난이도를 조정한 결과, '수능 도사'가 수능 점수를 잘 맞는 유형의 문제가 적지 않았다고 판단된다.

2004학년도 수능 문제에서 복수 정답 시비가 일어났듯이 수능 문제 출제는 매우 까다로우며, 보안을 유지하기 위해 단기간 내에 수행해야 하는 힘든 작업이다. 이것이 의미하는 바를 잘 생각해 보아야 한다. 우선 기출 문제와 유사한 유형의 문제가 출제될 가능성이 있고 정부의 지침에 비교적 충실하여 문제가 출제될 가능성이 크다. 따라서 교육 과정이 바뀌었다고 해도 수능 기출 문제를 반드시 풀어 보고 자신이 보완해야 될 점이 무엇인지를 알아야 한다. 나아가 서울시 교육청이나 한국교육평가원에서 실시하는 모의 수능시험 문제는 수능시험의 방향을 예측해 볼 수 있다는 점에서 유의 깊게 살펴보아야 한다. 또한 제7차 교육 과정의 교과서는 실생활과 관련된 소재를 많이 다루고 있으므로 이를 이해하는 것이 중요하다.

언어 영역은, 수능시험이 곧 언어 시험이라고 할 만큼 과거부터 중요시되었던 분야이다. 언어 영역의 점수 분포를 보면 수준별로 점수 차가 크게 나타나는 경향이 있다. 즉 언어 영역의 점수 편차가 크다는 말이다. 언어 영역의 배점이 120점에서 100점으로 줄어들었다 하더라도 여전히 수능에서 중요한 부분이다.

2004학년도의 경우 전반적으로 지문의 길이가 짧아졌고 이러한 경향은 2005학년도에도 적용될 것으로 보인다. 출제위원을 역임했던 사람의 말에 의하면 대학에서 공부하는 데 요구되는 수준을 감안하여 지문의 길이를 2004학년도 수능에서는 1400~1600자 정도로 줄였다고 한다. 앞에서 말했듯이 언어 영역의 경우 서울시 교육청이나 한국교육평가원의 모의 수능시험을 유의해서 볼 필요가 있다. 이 시험들이 실제 수능이 어떤 방향으로 갈지에 대해 힌트를 주기 때문이다.

또한 언어 영역은 예전에는 어휘, 사실적 사고, 추리 • 상상, 비판적 사고, 논리적 사고가 많이 출제되었다. 2005년도에는 어휘, 사실적 사고는 물론 추리 • 상상과 논리적 사고(즉 추론적 사고로 통합), 비판적 사고와 창의적 사고의 비중이 커질 것으로 보인다. 특히 어휘에서 고급 어휘 사용을 강조할 것으로 예상된다. 예를 들면 한자어에서 근원, 근간, 근본의 구분을 묻는 문제 등의 빈도가 높아질 것으로 예상된다. 이는 언어 영역 공부 시 사전 찾기를 소홀히 해서는 안 된다는 점을 뜻한다. 사전을 찾아 단어 뜻을 보라는 게 아니라 그것의 용례(즉 사용되는 예)를 살펴 보라는 의미다.

또한 창의적 사고가 새로이 추가되었다. 시의 경우 학생들이 감상하는 방법 자체를 모르는 경우가 많은데, 이는 이미 중학교나 고등학교 1학년 때 배운 내용이다. 창조적 사고란 시나 문학을 수용하고 이를 다시 창작할 수 있는 능력을 의미한다. 즉 이해하고 동의하거나 비판할 수 있는 능력을 길러야 언어 영역의 점수를 잘 받을 수 있을 것이다.

수리 영역의 2004학년도와 2005학년도 출제 방식의 주요 변동 사항을 비교하면 〈표5-14〉와 같다. 2003년 12월 제7차 교육 과정 예비 모의고사에서 전체 수리 영역 응시자의 28.7%는 '가' 형을 71.3%는 '나' 형을 택하였고, 또 '가' 형을 선택한 학생 중 78.0%가 미분과 적분을, 17.8%가 확률과 통계를, 4.2%가 이산수학을 택한 바 있다.

<표 5-14> 수리 영역의 출제 방식의 변화

	2004학년도	2005학년도
문항 수	30문항	30문항
시간	100분	100분
주관식	6문항	9문항
문제 당 원점수 배점	2 또는 3점	2, 3 또는 4점
인문계	공통수학, 수학 I	'나' 형(수학)고 2,3학년 과정
자연계	공통수학, 수학 I, 수학 II	'가' 형(수학 I, 수학 II, 선택)

1) 자연계 선택은 미분과 적분, 확률과 통계, 이산수학 중 하나를 택하도록 되어 있다.
2) 자연계 문항의 구성은 수학 I 12문항, 수학 II 13문항, 선택 5문항이다.

　수리 영역의 2004학년도의 수능을 분석해 보면 평균은 인문계가 자연계에 비해 낮고, 인문계의 경우 점수 대가 낮은 수준에 몰려 있는 경향을 보였다. 자연계는 인문계보다 평균도 높고 학생 점수별로 차이가 많았다. 그러므로 '가' 형과 '나' 형 중 선택이 가능할 경우, 어느 것을 택하느냐 하는 것이 중요했다. 이게 대해 일률적으로 말하기는 어렵지만 가중치를 많이 적용하면 수리 '가' 형을 선택하고 그렇지 않은 경우(예를 들어 10%정도라면) '나' 형을 선택하는 방안이 바람직하다고 볼 수 있다. 그 이유는 평균이 낮고 응시자가 많은 경우 표준 점수로 환산하는 과정에서 더욱 유리할 것이기 때문이다.

　2005학년도 수능에서는 가장 크게 달라지는 부분은 변별력을 높이기 위해서 주관식 문항 수가 늘어날 것으로 보인다. 이 경우 표준 점수 기준의 견차가 커져 2004학년도에 비해 2005학년도에는 수리 영역이 합격 여부에 큰 영향을 미칠 것으로 판단된다.

수리 영역에는 4가지 영역, 즉 계산 능력, 이해력, 추론 능력, 문제 해결 능력으로 나누어지는데, 이 4가지 영역 중 계산 능력 문제는 쉽다. 이해력은 수학적 용어 즉 문장, 그래프, 도표, 그림 등을 해석하는 능력을 묻는 문제이다. 이에 대한 실력을 올리기 위해서는 수학적 언어로 된 책을 읽는 것이 도움이 되는데 그것이 바로 교과서이다. 추론 능력은 발견적 추론 능력과 연역적 추론 능력으로 나눌 수 있다. 발견적 추론 능력은 관찰, 나열, 실험 등에 관련된 것으로, 제 7차 교육 과정에서 강조되고 있는 대표적 사항이라고 볼 수 있다. 이는 학생 자신이 실제로 그려 보고 대입해 보고 실험해 보는 것이 추론 능력의 향상에 도움이 된다.

마지막으로 문제 해결 능력은 내적인 문제 해결과 외적인 문제 해결로 나누어 볼 수 있다. 이런 유형의 문제 해결 능력을 향상시키는 방법은 교과서를 중심으로 충실히 공부해야 할 것이다.

결국 수리 영역에서 점수를 잘 받기 위해서는, 우선 이해력 부분은 교과서를 읽어서 수학적 언어에 익숙해져야 하고, 추론 능력은 실제로 해봐야 한다. 문제 해결 능력을 높이기 위해서는 해설지보다는 교과서를 중심으로 끈기와 인내를 가지고 공부하여야 한다. 요약하면 교과서를 이해할 수 있어야 하고 나아가 문제를 끝까지 풀겠다는 의지가 중요하다고 볼 수 있다.

외국어 영역의 경우 2005학년도에는 사고력을 요하는 새로운 유형의 문제가 나올 수 있고 어휘나 어법 문항이 늘어날 전망이다. 2, 3학년 과정의 단어가 추가되어 단어가 어려워지므로 난이도가 높아질 것으로 예상된다.

다른 과목도 마찬가지이지만 특히 영어의 경우는 꾸준히 공부해야 효과를 볼 수 있다. 주말에만 7시간 공부하는 것과 매일 1시간씩 공부하는 것의 차이가 크다는 말이다. 상위권 대학에 입학을 원하는 학생들은, 영어는 고등학교 2학년 때까지 모든 준비를 마쳐야 하며 3학년 때는 보완하는 정도에 그치고, 다른 과목에 집중해서 공부해야 할 것이다.

탐구 영역은 2005학년도 수능에서는 기본적으로 문항 수가 증가할 것으로 예상된다. 첫째, 기본 개념이 가장 중요하다. 또한 교과서 내용이 바뀐 만큼 제 7차 교육 과정에서 강조하고 있는 심층 학습 문제를 풀기 위해서는 교과서의 보충 심화, 읽기 자료, 탐구 활동 등을 소홀히 해서는 안 된다. 탐구 활동은 본문 내용과 관련된 사례나 내용에 따라 조사, 발표, 토의 등의 다양한 방법으로 학습할 수 있도록, 보충 심화, 읽기 자료는 본문 내용과 관련해서 신문 기사나 실생활 관련 자료 등을 이용하여 폭넓은 이해를 위한 목적으로 집필한 것이다.

둘째, 기출 문제는 모두 풀어봐야 한다. 시중의 문제집을 모두 풀어보면 더 좋겠지만 적어도 기출 문제는 완벽하게 이해할 수 있어야 한다. 셋째, 오답 노트를 만들어 자신의 취약 부분이나 실수하기 쉬운 부분을 보완하는 것도 좋은 방법이다. 오답 노트에는 문제, 문제의 성격 그리고 이의 해설은 물론, 정답이 아닌 다른 지문에 대한 해설과 정답이 아닌 이유 등을 적는 것이 좋다. 또한 자신이 가장 알기 쉽도록 명확하게 정리하며, 복습이나 총정리할 때 시간을 절약할 수 있도록 작성하는 것이 바람직하다. 즉 오답 노트의 작성 방법은 자기 자신이 가장 잘 이해할 수 있도록 정리하는 것이 좋다.

수능 10점 올리기

자녀의 진학은 부모가 결정한다고 해도 과언이 아닐 만큼 부모의 역할이 중요하다. 그러나 막상 고등학생 학부모의 입장에서 최선의 조언자가 되기는 쉽지 않고, 오히려 최악의 조언자가 될 수도 있다.

나는 수능 점수 10점 올리기를 쓰기에 앞서 누구를 대상으로 해서 사례를 들까 상당 기간 고민했다. 이 책을 읽는 학생이나 학부모들에게 도움이 되기 위해서는 정확한 예를 드는 것이 좋다고 생각하여 결국 내 딸의 '허락'을 받고 몇 년 전 수능을 큰 딸의 사례를 소개하기로 결정하였다.

내 딸은 고 1때 반에서 1~2등을 하였고 전교 석차도 매우 높았다. 1학년 말이 되자 문과, 이과를 결정해야 했는데 그 때 나는 딸이 경영학과에 가기를 원했고 내 딸은 자연계 건축학과에 가기로 결정한 상태였다. 내가 딸을 아무리 설득해도 말을 듣지 않아 그 후 딸의 진로 대한 나의 관심이 적어졌고 딸과의 사이도 좋지 않았다. Part 4에서 설명한 최악의 조언자가 된 셈이다.

3학년 1학기 3월에 딸이 수능시험의 결과를 보고 소위 10점 올리기 전략을 세웠다. 담임 선생님의 요청에 따라 자녀가 현재 어떻게 공부하고 있고, 앞으로의 계획을 적는 과정에서 '프로젝트'를 수행하듯이 '치열하게' 집중해서 연구한 것이다. 즉 우선 담임 선생님께 편지를 쓰고, 딸이 모의 수능 고사를 보고 느낀 점, 현재의 요일별 학습 일정, 4~6월 중의 계획, 방학 중의 계획을 쓰고 나서 모의 수능에 대한 분석을 첨부한 것이다.

3월 모의 수능 고사에서 딸의 원점수는 369.5점, 전국계열 백분위는 98.2이었다. 1학년 때는 3번의 모의 수능에서 백분위가 99.2에 달한 적이 2번 있었다. 당시에는 수리 탐구 2에 과학 탐구와 사회 탐구가 있었고 자연계 학생들의 경우 사회 탐구는 공통 과목만, 과학 탐구는 공통 과목과 선택 과목 1개를 선택하도록 되어 있었다. 당시 대학 입시는 변환 표준 점수를 기준으로 하였다.

딸의 3학년 모의 수능 점수가 예상보다 나쁘게 나온 것은 과학 탐구 중 선택 과목인 화학 2의 성적이 부진하였기 때문이라고 판단됐는데, 이는 수능 결과표에 나타난 영역별 문항의 난이도에 근거한 것이다. 3월의 모의 수능에서는 〈표5-16〉에서 보는 바와 같이 난이도는 수리 탐구1(현재의 수리 영역)이 가장 어려웠고 수리 탐구2(사탐 공통, 과탐 공통 및 선택 1과목)도 어려웠다. 그리고 언어가 가장 쉽게 출제되었다. 딸의 틀린 문항을 영역별로 본 결과 〈표5-17〉에서와 같이 수리 탐구 2의 성적이 난이도에 비해 가장 저조한 것으로 나타났다. 이를 근거로 수능 10점 더 올리기 전략을 세웠다.

<표 5-16> 영역별 문항의 난이도

(단위 : 문제 수, %)

	A	B	C	D	E	계
언어 (구성비, %)	0 (0.0)	4 (6.2)	11 (16.9)	22 (33.8)	28 (43.1)	65 (100.0)
수리탐구Ⅰ (구성비, %)	1 (3.3)	4 (13.3)	9 (30.0)	9 (30.0)	7 (23.3)	30 (100.0)
수리탐구Ⅱ (구성비, %)	2 (2.5)	7 (8.8)	27 (33.8)	27 (33.8)	17 (21.3)	80 (100.0)
외국어 (구성비, %)	0 (0.0)	6 (10.9)	10 (18.2)	19 (34.5)	20 (36.4)	55 (100.0)
계 (구성비, %)	3 (1.3)	21 (9.1)	57 (24.8)	77 (33.5)	72 (31.3)	230 (100.0)

1) 수리 탐구 1은 수리 영역, 수리 탐구 2는 사탐 공통과 과탐의 경우 공통과 선택 1과목을 포함한다.
2) 해당 난이도는 다음을 뜻함   A - 정답률 20% 미만, B - 정답률 20-39 %, C - 정답률 40-59 %
        D - 정답률 60-79 %, E - 정답률 80% 이상

<표 5-17> 딸이 틀린 문항의 난이도별 분포

(단위 : 문제 수)

	A	B	C	D	E	계
언어 (구성비, %)	–	–	1 (50.0)	1 (50.0)	–	2 (100.0)
수리탐구Ⅰ (구성비, %)	–	1 (50.0)	1 (50.0)	–	–	2 (100.0)
수리탐구Ⅱ (구성비, %)	2 (15.4)	4 (30.8)	5 (38.5)	2 (15.4)	–	13 (100.0)
외국어 (구성비, %)	–	1 (100.0)	–	–	–	1 (100.0)
계 (구성비, %)	2 (11.1)	6 (33.3)	7 (38.8)	3 (16.7)	–	18 (100.0)

참고로 모의 수능 고사에는 문항별 난이도가 나와 있는 경우도 있고 그렇지 않은 경우도 있다. 난이도가 나와 있는 경우 영역별 문제 번호 밑에 깨알 만한 크기로 A, B, C, D, E가 표기되어 있다. A는 가장 어려운 문항으로 시험을 본 학생들 중 20% 미만만이 맞출 수 있다고 추정하여 출제한 문제이다. B, C, D, E는 각각 40%미만, 60%미만, 80%미만, 80%이상의 정답 확률을 예상하여 출제한 문항을 의미한다. 즉 A가 가장 어렵고 E가 가장 쉬운 문제이다.

<표5-18>에서와 같이 영역별로 틀린 점수와 올려야 할 목표 점수를 제시하였다. 이 표를 작성할 때 욕심을 내지 않고 취약

과목을 보강하면 올릴 수 있는 가능성이 있는 점수 대를 목표로
삼았다.

〈표5-18〉 딸의 수능 10점 올리기 전략

과목		배점	목표	배점-목표	현재 틀린 점수	올려야할 점수
		(A)	점수(B)	(B)-(A)=(C)	(D)	(D)-(C)
언어		120	116	4	4.0	0.0
수리탐구 I		80	76	4	6.0	2.0
수리탐구 II						
과학탐구	필수	48	46	2	4.0	2.0
	화학 II	4	20	4	7.5	3.5
소계		72	66	6	11.5	5.5
사회탐구	필수	48	44	4	7.5	3.5
외국어(영어)		80	78	2	1.5	0.5
총점		400	380	20	30.5	10.5

딸의 말에 의하면 화학 2는 학원에서 정리했는데 어려웠고 하
기 싫어서 공부를 소홀히 했다는 점을 고려하여 3.5점을 올리도
록 목표를 잡았다. 다른 과목들도 위의 원칙에 따라 조정하여 우
선 원점수 기준으로 380점을 목표로 하였다.

3개월 후에 본 모의 수능에서 정확히 10점이 올랐다. 그리고
9월의 모의 수능에서는 원점수 기준 385점을 맞았다. 그 해 11
월 17일에 본 수능시험의 결과는 원점수 기준 376.2점, 변환 표
준 점수 기준 380.17점이었다. 딸은 3학년 초부터 Y대학 건축
공학부를 가기를 희망했었다. 각종 전문기관에서 나온 배치 기
준표에 의하면 기관별로 차이는 있었으나, 변환 표준 점수 기준
으로 볼 때 Y대 공학계열에는 특차로 충분히 합격할 수 있는 점

수였고 서울대 같은 과에 정시 지원하기에는 불안한 점수였다 결국 딸은 Y대 공학계열에 특차로 입학하였다.

나는 이 책을 쓰기 전에는 앞에서 말한 3학년 초의 수능 10점 올리기 전략이 딸에게 매우 도움이 되었다고 생각해 왔다. 그러나 현재의 시점에서 되돌아보면 다음과 같은 생각을 하게 된다 우선은 내가 딸의 대학 진학과 관련하여 너무 목표를 낮게 잡았다는 생각을 한다. 10점 올리기 전략이 없었어도 그 정도의 수능 점수는 맞았을 것이라는 뜻이다. 다시 말해 나의 목표치가 너무 낮았기 때문에 딸이 '더 좋은' 대학에 갈 수 있는 기회를 막았다고 생각한다. 또한 앞에서 말한 바와 같이 내가 원하는 학교를 딸이 선택하지 않은 이유로 딸의 성적 관리에 도움을 주지 못했다는 생각이 든다.

두 번째로 나는 딸에게 '더 좋은' 대학에 갈 수 있다는 점을 인식시키고 동기를 우발하는 데 실패했다고 생각한다. 고등학교 1학년 때 딸보다도 성적이 다소 낮은 학생의 학부모들 대부분이 의대 또는 서울대를 목표로 두고 공부를 시켰던 것을 기억한다.

고 3 때 담임 선생님을 만나 뵈었을 때 지금과 같이 꾸준히 노력하면 서울대에 합격할 수 있다는 말을 들은 적이 있다. 그리고 담임 선생님은 반에서 성적이 좋은 학생들 중 서울대보다도 오히려 연세대에 진학하기를 희망하는 학생들이 적지 않아 걱정이라는 말씀을 하였다 학생들이 그렇게 생각하는 이유는 단순했다. 당시 연세대학교가 농구를 잘하여서 여학생들 사이에서는 연세대를 가고 싶어하는 학생들이 대부분이었다. 예를 들어 연세대 농구부의 우지원, 이상민, 문경은 선수 등은 여학생들에게 연예인 스타 이상의 선망 대상이었다. 내 딸도 친구들과 함께 우지원이 사는 아파트를 방문한 적이 있을 정도였다. 이러한 '비합리적인' 연세대에 대한 선호도를 '합리적인' 선호도로 바꾸어 주었더라면, 나는 지금 생각해도 딸이 서울대에 합격할 수 있었으리라 믿고 있다.

마지막으로 내가 부모로서 잘못 내린 결정은 수능시험을 마치고 학교를 선택할 당시 특차에 지원하도록 방관했다는 점이다. 즉 정시에 연세대 공학계열과 서울대 건축학과에 동시에 지원하였더라면 전자에는 물론 합격했을 것이고 후자의 경우도 합격할 가능성이 있었을 것이라고 판단된다.

결국 나는 강남에 거주하는 고등학생들의 어머니들에 비해 딸의 교육에 대한 성의도 부족하였고 전략도 올바로 수립하지 못한 '최악의 조언자' 였던 셈이다. 딸은 자신이 판단하기에 좋은 학원은 다녔지만 개별적으로 과외를 받은 적은 한 번도 없었다. 나는 지금 생각해 봐도 자녀를 어떠한 수단으로든지 '명문 대학' 에 입학시키는 것의 경쟁력 면에서는 강남의 '억척스러운' 어머니들을 이길 자신이 없다는 것을 알고 있다.

다행히도 딸은 현재에도 만족하며 학교에 다니고 있다. 어젯밤에 나는 딸에게 내가 진로 지도를 잘못하여 너에게 미안하나 대학에서의 공부는 시작에 불과한 것이므로 미국에 유학 갈 때

 명문대 들어가기

는 네가 잘 판단하여 결정하기 바란다는 말을 하였다. 이렇듯 나의 경험에 비추어 보면 대학 입시에 관한 한 부모가 최선은커녕 '최악의 조언자' 가 되지 않기도 힘들다는 것을 느낀다. 그러나 나는 딸이 현재의 다학 생활에 만족하고 있고 건전한 생각을 지니고 있다는 점에 고마움을 느낀다.

Summary

1. 제 7차 교육 과정에서는 이해력과 사고력이 중요시 된다.

2. 대학 입시의 전형 방식이 대학마다 다르다. 이를 정확히 이해하는 것이 첫 단계이다.

3. 대학 입시 중 가장 달라진 점은 사실상 모든 과목이 선택 과목이 되었고, 수능에서 영역별 비중이 달라졌다는 점이다.

4. 대학별, 계열별 전형 방법이 다르므로 맞춤식 공부가 필요하다. 그러나 명문 대학의 경우 선택 과목 등 입시 전형이 비슷한 추세를 보이고 있다.

5. 2005학년도의 수능은 예상과는 달리 어렵지 않게 출제될 가능성이 있다. 이러한 추세를 감안하여 입시 전략을 세워라.

6. 2005학년도부터는 수능 결과가 표준 점수와 백분위로만 발표된다.

Summary

7. 표준 점수는 특정 학생의 점수가 그 과목을 시험 본 학생들의 평균보다 어느 정도 높은지를 나타내는 상대적 지표이다.

8. 표준 점수는 같은 점수를 받았다 하더라도 어떤 과목을 택했느냐에 따라 희비가 엇갈린다. 평균과 표준 편차가 과목별로 다르기 때문이다.

9. 일반적으로 평균이 낮고 표준 편차가 작은 과목에서 높은 점수를 받은 경우 표준 점수로 환산하면 훨씬 유리하다.

10. 사탐·과탐의 경우 어떤 과목을 선택했느냐에 따라 희비가 엇갈리나, 이를 사전에 미리 알 수는 없다.

11. 수능에서 자신의 실제 점수는 '알면서 맞은 점수'에 '모르면서도 맞은 점수'를 합한 값이다.

12. 교과 과정이 바뀐 만큼 수능의 출제 경향도 달라진다. 따라서 수능의 각 영역을 어떻게 공부하는 것이 좋은지 미리 파악하라.

13. 교과 과정이 바뀐 만큼 교과서에서 요구하는 내용이나 수준이 어느 정도인지를 파악하고 수능에 대비하라.

14. 모의 수능 고사 성적표에는 각 문항의 난이도를 표시한 경우가 있다. 이를 활용하여 영역별로 자신이 틀린 문항의 난이도를 분석해서 수능 점수를 올리도록 노력하고 무엇보다 취약 과목을 파악할 수 있어야 한다.

수시 입학은 신중히 결정해야 한다

수시 입학에 대한 이해
주요 대학별 수시 입학 전형 방법
합격하려면 전략이 필요하다
수시 입학, 무엇을 어떻게 준비해야 하나?
최상위권 대학은 정시로 들어가라
수시 실제 경쟁률이 4 : 1 이상이면 입학 지원을 자제하라
수시 · 수능 체험기

수시 입학에 대한 이해

수시 전형에 지원할 경우 담임 교사나 전문가와의 상담을 통해 내가 합격할 수 있는 대학이 어느 곳인지 그리고 그 대학에 만족하며 다닐 수 있는지를 충분히 고려해야만 후회 없는 대학 생활을 할 수 있다. 특히 수시 입학의 경우 각 대학의 정보가 불충분하므로 이에 대해 여러 경로를 통해 자세히 알아보고 의사 결정을 내려야 한다.

수시 전형의 비율이 작년보다 크게 높아졌다. 전형 기준은, 작년의 경우에 수시 1은 4~5월에, 수시 2는 7~8월에 대학별로 발표되었다. 수시 전형 시 가장 학부모들이 궁금해 하는 점은 전형 요소와 그 비중이다. 특히 내신의 경우 학교별로, 평어 또는 석차 백분율 중 어느 것을 택하는지가 주요 관심사이다. 평어란 학생부의 성적 기준을 90점 이상은 수, 80~89점은 우, 70~79점은 미, 60~69점은 양, 60점 미만은 가 등으로 10점 단위로 점수를 환산하는 것을 말한다. 이 경우 여러 번 문제가 되었듯이 학생부의 성적을 높이기 위해 고등학교에서 중간고사나 기말고사의 시험을 쉽게 출제하는 경향이 나타나고 있다.

따라서 평어를 적용하는 경우, 학생부에 근거하므로 변별력이 없다는 문제점이 생긴다. 따라서 많은 대학들이 수시 모집에서 석차 백분율 또는 석차 백분율과 평어의 혼합형을 적용할 것으로 보인다. 이 경우 특목고는 물론 일반고등학교의 경우도 학교별 수준이 다르기 때문에 이를 일률적으로 적용하는 데는 문제가 있다. 따라서 주요 대학들은 물론 많은 대학들이 실제로 고등학교 간 학력 격차를 객관적으로 평가하려는 노력의 하나로 다양한 논술이나 지필고사를 중요시하고 있다.

수시 1의 경우 수능은 전혀 감안되지 않고 학생부와 그 외의 기준, 예를 들어 면접, 논술(언어 논술, 수리 논술), 적성 검사 등에 의해 학생을 선발한다. 대학에 따라서는 석차 백분율 적용 시 고등학교별로 차이를 두는 대학도 있는 것으로 보이나, 이를 공표하고 있지는 않다. 전문가들의 말에 의하면 연세대의 경우 석차 백분율 적용 시 학교별 차이를 적용하는 것으로 보인다. 수시 2의 전형 시 수능 점수가 발표된 경우에도 이는 최저학력기준으로만 사용하고 있다. 서울대의 경우, 1단계에서 교과 성적으로 정원의 2~3배수를 뽑고 2단계에서 1단계 성적(80%) 이외에 서류 평가(10%), 면접(10%)을 적용하고 있다.

수시 전형의 비율은 점차 높아지고 있으나 특정 대학에서 어떠한 기준으로 전형을 하는지 알기란 대단히 어렵다. 수시 모집 응시자가 합격 또는 불합격된 이유를 정확히 알기도 어려운 실정이다. 이와 같이 학부모의 입장에서는 수시 모집에 대한 정보를 구하기 어렵다. 그러나 각 대학의 입장에서 보면 수시 모집의 방법을 대학별 특성에 따라 자세히 명시하고 있으므로 수시 모집에 따르는 어려움은 생각보다 크지 않다. 따라서 대학에 입학하려는 학생과 대학 간의 심각한 정보의 격차가 존재하고 있어 학생이나 학부모들이 수시 모집의 지원 대학을 선정하는 데 어려움을 겪고 있다. 입시를 전문적으로 다루고 있는 몇몇 대형 학원의 경우에도 정확한 정보를 알 수 없는 실정이다. 더욱이 학생이나 학부모의 입장에서 수시 입학의 합격 또는 불합격의 이유를 아는 것은 사실상 거의 불가능하다고 볼 수 있다.

따라서 수시 입학의 경우 이 비율이 높아졌다고 해서 무조건 한번 지원해 보자는 것은 곤란하다. 수시 입학 지원에 대해서는 담임 교사나 전문가와의 상담을 통해 합격할 수 있는 곳에 지원하고 또한 이 대학에 자신이 만족하며 다닐 수 있는지를 신중히 고려하여 결정해야 한다.

주요 대학별 수시 입학 전형 방법

수시 입학의 비율이 높아져 이를 지원하는 학생들도 많아질 것으로 보인다. 각 대학마다 전형 기준이나 비중이 다르므로 수시 입학 이전에 보다 자세한 내용을 파악한 후 자신에게 가장 유리한 대학을 선정하여 지원하는 것이 중요하다.

앞에서 말한 바와 같이 수시 입학 전형 방법은 각 대학별로 매우 다르다. 수시 입학에 대해서는 무엇이 합격 여부를 결정하는지(전형 요소), 이것의 비중은 얼마나 되는지, 교과 반영 과목, 학년별 반영 비율, 학생부 반영 시 석차 또는 평어(수, 우, 미, 양, 가)를 기준으로 하는지 등에 대해서는 잘 나타나 있다. 2학기 수시 전형의 경우 수능 점수를 몇 등급 이상 받아야 합격이 취소되지 않는지(최저학력기준)에 대해서도 잘 나타나 있다.

위에서 말한 기준들이 각 대학 또는 대학 내에서도 자연계, 인문계는 물론 학과(부)·계열에 따라서 다르게 나타나고 특히 예체능계와 치의예과, 약대에 대해서는 다른 기준이 적용되는 경우가 대부분이다. 예를 들어 연세대 공학계열에는 합격하고 고려대에는 불합격한 사례들을 많이 본다. 따라서 수시 지원을 하기 이전에 자신이 어느 대학에 지원하는 것이 유리한지 면밀히 살펴보아야 한다. 학생부 교과 반영 시 석차 백분위, 평어 또는 이의 혼합형을 사용하는 등 대학마다 기준이 다르다. 즉 자신에게 유리한 대학이 어디인지를 이를 가지고도 판단할 수 있다.

수시 전형의 정보를 정확히 알 수 없는 이유는 다음과 같다. 우선 전형 요소에 대학별로 학교별 실력 차를 인정하지 않는 것으로 나타나 있고 교육 인적 자원부에서도 이를 금지하고 있으나, 입시 전문가들의 말에 의하면 일부 대학의 경우 사실상 이를 인정하고 있다고 한다. 따라서 정확한 평가 기준이 무엇인지 알기 어렵다. 또한 서류 평가, 논술(언어 논술, 수리 논술, 학업 적성 논술) 그리고 인·적성 검사 등의 경우 채점 기준을 개략적으로나마 설명한 대학은 한 곳도 없다. 이러한 정보의 미비가 수시 입학에 따르는 불확실성을 가중시킨다. 쉽게 말해 내가 어떤 이유로 수시 입학에 합격했는지 또는 불합격했는지 정확히 아는 학생이나 학부모들은 찾아볼 수 없다.

수시 1학기 전형에서는 대략 10% 정도의 학생을 선발하고 있고 최저학력 기준미달(즉 수능성적 기준미달)로 불합격하는 경우도 없다. 따라서 내신 성적이 매우 좋고 이에 비해 모의 수능 성적이 낮게 나오는 학생은 수시 1학기를 지원하는 방안도 고려할 수 있다. 그러나 뒤에서 자세히 설명하고 있는 바와 같이 최상위권 대학에 입학하려는 학생은 수시보다는 정시를 택하는 것이 오히려 유리한 것으로 보인다.

대학별로 차이가 있지만 수시 1학기 전형 기준으로 학생부/서류평가/언어 논술, 수리 논술, 학업 적성 논술, 심층 면접, 심층 구술, 전공 구술 등 다양한 형태의 면접과 논술/전공 적성 검사, 인·적성 검사 등을 채택하고 있다. 입학 전형은 2단계로 진행된다. 뒤에 나오는 〈표6-1〉에서 1, 2단계를 표시하지 않은 대학들도 사실상 1단계에서 정원의 몇 배수를 뽑고 제 2단계에서는 1단계에서의 점수와 면접 시험을 근거로 최종 합격자를 결정한다. 학생부 교과 중 수시 1학기에 반영되는 과목도 대학에 따라 다양하게 나타나고 있어 이들을 반드시 참조하여야 한다. 학년별 학생부 반영 비율은 대부분 1학년 40%, 2학년 60%로 나타났다.

〈표6-1〉을 보면, 내신 성적의 교내 석차가 아주 뛰어나지 못한 학생의 경우에는 평어를 반영하는 대학, 예를 들어 이화여대 (평어70%, 석차백분위30%), 중앙대, 외국어대(평어만 사용)에 지원하는 것이 유리할 것이다. 특히 외국어대의 경우 학년별 교과 반영 비율이 1학년 30%, 2, 3학년 70%를 차지하고 있고 평어 기준으로 평가하고 있어 내신보다는 논술과 심층 면접에서 당락이 결정될 가능성이 높은 것으로 보인다.

수시 2학기에서는 수시 1학기의 3배 정도의 인원을 선발한다. 전형 기준은 수시 1학기와 비슷하나 전형 요소별 반영 비율은 수시 1학기와 동일하지는 않다. 가장 큰 차이점은 학생부 교과 반영 시 3학년 1학기까지 포함시키고, 대학별로 설정한 수능의

〈표6-1〉 주요 대학별 수시 1학기 입학 전형 방법

	전형 요소 및 반영 비율	학생부 교과 반영 과목 / 방법
연세대	학생부(60), 서류평가(20), 면접 구술 시험(20)	전교과 반영, 석차 백분위·평어 혼합 사용 국영수, 사회,과학 과목은 석차 백분위, 기타 과목은 평어 1, 2학년 : 40, 60%
고려대	학생부(25), 서류(5), 언어논술(35), 수리논술(35)	인문계(자연계) : 국영수, 사회(과학) 1, 2학년 : 40, 60% (졸업자는 1, 2, 3학년 20, 40, 40)
한양대	1단계 : 전공적성검사 2단계 : 학생부(20), 전공적성검사(40), 심층구술고사(40)	인문계 : 국영수, 사회 자연계 : 영수, 과학 석차백분위, 평어 혼합 사용
성균관대	1단계 : 학생부(60), 자기평가서(10) 2단계 : 면접(30), 1단계 결과(70%)	공통과정(고1) : 국영수, 사회, 과학, 도덕, 기술/가정 선택과정 : 국영수, 사회, 과학 1, 2학년 : 40, 60%(석차백분위, 평어 혼합 사용)
서강대	1단계 : 학생부(60), 추천서/기타 자료(10), 논술(30) 2단계:1단계성적(80), 전공구술면접(20)	인문계(자연계) 공통과정(고1) : 국영수, 사회(과학) 선택과정 : 국영수, 사회(과학) 1, 2학년 : 40, 60%
이화여대	학생부(60), 서류(20), 구술면접(20)	반영 교과군: 국어, 수학, 사회, 과학, 영어 평어(70%), 석차 백분율(30%) 1, 2학년 : 40, 60%
중앙대	1단계 : 학생부 2단계 : 학업적성논술(70), 심층면접(30)	공통과정(고1) : 국영수 필수, 자유선택 2과목 선택과정 : 인문계는 국영, 사회 필수, 자유선택 1과목 　　　　　　자연계는 수영, 과학 필수 자유선택 1과목 학생부의 성적은 평어로 반영(학년별 반영비율 동일)
외국어대	1단계 : 학생부(80), 논술(20) 2단계 : 1단계 성적(60), 심층면접(40)	인문계(자연계) 공통과정(고1) : 국영수, 사회(과학) 선택과정 : 국영, 사회(수영, 과학) 학년별 반영: 1, 2·3학년 : 30, 70%(평어)
경희대	학생부(50), 학업적성 논술(20), 인/적성 검사(30)	
숙명여대	1단계 : 학생부 2단계 : 학생부(40), 면접(60)	인문계 : 공통과정(고1) 전과목＋선택 국영, 사회 자연계 : 공통과정(고1) 전과목＋선택 국영, 사회/수영, 과학

1) 1, 2단계를 표시하지 않은 대학들도 사실상 1단계에서 정원의 몇 배수를 뽑고 제 2단계에서는 1단계에서의 점수와 면접시험을 근거로 최종 합격자를 결정한다.

최저학력기준을 충족시키지 못하면 수시 2학기의 경우 합격이 취소된다는 점이다. 〈표6-2〉를 보면 학년별 학생부 교과 반영 비율은 대체로 1학년 20%, 2학년 40%, 3학년 1학기40%로 나타났다. 수능에 대한 최저학력기준은 주요 대학의 경우 대부분 수능 2개 영역 이상 2등급 이내를 적용하고 있다. 탐구 영역에서 2개의 과목 이상 2등급 이내를 받으면 탐구 영역을 2등급 이내로 인정하는 기준을 택하는 곳이 많다.

참고로 주요 대학의 경우 치의예, 약학 대학의 경우 수능 2개 영역 이상 1등급 이내를 적용하는 곳이 많다. 포항공대는 1단계에서는 서류, 2단계에서는 면접(40%), 학생부(30%), 서류(30%)이고 최저학력기준은 없으며, 학년별 학생부 반영 비율은 각각 20%, 40%, 40%이다.

수시 2학기에서 상대적으로 학생부 이외의 논술이나 면접 등의 비중이 높아 당락에 결정적인 영향을 미칠 것으로 예상되는 대학은 고려대, 한양대, 성균관대, 중앙대/경희대, 숙명여대/서강대, 이화여대의 순으로 나타났다.

<표6-2> 주요 대학별 수시 2학기 입학 전형 방법[1]

	전형요소 및 반영 비율	최저 학력 기준	학생부 교과 반영 과목 / 방법
서울대	1단계:교과성적 2단계:1단계(80), 서류(10), 면접(10)	수능 2개영역 2등급 이내	• 석차 백분율을 활용 • 학년별, 교과목별 가중치를 두지 않음 • 소수자 이수과목은 별도 기준 적용
연세대	교과성적(60), 서류(20), 면접(20)	인문계는 국영수, 사탐 중 2개 이상, 자연계는 수리, 과탐 중 1개 이상 2 등급 이내	• 전과목 • 국영수, 사회, 과학교과목은 석차 백분위, 기타 과목은 평어 • 1, 2, 3학년별 반영 비율은 20, 40, 40
고려대	학생부(25), 서류(5), 언어논술(35), 수리논술(35)	인문계(자연계)는국영수, 사탐(과탐) 중 2개 이상 2등급 이내	• 인문계(자연계)는 국영수, 사회(과학) • 1, 2, 3학년별 반영 비율은 20, 40, 40
한양대	1단계:전공적성 검사 2단계:학생부(20), 전공적성검사(20), 심층구술(40)	인문계는 국영수, 사탐 중 2개 이상, 자연계는 영수, 과탐 중 1개 이상 2 등급 이내	• 인문계 : 국영수, 사회 • 자연계 : 영수, 과학
성균관대	학생부(평어/석차, 40),논술(50), 서류(10)	국영수 종합 등급 또는 종합 백분위 일정기준 이내	• 공통 : 국영수 포함 7개 과목 • 선택 : 국영수, 사회, 과학
서강대	1단계:학생부(60), 서류(10),논술(30) 2단계:1단계(80), 전공면접(20)	한양대와 같음	• 공통/선택 : 국영수,사회(인문)/과학(자연) • 1, 2, 3학년별 반영 비율은 20, 40, 40
이화여대	학생부, 서류로 1차 선발 후 구술면접	—	• 비교과 반영, 평어/석차 반영 • 국영수, 사회, 과학 • 소수자 이수과목은 별도 기준적용
중앙대	1단계:학생부일부 2단계:학업적성논술(70), 심층면접(30)	없음	• 공통은 국영수(필수), 자유선택 2과목 • 선택 • 학생부는 평어, 학년별 반영비율은 동일
외국어대	1단계:학생부 2단계:1단계(70), 논술(30%)	수능 5개 영역에서 2개 영역이 2등급이내	• 학생부는 평어로 반영 • 인문계(자연계)의 공통은 국영수, 사회(과학), 선택은 국영, 사회(과학) • 반영비율은1학년30, 2–3학년70
경희대	학생부(50), 학업적성논술(20), 인 • 적성검사(30)	수능의 2개 영역 이상 3등급 이내	—
숙명여대	1단계:학생부 2단계:학생부(40),면접(60)	• 인문계 : 언어, 외국어 80점 이상 • 자연계 : 수리(가), 영어 75점 이상	• 공통 전과목, 선택 국어, 영어, 사회 • 자연계는 국영수를 반영하되, 계열별로 가중치 및 반영과목에 차이가 있음 • 평어(5), 석차(50)

1) 각 대학의 수시 전형 방법이 너무 복잡하여 이를 단순화시켰음.

합격하려면 전략이 필요하다

수시 입학에 합격하기 위해서는 각 대학별 전형 기준의 차이와 자신의 내신 성적과 모의 수능 성적의 변동을 면밀히 분석한 후 지원해야 한다.

수시 입학의 경우 학업 성취도가 높은 고등학교의 최상위권에 들지 못하는 상위권 학생들은 지역 간 학력의 불평등으로 인해 불리할 수도 있다는 점을 염두에 두어야 한다. 먼저 수시 입학 전략의 대원칙에 대해 생각해 보자.

첫째로 각 대학의 평가 요소, 비중, 평가 방법(평어, 석차), 학년별 반영 비율 등의 기초 자료를 자신이 원하는 대학에 대입해 보아 모의 평가를 허보고 대학을 결정하는 것이다. 예를 들어 교과 이수 단위별로 가중치를 두는 대학도 있고, 동점자 처리 시, 예를 들어 영어를 만점 받은 학생이 20명 있다고 할 때 대학에 따라서 이들의 석차를 모두 1등으로 취급하는 곳도 있고 만점 학생 수를 2로 나누어 모두 10등으로 취급하는 대학도 있다.

이러한 대학별 차이를 감안하고 자신에게 가장 유리한 대학을 고르기 위해서 입시 전문 포털사이트를 이용할 수 있다. 이 사이트에 고등학교의 학년별·과목별 석차를 입력시키면 지금까지 특정 대학에 지원한 학생 중 상위 몇 %에 해당하는지 알 수 있다. 이 경우 유의할 점은 특정 대학의 수시 입학 지원을 줄이기 위해 허위로 높은 석차를 기재할 가능성도 있다는 점이다. 따라서 수시 입학 지원 시에는 담임 교사나 입시 전문가와 반드시 상담해야 한다.

둘째로 수시 지원은 자신의 학교 성적 즉 내신이 모의 수능 고사에 비해 높게 나온 학생들이 지원하는 것이 원칙이다. 수시 입학에 합격하여 등록금을 지불하면 반드시 그 대학에 가야하기 때문이다.

이제부터는 수시 지원의 구체적 전략을 살펴보기로 하자. 자신이 수시로 합격할 수 있는 대학과 수능으로 합격할 수 있는 대학을 추정해 보는 노력이 필요하다. 수능의 경우에는 1년 전 수능의 난이도와 수능 표준 점수의 전국 석차를 고려하여 지원 여부를 결정해야 한다.

1학기 수시의 경우 3월 모의 수능 고사와 학생부 성적을 비교하여 모의고사 성적이 학생부 성적보다 높으면 상향 지원하고 그 반대의 경우면 안전 지원한다. 2학기 수시의 경우에는 3월, 6월, 9월 모의 수능 성적과 학생부 성적을 비교하여 냉철하게 분석한 후 전략적으로 지원해야 한다. 모의 수능 고사 성적이 상승세이면 상향 지원을 하고 모의고사 성적이 변동이 없다면 소신 지원한다. 이상의 사항이 소위 입시 전문가들이 권장하는 수시 입학 지원 방법이다.

　나는 수시 입학은 상향 지원하면 합격할 확률이 거의 없다그 생각한다. 주요 대학의 경우 수시 입학 경쟁률이 매우 높기 때문이다. 이에 대해서는 다음에 자세히 설명하고 있다.

수시 입학,
무엇을 어떻게 준비해야 하나?

대학별로 수시 입학의 유형이 매우 다양하다. 따라서 비슷한 대학이라 하더라도 자신에게 유리한 대학이 있기 마련이다. 따라서 이러한 대학을 선별할 수 있어야 한다. 또한 수시 입학의 경우 전형 방법은 알 수 있으나 이들을 구체적으로 어떻게 평가하는지에 대해서는 알 수 없는 경우가 대부분이다. 전문가나 이미 시험을 본 수험생들을 통해 정보에 대한 이해도를 높이는 것은 당락과 직결됨을 알아야 한다.

수시 입학에 합격하기 위해서는 당연한 얘기지만 우선 내신 성적 특히 과목별 '석차'를 잘 받도록 노력한다. 또한 자신에게 유리한 대학을 선별하여 그 대학에서 요구하는 사항에 대해 시간을 많이 소비하지 않는 범위 내에서 충족시키도록 한다. 학생부에 기재되는 내용 중 내신 성적을 제외한 부분들에 대해서도 남들에게 뒤처지지 않을 정도는 신경 써야 한다.

대학에 따라 수시 입학 시 다양한 서류를 요구한다. 이들 서류에 대한 평가의 폭이 얼마나 큰지는 자료가 없어 알 수 없으나 그리 큰 차이를 두지는 않을 것으로 보인다. 대학에서 요구하는 서류의 종류에는 자기 소개서, 학업 계획서, 추천서 등이 있다. 우선 자기 소개서는 지원하는 대학의 양식에 따라 자신의 성장 배경, 성격, 특정 대학 학과에 지원한 동기 등을 학생답게 쓰되 명

료하고 설득력 있게 써야 한다. 즉 자기 소개서는 자신이 지원한 대학이나 학과에 입학하기 위해 어떠한 준비와 노력을 해왔는지 객관적으로 표현하여 교수들을 설득할 수 있게 작성하여야 한다.

학업 계획서는 입사 시 입사 지원서의 '입사 후 포부'와 같은 형식으로 쓰면 된다. 학업 계획서는 되도록 추상적인 표현은 피하며 구체적으로 적고, 읽는 사람이 알기 쉽도록 적어야 한다. 특히 재학 중 세부 전공이라든가 졸업 후의 구체적인 진로에 대해 명시적으로 적을 경우 서류의 평점이 높아지는 것은 물론 면접 시 교수들이 해당 학생들을 이해하는 데 도움이 되어 면접 점수에도 좋은 영향을 미치게 될 것이다.

추천서는 고등학교에서 작성한다. 따라서 예를 들어 담임 교사가 추천서를 작성할 경우 이에 도움이 될 수 있도록 자신의 성격의 장·단점이나 향후의 진로에 대해 구체적인 자료를 제공해 주는 것이 도움이 될 것이다.

면접에는 다양한 유형이 있다. 인성 평가에서는 개인의 인성이나 전공 학문을 할 수 있는 기본 인성 등을 평가한다. 시사 문제도 면접의 대상이 된다. 교과 적성 평가에서는 전공을 수학할 수 있는 능력 등 전공 학문과 관련된 적성을 평가한다. 면접에서 가장 중요한 것은 자신감과 여유를 가지고 면접에 임하되 무엇보다도 침착함, 즉 평점심을 잃지 말아야 한다는 점이다. 즉 너가 답하기 어려운 질문이라면 남도 답하기 어려울 것이라는 자신 있고 적극적인 태도로 질문에 성의껏 답하도록 노력해야 한다. 또한 면접 질문에는 '의도'가 있기 마련이다. 이러한 질문 의도를 파악하여 묻는 말에 정확하게 대답하는 요령이 필요하다. 답변하기 어려운 예상하지 못한 어려운 질문이 주어졌을 때는 우선 그 질문과 관련된 한 개의 단어 즉 키워드(key word) 중심으로 간략하게 설명하면 된다. 또한 면접에서 어려운 질문을 받았을 때 그냥 "모릅니다."라고 답하는 것은 바람직하지 않다. 예를 들어 사스(SARS)의 영문 표기가 무엇이냐는 질문을 받았을 때, "사스가 급성호흡기증후군이라는 것은 알고 있으나 이의 영문 표기는 모르겠습니다."라고 대답하는 것이 현명한 방법이다. 원칙적으로 면접에서 질문에 "모릅니다."라고 짧게 대답하는 것은 가급적 피해야 한다. 또한 올바른 언어 습관을 길러 면접에 대비해야 한다. 채팅용어를 사용한다거나, 학과를 '학꽈' 라고 발음한다거나 '저는' 이라는 표현을 사용하지 않고 '나는' 이라는 표현을 사용하는 것은 삼가야 한다.

이러한 면접 기법은 생각 외로 어렵다. 따라서 자신의 아버님과 어머님과 함께 면접 연습을 해보고 이를 녹음기에 녹음하거나 또는 비디오로 촬영하여, 호감이 가면서도 예절 바르며 머리가 명석한 학생이라는 인식을 면접 교수에게 심어주는 '면접 연습'이 반드시 필요하다.

그밖에 최상위권 대학 중 일부에서는 본고사에 버금가는 형식의 언어 논술, 수리 논술 등 다양한 면접 형식을 채택하고 있다. 수시에 합격한 학생들의 경우 다른 전형 요소들의 성적이 비슷할 가능성이 크다. 다라서 언어 논술, 수리 논술, 전공 관련 상식 등에 비중을 두는 대학의 경우 이들 질문에 어느 정도 답변을 잘 하느냐의 여부가 당락을 결정할 가능성이 크다. 따라서 이에 더한 정보를 알고 잘 대처할 수 있도록 사전에 준비하는 노력이 필요하다.

최상위권 대학은 정시로 들어가라

수시 입학을 권하기 어려운 이유는 서울대, 연세대, 고려대의 경우 경쟁률이 매우 높고, 수시 지원한 학생들의 수능 성취도가 매우 낮기 때문이다. 심지어 어려운 수시에 합격하고도 수능 최저학력기준 미달로 불합격 처리되는 경우가 매우 많다. 수시 입학은 결국 이들 대학에 지원한 학생 중 10%정도에게만 합격의 기회가 주어지고 나머지 불합격한 학생들은 자신의 기대치에 크게 못 미치는 대학·학과(부)에 입학하거나 재수를 택할 수밖에 없다.

2005학년도 수시 입학의 비중은 평균 45%이다. 따라서 정시 입학으로 대학에 들어가기가 매우 어려워졌다고 생각할 것이다. 이 결과 2005학년도 수시 입학 경쟁률은 작년보다 더 높아질 가능성이 크다. 재학생의 경우 수시 입학을 보지 않으면 자신에게 주어진 기회를 잃는 것이니 자신이 가고자 하는 대학의 수시 입학 전형에 맞게 공부하여 이 기회를 최대한 활용하라는 것이 전문가들의 조언이다.

과연 이 전문가들의 말이 옳은 것인지 냉철하게 판단해 보아야 한다. 내가 이 책을 쓰면서 가장 헛갈린 부분은 다름 아닌 수시 입학이다. 언뜻 생각하면 이 책에서 말하는 명문 대학들도 수시 입학으로 거의 정원의 과반수를 뽑는다. 그러니 정시를 통해 대학에 들어가는 것이 수시 입학이 없을 경우에 비해 두 배로 어려워졌다고 생각할 수 있다. 특히 정시의 경우 수능 성적이 일반적으로 높게 나타나는 재수생과 경쟁을 해야 한다. 대부분의 학생이나 학부모들은 이렇게 생각하고 있을 것이다.

수시 입학은 전형 기준이 대학별로 다르고, 선발 기준이 나타나 있기는 하나 정작 학생이나 학부모들이 알고 싶어하는 정보는 거의 전무하다. 예를 들어 석차 백분율을 적용하는 경우 학교 간 실력의 차이를 인정하고 있는지, 논술이나 면접의 구체적인 기준이 무엇인지 알 수 없다. 심지어 수능시험의 배치 기준표도 몇몇 대학의 경우 과대 평가되어 믿기 어렵다는 말을 듣는다. 물론 교육부에서는 고교 등급제, 논술 외 필답고사, 기여 입학제를 금지하고 있다. 그러나 입시 전문가들의 말에 의하면 대학에 따라 석차 백분율 적용 시 고등학교별로 차이를 두어 적용하는 대학도 있다고 한다. 학부모들의 말을 들어보면 자신의 자녀들이 수시 입학에서 왜 붙었는지, 왜 떨어졌는지를 알 수 없다고 한다. 교육인적자원부 지침에서는 수시 전형의 경우 위 3가지 원칙을 지키는 범위 내에서 대학 자율을 최대한 보장한다고 적고 있다.

나는 서울대, 연세대, 고려대 등 세칭 일류 대학에 입학하기를 원하는 학생들은 수시에 지원하지 말라고 권한다. 그 이유는 우선 수시 모집의 경우 경쟁률이 매우 높기 때문이다. 수시 1의 경우 연세대는 9.29 : 1, 고려대는 11.84 : 1이고, 수시 2의 경쟁률은 서울대 6.76 : 1, 연세대 6.23 : 1, 고려대 6.97 : 1 이나 된다.

둘째, 수시를 볼 경우 수능 점수가 크게 떨어지는 경향을 보이고 있기 때문이다. 세칭 일류 대학의 수시 2학기 원서 접수는 수능시험보다 훨씬 빠르고, 면접도 수능시험 이전에 본다. 따라서 수시 지원에 필요한 서류, 면접 특히 지필고사식의 면접을 준비하는 데 많은 시간을 투자해야 하기 때문에 수능 준비에 소홀할 수밖에 없다. 그런데 주요 대학의 경우 수능시험의 결과가 최소 2등급 이내에 들지 않으면 수능 최저학력기준을 충족하지 못했다는 이유로 합격이 취소된다.

수시에 지원한 학생들이 수능에만 집중했을 경우의 수능 성적을 알 방법이 없으므로, 수시에 지원한 대가로 수능 점수가 얼마나 떨어졌는지 추정하기란 불가능하다. 수시에 합격한 학생들의 출신 고등학교나 석차 백분율과 수능 성적을 대학들이 공개했을 경우에는 이를 추정하는 것이 가능하다. 그러나 사실상 이것은 불가능하여 수시 전형에 합격한 일부 학생들이 자신의 수능 점수를 공개해 놓은 것을 기초로 하여 수시 전형을 보는 경우 이것이 수능 점수에 미치는 영향을 추정해 보면 다음과 같다.

서울대의 경우 자료가 나와 있는 수시 모집 합격자의 40~50%에 해당하는 학생들의 수능 점수(원점수)를 기준으로 추정해 보면 정시 모집의 예상 커트라인에 비해 학부(계열)에 따라 다르지만 25~35점이나 낮게 나타났다. 특히 서울대 중에서도 수능 커트라인이 높은 학부(계열)에서 수시 합격자의 수능 점수와 예상 커트라인의 차이가 크게 나타났다. 고려대의 경우도 20

~35점의 차이를 보이고 있다.

물론 수시 합격자 일부의 정보만을 가지고 있기 때문에 전반적인 판단을 하는 것은 무리이다. 그러나 수시 합격자 중 수능 점수를 알 수 있는 학생들의 수능 원점수는 대부분 일정한 수준에 몰려 있다. 이것으로 미루어 보아 수시 전형에 지원하는 경우에는 수능 점수에 적지 않은 악영향을 미치는 것으로 볼 수 있다.

셋째, 수시에 합격한 학생들의 경우 수시 준비에 너무 많은 에너지를 소모했고 드한 정신적으로 해이해지기 때문이다. 따라서 수시에 합격하고도 수능 점수가 너무 낮아 결국 불합격 처리된 학생의 비율이 매우 높다. 수시 합격의 중요한 기준이 석차 백분율인데 학교 간 실력 차이가 크기 때문에 이러한 결과가 나타났다고도 볼 수 있다. 이는 수시입학 전형에서 석차 백분율이 주요 평가지표로 작용하기 때문에 학생 수가 적고 실력이 좋은 학생들이 몰려있는 과학고 등 특목고 학생들에게는 불리하고 학생들의 실력이 낮고 학생 수가 많은 고등학교 학생들에게는 유리하다는 것을 의미한다. 즉 수시는 '평준화'가 아닌 '하향 평준화'로 인해 여러 가지 부작용을 낳고 있다. 수시에 불합격한 이 중 수능 점수가 수시 합격자보다 높은 학생들이 상당수 있는 점을 고려해 볼 때 수시에 합격하기 위해서는 지원 서류와 면접 등에 시간을 많이 할애하야 한다는 것을 알 수 있다.

〈표6-1〉을 보면 수시 2의 서울대, 연세대, 고려대의 경쟁률이

6.2%~7.0%에 달하고 있고, 특히 수시 2학기 전형에 합격하고 도 수능 최저학력기준에 미달하여 불합격한 학생의 수가 각각 158명, 290명, 323명으로 모집 정원의 13.5%, 18.4%, 23.4% 에 달하고 있다. 서울대, 연세대, 고려대에 지원한 학생들의 내신 성적이 사실상 상당히 높고, 예외는 있으나 일반적으로 내신 성적이 좋은 학생이 수능을 잘 보리라는 점을 감안할 때, 2004 학년도 수시 2학기 전형에 합격하고도 수능이 2등급에 미치지 못해 불합격한 학생 수의 비율이 매우 높은 것은 충격적이다.

〈표 6-1〉 2004학년도 수시 1, 2의 모집 정원, 경쟁률, 합격자 중 최저학력미달로 불합격한 학생 수

| | 수시1 | | | 수시2 | | | | 최저학력기준미달 불합격자 수(C) | | 수시2의 실제 합격률 |
	모집 정원	지원 자수	경쟁률	모집정원(A)	지원자수(B)	경쟁률	합격률	명	비율	
서울대				1174	7944	6.77	14.8	158	13.5%	12.8%
연세대	393	3652	9.29	1573	9807	6.23	16.0	290	18.4%	13.1%,
고려대	373	4416	11.84	1378	9601	6.97	14.5	323	23.4%	11.0%

1) '실제' 합격률은 합격률×{1-(최저학력기준미달 불학격자/합격자)} 또는 [{(A)-(C)} / (B)] × 100 에 의해 구하였다. 즉 이는 수시 합격자 중 최저학력기준을 충족한 학생의 지원자 대비 '실제' 합격률을 나타낸다. 합 격률은 (모집정원/지원자수)×100, 최저학력기준 불합격자의 비율은 {(C)/(A)}×100으로 계산하였다.

이상을 통해 다음과 같은 결론을 내릴 수 있다. 우선 수시 입 학의 비율이 높아졌기 때문에 이를 잘 활용하여 자신이 원하는 대학에 갈 수 있는 기회로 삼는다면 무엇보다도 바람직하다. 그 러나 수시 입학의 비율이 높아졌다고 해서 이를 권장만 할 수는 없다. 그 이유는 위에서 이미 설명한 바와 같이 일류 대학의 경 우 수시 전형의 경쟁률이 매우 높고, 수시 합격자들의 수능 점수

를 고려해 볼 때 수시 전형을 보는 경우 수능 성취도가 매우 낮기 때문이다. 또한 이 결과 수시 합격자 중 수능 최저학력기준미달로 불합격한 비율이 매우 높은 점으로도 잘 알 수 있다.

서울대의 경우 수시 합격자의 수능 점수가 낮다는 것은 이미 설명한 바 있다. 이것은 수시 입학 불합격자의 경우 대학에 합격하려면 목표를 '대폭' 하향 조정해야 한다는 것을 의미한다. 여를 들어 서울대 법과대학에 수시 합격한 학생들의 수능 점수만을 고려해볼 때, 정시에 합격 가능한 대학·학과(부)는 고려대 최하위권, 연세대는 신학과를 제외하고는 불가능, 서강대 하위권, 한양대, 성균관대, 이화여대 상위권에 해당한다.

결론적으로 서울대, 연세대, 고려대의 수시 2에 지원한 학생으 합격률은 각각 14.8%, 16.0%, 14.4%이고 이들 중에도 수능 최저학력기준 미달로 불합격되는 비율을 고려할 때 실제 합격률은 각각 12.8%, 13.1%, 11.0% 이다〈표6-1〉. 즉 서울대, 연세대, 고려대의 경우 수시 합격자는 지원자 10명 중 1명 꼴에 해당하고 나머지 9명은 불합격되는 셈이다. 그리고 이들 불합격자들이 선택할 수 있는 대학·학과(부)는 자신의 기대치에 크게 미치지 못하는 결과를 가져온다는 것이 2004학년도 수시 입학의 분석 결과이다. 이상을 볼 때 수시 입학은 '눈높이 지원'을 하는 학생에게 합격의 확률이 있다는 것을 의미한다. 즉 '눈높이에 맞추어' 수시 입학에 합격하려고 하는 학생을 제외하고는, 수시 입학은 무시하고 정시에 집중하는 것이 올바른 방향이라고 생각한다.

전문가들이 '재학생' 들은 수시 입학을 최대한 활용하라는 말도 그 뜻을 잘 헤아려봐야 한다. 전문가들이 입시 설명회 등에서 주어진 시간 내에 수많은 학생들을 대상으로 하는 말이 나 자신에게 맞는지 생각해 봐야 한다. 또한 전문가들도 대학교육협의회나 각 대학의 입학 관리처에서 수시 입학에 관한 상세한 정보를 얻을 수 없다는 점을 참고해야 한다. 나는 수시에 지원한 학생들의 수능 성적이 어느 정도나 하락했는지를 알기 위해서 주요 대학 수시 합격자의 수능 점수를 구해 줄 것을 국회의원에게까지 부탁하였다. 그러나 이런 요구에도 대학들은 응하지 않고 있는 실정이다. 당연히 학생·학부모들이 알아야 할 권리를 찾지 못하고 있는 셈이다. 따라서 수시에 응시하기 위해서는 전문가나 담임 교사와의 '개별적' 상담을 통해 반드시 합격할 수 있는 대학을 선별하는 지혜가 요구된다.

또한 서울대 수시 합격자 중 학생들의 점수가 낮은 이유가 내신은 매우 좋으나 모의 수능 점수가 낮은 학생들이 수시 입학 전형에 응시한 학생들의 대부분을 차치해서 생긴 결과라면 수시 전형에 지원을 했기 때문에 수능 점수가 낮아졌다고 해석할 수도 없을 것이다. 또한 고등학교에서 평어 기준(수, 우, 미, 양, 가)인 학생 기록부 성적을 높이기 위해 중간고사와 기말고사 시험을 점점 더 쉽게 출제했기 때문이라고 볼 수도 있다. 그러나 이보다 더 중요한 이유는 재학생들의 수시 입학 지원이 크게 늘어나고 이 결과 위에서 설명한 바와 같이 수능 점수가 크게 하락했을 가능성이 컸으리라는 점이다.

8학군의 유명 사립 고등학교의 3학년 담임 교사의 말에 따르면 수시는 매력이 있기는 하나 위험하기도 하다고 했다. 그 교사는 공부 잘하는 학생들에겐 수시를 권하지 않는다고 한다. 그 이유는 위에서 설명한 바와 같이 수시를 보고 나면 수능 점수가 크게 떨어지기 때문이다. 그 담임 교사의 말씀에 의하면 반에서 1등하는 학생의 경우 수시를 보겠다는 것을 말렸으나 학부모가 교장 선생님에게까지 찾아가서 항의하는 바람에 이를 허락할 수밖에 없었다고 한다. 그 학생의 어머니는 1학기, 2학기 수시 모집에 의예과만 10곳 정도 지원하였으나 결국 지방대 의예과도 모두 불합격하였고 수능 성적도 평소에 비해 40점이나 낮게 나왔다. 결국 그 학생은 자신이 원했던 대학·학과(부)보다 훨씬 낮은 곳에 입학하였다.

위의 경우처럼 담임 교사의 조언이 학생이나 학부모들에게 전혀 먹혀들지 않는 것이 현실이고, 결국 이 학생의 경우처럼 담임과 학부모 간에 이상한 기류(?)만 남아 마음이 편치 않은 경우가 적지 않다는 것이 이 교사의 설명이다. 반면에 그 학생보다 조금 뒤떨어졌으나 꾸준히 공부한 학생은 자신이 원하는 최상위 대학에 합격했다고 한다. 부모가 새겨들어야 할 점이라고 생각된다.

참고로 재학생과 재수생의 수능 점수의 격차를 보면 1999년부터 재수생의 성적이 재학생의 성적을 추월하였고, 2000년~2004년 기간 중 격차가 각각 11.2점, 17.2점, 41.4점, 46.5점,

46.3점이었다〈표6-2〉. 또 재수생은 수시 입학을 아예 허용하지 않거나 재수생의 수시 입학 비율을 지극히 낮게 제한하고 있다. 따라서 수시 입학의 대상자는 재학생이라고 봐야 한다.

〈표 6-2〉 연도별 재학생 · 재수생의 원점수 기준 수능 점수 차

| | 2000 | 2001 | 2002 | 2003 | 2004 | |
					자연계	인문계
재학생(A)	247.0	272.6	230.2	221.9	—	—
재수생(B)	258.2	290.3	271.6	268.3	—	—
점수차(B)-(A)	11.2	17.7	41.4	46.4	46.3	27.3

1) 2002, 2003학년도는 자연계 기준이다.

수시 실제 경쟁률이 4 : 1 이상이면 입학 지원을 자제하라

수시모집의 실제 경쟁률이 4 : 1 또는 5 : 1 이상이 되면 최상위 대학은 정시로 입학하는 게 유리하다. 특히 8학군 학생들의 경우 경쟁률이 이 보다 낮은 3 : 1만 넘어도 수시지원을 자제하여야 합격할 확률이 높아진다.

최상위 대학의 경우 수시의 경쟁률은 10 : 1 정도이다. 서울대, 연세대, 고려대의 수시 입학 경쟁률은 수시 2의 경우 각각 6.77 : 1, 6.23 : 1, 6.97 : 1이나 최저학력기준 미달로 불합격한 학생의 비율을 고려해 볼 때 수시 2의 실제 합격률은 각각 12.8%, 13.1%, 11.0%이다. 즉 서울대, 연세대, 고려대의 수시 2의 경쟁률은 8 : 1 수준에 달하는 것으로 보인다. 그런데 수시의 경우 이중 지원이 가능하기 때문에 이들의 실제 경쟁률이 어느 정도인지는 전혀 알 수 없다.

이를 다음과 같이 추측해 보았다. 수시에 지원해서 합격하면 반드시 그 대학에 가야 한다. 서울대에 지원한 학생들은 연세대나 고려대에 지원하지 않았을 가능성이 크다. 연세대나 고려대에 지원한 학생은 서울대에 합격할 확률이 적기 때문에 이를 회

피했을 가능성이 크다고 볼 수 있다. 따라서 세 가지 유형의 학생을 생각해 볼 수 있다. 첫째는 서울대에만 수시 지원을 한 학생이고, 두 번째 유형은 연세대와 고려대에 동시 지원한 학생이고, 세 번째 유형은 이들 세 학교에 모두 지원한 학생이다. 이런 세 유형의 학생 비율이 같을 경우 서울대, 연세대, 고려대에 수시 전형에 지원한 학생들은 평균 2개 대학에 복수 지원한 것으로 볼 수 있다. 그러나 세 번째 유형의 학생은 다른 학생들에 비해 그 비중이 적다고 가정할 때, 서울대 · 연세대 · 고려대에 지원한 학생들은 2개 이하의 대학에 지원했을 것으로 보인다. 만약 2개 대학에 지원했을 경우 이들 중 4명에 1명은 서울대 · 연세대 · 고려대에 합격했을 것이다. 이런 점을 감안하면 최상위권 대학의 수시 2의 경쟁률은 4 : 1이 약간 넘는 5 : 1 정도라고 볼 수 있다.

앞에서 말한 바와 같이 수시에 지원한 성적이 우수한 학생들의 수능 점수가 턱없이 낮게 나타난 것으로 보인다. 제 7차 교육과정이 적용되고 수시의 비중이 커지는 2005학년도의 경우 이러한 현상이 더욱 뚜렷하게 나타날 것으로 보인다. 성적이 최상위권에 있는 학생 5명 중 1명만이 수시에 합격하고 나머지 4명은 수시의 희생양이 되는 셈이다.

〈표 6-3〉 재학생 정시 최상위 3개 대학 입학 가능 "잠재" 등수의 추정
　　　　"공부를 잘한 학생부터" 수시에 지원한 경우 - 2004학년도를 중심으로
　　　　가정 1. 공부 잘하는 학생부터 최상위 3개 대학 수시 모집에 지원함.
　　　　가정 2. 수시에 지원한 학생들의 수능 점수는 정시에서 최상위권 대학에 합격할
　　　　　　　　수 없는 수준임.

2004학년도 기준 자료

1. 모집 정원   서울대, 연세대, 고려대 각각 약 4천명 (계 1만 2천 명)

2. 수시 모집   서울대   1천 249명
   연세대   수시1   393명
   수시2   1천 652명
   고려대   수시1   373명
   수시2   1천 455명
   계   5천 122명

3. 수능 응시자 수   재학생   약 47만 명
   재수생   약 18만 명
   검정고시상   약 1만 3천 명
   계   약 66만 3천 명

4. 정시 입학 가능 인원   12,000 − 5122 = 약 7,000명

5. 재수생 중 최상위권 대학 입학 가능자 수 추정 (약 35%로 가정)
   7,000 × 0.35 = 약 2,500명

6. 재학생 중 최상위권 대학 입학 가능자 수 추정
   12,000 − 5,000 − 2,500 = 약 4,500명

(단위 : 명, %)

경쟁률 (수시)			1 : 1	2 : 1	3 : 1	4 : 1	5 : 1	8 : 1	10 : 1
수시 모집 정원			5,000	5,000	5,000	5,000	5,000	5,000	5,000
지원자 수			5,000	10,000	15,000	20,000	25,000	40,000	50,000
(합격자 수)			(5,000)	(5,000)	(5,000)	(5,000)	(5,000)	(5,000)	(5,000)
(불합격자 수)			(0)	(5,000)	(10,000)	(15,000)	(20,000)	(35,000)	(45,000)
재학생 중 입학 가능자(정시)			4,500	4,500	4,500	4,500	4,500	4,500	4,500
정시 합격 가능 석차 1) (수능 석차백분율, %)			5,000~9,500 (1.1 ~ 2.0)	10,000~14,500 (2.1 ~ 3.1)	15,000~19,500 (3.2 ~ 4.1)	20,000~24,500 (4.3 ~ 5.2)	25,000~29,500 (5.3 ~ 6.3)	40,000~44,500 (8.5 ~ 9.5)	50,000~54,500 (10.6 ~ 11.6)
정시 합격 가능 자의 수능원점수와 지원 가능한 학교·학과의 예시 2)	인문계	지원가능	350 ~ 357 연세대 사회계열 고려대 정경대학	343 ~ 349 이화여대 초등교육 서강대 경제학부	338 ~ 342 한양대 법학 이화여대 영어교육	332 ~ 337 외국어대 정치행정 중앙대 영어교육	329 ~ 331 외국어대 언론정보 중앙대 사회학과	313 ~ 321 경희대 사회과학 숙명여대 영어영문	314 ~ 317 숭실대 행정학부 아주대 사회과학
		불가			연세대 불가 3)	고려대 주요학과 불가	고려대 불가 4)		
	자연계	지원가능	354 ~ 362 서울대 전기공학 서울대 생활과학대학	352 ~ 353 서울대 지구환경시스템 서울대 생활과학	344 ~ 351 고려대 수학교육 연세대 공학계열	340 ~ 343 한양대 전자전기컴퓨터 아주대 미디어	336 ~ 339 한양대 건축공학 성균관대 수학교육	329 ~ 330 한양대 시스템운용 성균관대 공학계열	318 ~ 320 이화여대 자연과학 중앙대 전자전기공학부
		불가			연세대 불가 5)	고려대 불가 6)			

1) 인문계와 자연계 등을 모두 합해 수능시험에 응시한 학생을 대상으로 한 석차이다.

2) 서울대, 연세대, 고려대의 수시 경쟁률에 따라 정시 합격이 가능한 학생(수시를 보지 않은 경우)들의 수능 석차 백분율을 기준으로 입학 가능한 학과들을 예시하였다. 즉 이 정도의 대학에 갈 수 있었던 학생들이 서울대, 연세대, 고려대에 합격이 가능하다는 것을 예시한 것이다.

3) 간호학과, 신학과 제외.

4) 식품자원경제 제외.

5) 생활과학계열 제외.

6) 가정교육 제외.

2004학년도의 경우 서울대 수시에 탈락한 학생들의 수능 점수는 중상위권 대학에나 갈 수 있을 정도로 낮게 나왔다. 이렇게 상위권 대학 수시 입학에 응시한 학생들이 대거 탈락하게 되면 이들보다 성적이 못한 재학생, 재수생이 수능을 통해 명문 대학을 갈 수 있는 기회가 더 넓어진다. 이는 수시 입학의 비율이 높아져 경쟁률이 높아지면 높아질수록 오히려 수시보다는 정시로 최상위권 대학에 들어가기가 쉽다는 것을 의미한다. 역설적으로 들릴지 모르지만 이는 사실이다.

재학생의 경우 수시 전형에 지원할 것인가 아니면 정시만을 지원하는 것이 나을까 생각해 보자. 우선 결론적으로 수시의 경쟁률이 작년과 같은 수준이라면 수시는 보지 않는 편이 낫다. 즉 중복 지원과 최저학력기준 미달 불합격자를 감안한 실제 경쟁률이 4 : 1 또는 5 : 1 이상이 되면 최상위 대학은 정시로 입학할 것을 권한다. 특히 상대적으로 성적이 좋은 특목고(특수목적 고등학교)나 8학군에 있는 고등학교 학생들의 경우 실제 경쟁률이 3 : 1이 넘으면 수시 지원을 자제하는 것이 낫다고 판단된다.

위와 같은 결론에 다다르기까지에는 몇 가지 '강한' 가정을 사용하였다. 그 이유는 서울대, 연세대, 고려대에 수시 입학한 학생들의 모의 수능 점수, 실제 수능 점수, 중복 지원 정도와 재수생, 재학생이 상위 3개 대학에 합격한 비율 등을 알 수 없기 때문이다. 우선 2004학년도 수시의 경우 공부 잘하는(수능 시험을 잘 보는) 학생부터 최상위 3개 대학에 지원했다고 가정하였다. 또한 수시 합격 여부가 내신의 석차 백분율에 의해 결정된 다고 볼 때 내신 석차가 좋은 학생이 수능도 잘 볼 가능성이 높 다는 가정을 한 셈이다. 두 번째로 일단 수시에 지원한 학생들은 이에 많은 시간을 투자하므로 수능에 대한 집중력이 떨어지게 되며, 따라서 수시에 불합격한 경우 이들이 최상위권 대학에 합 격할 가능성은 거의 없다고 보았다. 현직 고등학교 교사들도 이 러한 가정이 큰 무리는 없다고 한다.

〈표6-3〉에 의하면 2004학년도 서울대, 연세대, 고려대의 고 집 정원이 다소의 차이는 있으나 대략 각각 4천명 정도로 총 1 만 2천 명에 달한다. 이들 3개 대학의 수시 모집 정원을 합하면 5,122명이 된다. 2004학년도 수능 응시자 수는 재학생 47 만 명, 재수생 18 만명, 검정고시생 1만 3천명을 포함한 약 66만 명 에 달하였다. 정시 입학 가능 인원은 서울대, 연세대, 고려대의 전체 모집 1만 2천경에서 수시 모집 약 5천명을 뺀 7천명이 된 다. 이 상위 3개 대학의 정시 입학자 중 재수생의 비율을 35%내 외로 보면 약 2,500명이 된다. 따라서 재학생 중 이들 최상위권 3개 대학에 입학 가능한 학생 수는 12,000 – 5,000 – 2,500 = 4,500명이다.

즉 인문계 고교 강 4.2명(5,000명/1,200개 인문계 고교)명이 합격하는 셈이다. 인문계 고교 당 약 20.8명(25,000명/1,200개 인문계 고교)이 수시에 지원해 4.2명(실제 경쟁률 5:1 가정)만이 합격하고, 나머지 불합격한 16.6명의 수능 점수가 낮다면 전교에서 22~25등 하는 학생이 최상위 학교에 갈 확률이 높다. 2005학년도는 제 7차 교육 과정이 적용되는 첫해이므로 과거와 달리 재학생이 재수생에 비해 경쟁력 있다고 보면 수능만을 '고집'한 재학생의 최상위 대학 합격은 이보다 더 많을 가능성도 있다.

〈표6-3〉에서는 수시 경쟁률이 높아짐에 따라 재학생 중 최상위 3개 대학에 입학 가능한 석차와 이들의 수능 석차 백분율을 보이고 있다. 예를 들어 수시 경쟁률이 2 : 1이면 수시 모집 정원이 5천명이므로 지원자 수는 1만 명이고 이들 중 5천 명이 합격하고 5천 명이 불합격한다. 불합격자들은 이들 최상위 3개 대학에 입학하지 못한다고 가정하였고 재학생 중 정시 입학 가능자는 4,500명이므로 재학생 중 정시 합격 가능 '잠정' (또는 숨겨진) 석차는 수시 합격자 5천 명에 수시 불합격자 5천 명을 더한 1만 명부터, 즉 10,001등부터 14,500등까지로 볼 수 있다. 즉 수시 지원자들은 합격 여부를 떠나 최상위권 학생으로 보았으므로 정시 입학 '가능성' 측면에서 본 정시 재학생 합격자 '가능성' 순위가 이렇다는 뜻이다. 이 경우 이들의 수능 석차 백분율은 2.1 ~ 3.1%이며, 이를 수능 원점수로 환산하면 인문계의 경우 343 ~ 349점, 자연계의 경우 352 ~ 353점으로 추정된다. 이 점수대로 합격 가능한 학과는 서강대 경제학부, 서울대 지구환경시스템, 서울대 생활과학부 등이다. 즉 이런 대학·학과에 합격이 가능하였으리라 추측되는 학생들이 최상위 3개 대학에 입학이 가능하리라는 것을 의미한다. 그 이유는 성적이 좋

은 학생들이 수시에 지원하여 불합격한 후 수능 점수가 낮아져 이들 대학에 입학이 불가능해졌기 때문이라는 가정에서 나온다.

수시 입학의 실제 경쟁률이 4 : 1이라고 보면 다음과 같은 결과가 나오게 된다. 수시 경쟁률이 4 : 1일 때 수시 모집 정원이 5천 명이고 지원자 수가 2만 명이므로 이들 중 5천 명이 합격하고 1만 5천 명이 불합격한다. 불합격자들은 이들 최상위 3개 대학에 입학하지 못한다고 가정하였고 재학생 중 정시 입학 가능자는 4만 5천 명이므로 재학생 중 정시 합격 가능 '잠정' 석차는 수시 합격자 5천 명에 수시 불합격자 1만 5천 명을 더한 20,001등부터 24,500등까지로 볼 수 있다. 이 경우 이들의 수능 석차 백분율은 4.3 ~ 5.2%이며 이를 수능 원점수로 환산하면 인문계의 경우 332 ~ 337점, 자연계의 경우 340 ~ 343점이 된다. 이 점수 대로 합격 가능한 학과는 중앙대 영어교육학과, 아주대 미디어학과 등이다. 인문계의 경우 연세대는 전 학과의 입학이 불가능하고 고려대의 경우도 주요 학과의 입학이 불가능한 것으로 나타났다. 자연계는 연세대의 경우 생활과학계열을 제외하고는 합격이 불가능할 것으로 생각된다.

2004학년도의 최상위 3개 대학의 실제 경쟁률에 가장 근접한 5 : 1을 수시 경쟁률로 볼 경우 인문계에서 중앙대 사회학과(수능 원점수, 329 ~ 331점), 자연계에서는 성균관대 수학교육학과(수능 원점수, 336 ~ 339점)에 합격 가능했을 학생들이 서울대, 연세대, 고려대에 합격이 가능해졌다는 점을 시사한다.

마지막으로 8 : 1의 경우 인문계에서 숙명여대 영어영문학과 (수능 원점수, 318 ~ 321점), 자연계에서는 성균관대 공학계열 (수능 원점수, 329 ~ 330점)에 합격 가능했을 학생들이 서울대, 연세대, 고려대에 합격할 가능성이 있는 것으로 나타났다.

〈표6-3〉과 같은 가정된 시나리오는, 수시 경쟁률이 높아질수록 수시에 지원하는 데 따르는 위험 부담이 크며, 오히려 정시만을 고집한 재학생들이 최일류 대학에 입학할 가능성을 높다는 것을 '눈으로' 보여주기 위해서 작성한 것이다. 또한 이러한 예시를 제시하는 기관이 한 곳도 없기 때문에 학부모들에게 정보를 제공한다는 의미에서 다소 비현실적인 가정을 사용하면서까지 이 표를 작성했음을 이해해 주기 바란다. 이 표는 수치의 정확성보다는 수시 입시의 경쟁률이 높을수록 수시에 지원하는 대가가 매우 크다는 것을 보여주는 데 주 목적이 있다.

〈표6-3〉을 다시 요약하면, 수시 입학의 희생양이 된 학생이 워낙 많아서 수능만을 목표로 공부한 학생이 최일류 대학에 입학 할 기회가 오히려 더 많아졌다는 것이다. 희생양이라는 표현을 쓴 이유는 수시 입학에 지원한 '성적이 우수한' 학생들이 수시를 준비하는 데 시간을 많이 뺏기고 나아가 이들 합격자들 대부분이 수능의 점수가 현저히 낮게 나타났기 때문이다. 쉽게 말해 수시의 대가로 수능 점수가 현저히 떨어지는 데 비해 수시 입학 지원자의 합격률은 매우 낮아서, 수시를 보는 데 따르는 위험 부담이 그만큼 크다는 것이다.

한편 수시의 경쟁률이 낮아지면 보다 쉽게 명문대에 들어갈 수 있다는 경우도 생각할 수 있다. 이 경우 부모가 수시 입학 서류를 준비하고 경쟁률을 보아가며 지원 여부를 결정하는 것도 좋은 방안이다. 참고로 8학군에서 수시 전형의 성과가 매우 좋은 경우를 보면 서울대는 10명 중 1명(전교 1등), 연세대와 고려대는 20여 명 중 12명이 합격하였으나 2명은 최저학력기준 미달로 불합격 처리되었다. 결국 30여 명 중 11명이 합격한 셈이다. 그러나 불합격된 나머지 20여 명의 학생들은 수능 점수가 최상위권 대학 지원 가능 점수에 크게 미달하여 중상위권 대학에 진학하거나 재수를 하고 있는 실정이다. 〈표6-3〉을 자세히 보면, 극단적인 예로 수시 지원한 학생이 모두 합격한 경우(경쟁률이 1 : 1)에도 이들이 최상위권이라는 가정이 맞는다면, 결국 최상위 대학에 합격할 '가능성'이 있는 학생은 정시를 통해서도 최상위 대학에 갈 수 있음을 보여주고 있다.

상황이 이러한데도 대부분의 학생, 학부모들이나 심지어 입시 전문가도 수시 지원을하지 않으면 손해본다고 말하고 있다. 그러나 입시 전략을 잘못 설정하면 명문대는 고사하고 중상위권 대학 입학도 어렵다는 것을 알아야 한다. 수시 지원 여부는 여러 가지 면을 생각하여 신중히 결정할 것을 강조한다.

수시 · 수능 체험기

대학 입시에서 전략의 중요성은 생각 외로 당락에 큰 영향을 미친다. 우선 자신의 비교 우위가 내신에 있는지 또는 수능에 있는지를 고등학교 3학년 1학기까지의 성적 변화 등을 고려하여 판단해야 한다. 그리고 이 과정에서 전문가의 도움을 받아야 한다.

수능 고사의 결과가 발표되면 매년 언론에서는 수능 최고 득점자를 대상으로 인터뷰를 한다. 단골 질문이 어떻게 공부했느냐 하는 점이다. 이 때 나오는 대답은 매년 비슷하다. 교과서를 위주로 열심히 공부했고 학교 공부를 소홀히 하지 않았다는 대답이다. 많은 사람들이 이에 대해 의구심을 갖고 심지어는 이를 수능 3대 거짓말 중의 하나라고 여긴다. 이에 대해서는 확인할 바가 없다. 이곳에서는 몇 명의 학생들의 수능 체험을 소개하기로 한다.

첫 번째 사례는 대학을 다니다가 만족하지 못하여 다시 수능 고사를 치러 자신이 만족하는 대학에 입학한 예이다. A라는 학생은 고등학교 때 연세대 의과대학을 갈 수 있는 이상의 성적이었다. 그런데 수능시험의 결과는 서울대, 연세대, 고려대를 제외한 의과대학에 갈 정도로 떨어졌다. A는 당시 재수를 포기하고 K대 의예과에 특차로 합격하였다. 당시 특차에 합격하면 다른 대학에는 지원할 수 없었다. A는 대학 친구들과 어울리면서 술도 마시고 서클 활동도 하면서 학과 수업도 빠짐없이 듣고 배낭여행까지 다니면서 대학 생활을 하였다. 그런데 수능을 2주 정도 앞둔 시점에서 수능시험을 다시 보기로 결정하고 문제집을 사서 출제 경향을 파악하고 수능 공부를 하여 Y대 의예과에 합격하였다. A는 이렇게 대학 생활을 정상적으로 하고도 수능시험을 잘 본 이유를 수학 능력 고사의 특성 때문이라고 보고 있다. 즉 이 학생의 경우 수학 능력 고사에서는 기본 지식을 토대로 이를 잘 이해하고 응용하는 능력이 중요하기 때문에, 1년 전에 공부한 내용을 다소 잊어버렸다 해도 집중해서 정리하면 수능 점수에는 별지장이 없다는 것이다. 이 학생의 경우는 자신이 한 번 완전히 이해한 것은 오랫동안 기억하는 특징을 지녔으므로, 일반적으로 따라할 수 있는 좋은 사례는 아니다.

A학생의 경우에서 얻는 교훈은 대학 공부를 계속하다가 수능시험을 몇 주 앞두고 수능을 대비하라는 뜻이 아니다. 이보다는 자신이 다니는 대학·학과(부)에 만족하지 못하는 경우 대학교 1학년 때 빨리 판단을 내리는 것이 중요하다는 점이다. 예를 들어 수능, 전과, 편입학 등의 의사 결정은 1학년 때 내려야 한다는 것을 강조하고자 한다.

두 번째 사례는 자신의 학습 방법의 차이를 알고 수시는 아예 포기하고 수능에 전념하여 최상위권은 아니지만 자신이 만족할 수 있는 수준의 대학에 합격한 예이다. B학생은 학교 내신 성적이 그리 좋은 편이 아니었다. 교사가 찍어주는 몇몇 문제를 하루나 이틀 동안에 달달 외워서 치르는 내신에서는 반에서 15등을 넘길 때도 있었다. 그러나 B군은 수능에서는 좋은 성적을 거두었고, 결국 K대학에 합격할 수 있었다. 이 학생의 경우 내신 성적이 좋지 않은 관계로 수시는 처음부터 포기하였고, 따라서 내신에 대한 기대도 하지 않았다. 오로지 수능만이 최선의 길이 될 수 있었다. 이 학생의 학습 방법은 남다른 데가 있다. 내신에서 좋은 성적을 얻지 못한 이유도 여기에서 근거하는데, 암기 과목의 경우가 되었건 주요 과목이 되었건 일단 외우는 것에는 약하다. 따라서 순간적이거나 단기간의 학습에서는 당연히 약할 수밖에 없었고, 본인의 장기인 이해력을 앞세워 큰 틀에서의 이해와 종합적 사고를 이용하는 수능을 택한 사례이다.

세 번째 사례는 B학생과는 다른 예이다. C학생은 내신 성적이 모두 '수'이고 석차 또한 우수한 학생이다. 밤을 새워 공부하는 것이 일상화가 될 정도로 열심히 하는 학생이며, 임원도 맡고 있어 많은 부분에서 입시에 유리한 조건을 가지고 있었다. 수시입학을 여러 번 종용했지만 학생의 의지대로 수능시험을 치르고, 정시를 대비했는데 수능 성적이 예상 점수에 훨씬 미치지 못했다. 같은 수준의 학생들에 비해 40점 정도 떨어진 점수를 받은 것이다. 여러 가지 조건을 참조하여 내신 반영률이 높고, 서류 전형에서 유리한 쪽의 전형을 택하여 자신이 원하는 수준에 훨씬 미치지 못하는 대학에 어렵게 합격했다. 그러나 이 학생의 학습 방법에는 상당한 문제가 있었다. 내신은 이미 주어진 점수라고 일컬어지듯 학교에서 이미 상당 부분의 힌트를 준 내용이기 때문에 얼마나 집중력을 발휘하여 빨리 암기할 수 있는가에 따라 결과가 달라질 수 있다. 그러나 수능은 장기간의 학습과, 단순 암기가 아닌 여러 가지 복잡한 사고력을 전체적으로 테스트하기 때문에 내신과는 많은 부분에서 다를 수밖에 없다. 예를 들어 영어 단어를 깊이 외우는 것이 수능에 도움이 되기는 하겠지만 단어를 몇 개 몰라도 전체적인 흐름을 파악하고 의미를 파악하여 각각의 질문에 대한 종합적인 사고를 하는 것이 수능과 내신의 차이라고 볼 수 있다. 그러나 이 학생의 경우는 오로지 단어를 외우기에 급급했고, 던져주는 점수를 얻기 위해 순간순간 노력했던 경우라고 볼 수 있다.

위의 B, C 학생의 체험기가 시사하는 점은 자신이 내신 타입이냐 수능 타입이냐를 확실히 알고 수시와 정시 중 하나를 택한 학생은 만족할 만한 성과를 얻었고, 그렇지 못한 학생은 자신기 원하는 대학에 입학할 수 없었다는 점이다. 즉 수시와 정시 중 어느 것에 중점을 두어야 할지가 중요한 입시 전략이라는 것을 뜻한다.

아래에 소개할 D학생의 사례는 수시에 지나치게 집착하다가 입시에 실패한 예이다. D학생의 경우 전교석차가 매우 좋았고 세칭 최상위 대학의 수시 입학만을 목표로 공부한 학생이다. 이 학생은 수시 1에서 한 차례 실패를 맛보았다. 수시 2에서도 최상위 대학에 모두 지원했다. 그 중 한 대학의 경우에는 자신의 석차 백분율이 지원 자격 기준에 미달하자 그 대학에서 인정하는 경시대회까지 준비하여 수시 입학을 지원하였다. 그러나 이 학생은 3개 대학의 수시 모집에서 모두 탈락하였다. D학생의 경우 이렇게 수시에만 전념하였기 때문에 수능은 준비할 겨를이 없었다. 자신이 지원했던 모든 대학의 수시 입학에서 떨어진 것을 확인하고서 그 때부터 수능에 집중하려고 안간힘을 썼으나 이것이 뜻대로 될 리가 없었다. 결국 이 학생은 기대치에 훨씬 미달하는 수능 점수를 받았고 재수를 준비 중이다.

이상 4명 학생의 예에서 보듯이 대학 입시에도 전략이 필요하다. A학생은 특이한 예이긴 하지만 자신이 다니는 대학에 만족하지 못할 경우 입시에 관한 다양한 전략을 다시 한번 생각해 보아야 함을 보여주고 있다. B, C 학생의 경우는 자신이 내신형인가 수능형인가를 파악한 후에 한곳에 집중하는 것이 중요하다는 것을 보여준다. 마지막으로 D학생의 사례는 지나치게 수시 입학에만 집착할 경우 대학 입시에 실패할 가능성이 크다는 것을 알려준다.

Summary

1. 수시 전형에 지원하기 전에 담임 교사나 전문가와 상담하라.

2. 정시에 비해 수시 입학 전형은 대학별로 큰 차이를 보이고 있다. 수시 입학에 진학하는 경우 자신에게 가장 유리한 대학을 선택할 수 있어야 한다.

3. 수시 입학의 경우 결정적인 정보는 아무리 찾아도 알 수 없는 경우가 많다. 이 경우 담임 교사, 전문가나 경험이 있는 학부모들의 말을 듣고 학생이나 학부모가 판단해야 한다.

4. 수시 전형의 지원 여부는 내신과 모의 수능고사 점수의 변동 추이를 감안하여 전략적으로 결정하라.

5. 수시 입학을 지원하기 이전에 합격 가능성은 얼마나 되고, 무엇을 준비해야 하고, 이에 소요되는 시간이 어느 정도 되는지를 파악하라.

6. 최상위권 대학은 정시로 들어가야 한다.

7. 최상위 대학의 경우 수시 2학기 전형의 실제 경정률은 최저 학력기준미달 불합격자 수를 감안할 경우 10 : 1의 수준에 달한다.

8. 실제 경쟁률이 4 : 1 또는 5 : 1 이상이 되면 최상위 대학은 정시로 입학하라. 특히 8학군 학생들은 경쟁률이 3 : 1이 넘으면 수시 지원을 자제하라.

Summary

9. 수시 전형 2학기에 지원하면 수능 점수가 크게 떨어진다. 따라서 수시 전형에 불합격했을 경우도 염두에 두고 지원 여부를 결정하라.

10. 자신의 공부하는 스타일에 따라 대학 입시의 전략을 구상하라.

Part
7

전과

대학별 전과의 허용 범위
전과, 얼마나 용이한가?
전과와 다중 전공제의 차이

대학별 전과의 허용 범위

전과는 자신의 적성에 맞는 학과에서 공부할 수 있도록 고안된 제도이다. 따라서 전과를 원하는 학생들은 대학교 1학년 때의 학점 관리에 신경을 써야 한다.

전과는 대학에 입학한 후 학과(부)가 자신의 적성이 맞지 않는 학생들에게 학과(부)를 옮길 수 있는 제도로써 대학에 따라 허용하는 범위의 차이가 있기는 하나 대체로 그 범위가 넓어지고 있는 추세이다. 이는 대학의 입장에서 볼 때 우선 적성에 맞지 않는 학생들의 경우 학업 성취도가 낮게 나타나고 교수가 강의하기에도 어렵기 때문이다. 또한 전공학과가 마음에 들지 않고 전과가 용이하지 않은 경우 재수나 편입학 등을 통해 다른 대학으로 옮겨갈 가능성이 많기 때문이다. 전과나 편입학은 직업 선택의 자유와 같이 학생들이 자신이 원하는 대학이나 학과에서 교육받을 수 있는 선택의 폭을 넓혀주는 데 도움을 준다.

전공학과가 적성에 맞지 않는 이유는 두 가지로 나누어 볼 수 있다. 첫째는 대학 진학 시 학과 적성은 무시하고 자신이 선호하는 대학을 선택하였기 때문이다. 둘째는 최근 들어 많은 대학에서 입학 시 계열별 또는 대학별로 모집한 다음 2학년 때 자신이 원하는 학과를 선택하도록 하는 제도를 선택했기 때문이다. 이 경우 1학년 때 성적이 좋지 않으면 자신이 원하는 학과(부)를 선택할 수 없는 경우가 발생한다.

전과가 제한되는 경우를 살펴보면 다음과 같다. 일반적으로 사범계, 의·약학 대학으로의 전과는 허용되지 않는다. 예체능계 학생은 동일 계열 너에서만 전과가 가능하다. 본교와 분교가 있는 경우 캠퍼스 간의 전과는 허용하지 않는다. 정원 외 입학자, 편입학자, 특기 입학자의 경우도 전과를 인정하지 않는다.

전과는 대부분 2학년 초에 시행하는 대학이 많으나 2학년과 3학년 때 2번에 걸쳐 전과를 허용하는 대학도 있고 전과 시기를 특별히 제한하지 않고 있는 대학도 있다. 주요 대학 중 전과 므집 정원을 보면 서울대, 포항공대, 숙명여대는 20%이내, 한양대 10%이내, 경희대 30%이내이다. 전과의 허용 기준은 학점 이수를 기준으로 하는 대학도 있고 평점 평균(평균 성적)을 기준으로 하는 대학도 있다. 후자의 경우, 한양대는 평점 평균 3.0 이상, 중앙대는 2.0 이상 한국외국어대는 3.5 이상이다. 평점 평균이란 예를 들어 학점 제도가 A, B, C, D, F 인 경우 각각 4.0, 3.0, 2.0, 1.0, 0을 적용하고 자신이 택한 과목의 이수 학점 단위(예를 들어 1주일에 3시간 수업하는 경우 3학점, 2시간 수엽하는 경우 2학점 등)를 가중 평균하여 계산한 것이다. 1학년의 경우, 대학에서의 시험이 고등학교에서의 시험이나 수능과는 근본적으로 다르고, 고 3 때의 입시 지옥에서 벗어나 학업을 등한시하는 학생이 많으므로 평점 평균 3.0 이상이 결코 낮은 기준이 아니다.

대부분의 대학에서는 위에서 말한 평점 평균이 높은 학생부터 자신이 원하는 대학으로 전과를 허용한다. 인문계 학과에서 자연계 학과로 또는 그 반대의 경우도 전과 허용을 하는 것이 통례이다. 재학 기간 중 전과를 한 번만 허용하는 대학이 대부분이다.

앞에서 설명했듯이 동일 대학 내에서의 전과는 1학년 때 학점을 얼마나 잘 받았는지에 따라 결정된다고 볼 수 있다. 따라서 자신이 다니는 대학은 만족하나 학과에는 만족하지 않는 학생이 이러한 전과 제도를 활용하면 자신이 원하는 전공 과목을 공부할 수 있는 기회를 가질 수 있다. 전과를 원하는 학생은 대학교 1학년을 자신이 원하는 학과에 '배정' 받기 위한 기간이라 생각하고 학점 관리에 특히 신경을 써야 한다.

전과, 얼마나 용이한가?

전과를 잘 활용하면 수능 2등급의 차이가 있는 선호 학과에 갈 수 있다. 그럼에도 불구하고 몇몇 대학의 자료를 보면 전과에 대한 대학생들의 수요가 생각 외로 적다. 이것은 대학 입학 시 계열이나 학과를 잘못 선택한 학생의 경우라도 저학년 때 열심히 공부하여 학점 평균을 높이는 노력을 한다면, 대학 재학 중에도 전과를 통해 자신의 적성에 맞는 학문을 공부할 수 있는 기회가 있다는 점을 알려주고 있다. 우리나라의 경우 선진국에 비해 대학 입학 시 자신의 적성에 맞는 전공을 고려하는 경향이 낮기 때문에 전과 제도를 확대하여 학생 중심의 대학 교육을 하고, 학생 자신들도 이런 제도를 잘 활용할 줄 아는 지혜가 필요하다.
특정 대학의 경우, 학생의 적성에 맞는 학과로 전과하기보다는, 정시 성적이 가장 낮은 학과의 학생들이 가장 높은 학과로 대거 이동하는 성향이 뚜렷한데, 이러한 현상은 전과의 본래의 취지에 부합하지 않는다고 볼 수 있다.

전과란 같은 대학 내에서 학과(부)를 옮기는 것을 말한다. 우리나라 고등학생들의 경우, 학과를 잘 모르고 입시에 지원하거나 또는 자신이 원하는 대학을 먼저 설정하고 학과는 성적에 맞춰 선택하는 경우가 많다. 이 경우 학생 입장에서는 대학에서 배우는 전공 과목에 흥미를 잃게 되고, 교수 입장에서는 이런 학생들이 많을 경우 수업 분위기가 나쁘고 가르치기도 힘들어진다. 이러한 면을 고려해 볼 때, 특히 학생의 입장에서 보면 전과는 매우 바람직한 제도라고 볼 수 있다. 대학에 따라서는 전과를 소속 변경 또는 학적 변경이라고 부르기도 한다.

　홈페이지가 없는 대학은 없다. 그러나 홈페이지가 매우 부실하여 학생들이나 외부에서 그 학교에 대한 정보를 알기가 어려운 대학이 많다. 전과의 경우를 보면 각 대학의 홈페이지에 학과별 입학 정원 및 모집 인원과 신청자 수가 나타난 곳이 거의 없다. 전과를 원하는 학생들에게 정보를 제공하고 있지 않는 셈이다.

　전과에 대한 자료가 나타나 있는 한양대, 중앙대, 숙명여대, 경희대 등의 자료를 기초로 하여 전과의 현황을 살펴보면 다음과 같다. 우선 경쟁률이 50~70%로 신청자 수가 전과의 입학 정원보다 적게는 30%, 많게는 50%를 밑도는 것으로 나타났다. 대학 관계자들도 이렇게 전과의 경쟁률이 낮은 이유에 대해서는 분석을 한 적이 없다고 한다. 이들의 말에 의하면, 전과의 경쟁률이 낮은 첫 번째 이유는 학교에서 전과에 대한 설명회를 개최하여도 이에 관심을 보이는 학생이 적다는 것이다.

　그런데 위에서 언급한 바와 같이 우리나라 대학생들이 자신의 적성을 고려하여 대학을 지망하는 경향이 낮고 나아가 동일한 대학 내에서도 선호학과와 비 선호학과가 존재하는 상황에서 전과의 수요가 적은 이유를 해석하기란 어렵다. 전과보다는 편입이나 재수를 원하는 학생이 많아 이런 현상이 발생했다고 볼 수도 있으나, 2005년의 새로운 수능에서는 제7차 교육 과정이 적용되고 입시 관련 제도도 수시 입학의 비중이 높아 재수생에게 불리한 점을 감안하권 이를 받아들이기도 어려운 실정이다.

또 전과의 경우 각 대학별로 학점이 일정 수준 이상인 자에 한해 허용하고 있는데 성적이 기준에 미달하여 전과의 경쟁률이 낮다고 볼 수도 있다. 즉 전과가 대부분 2학년 초에 이루어지고 1학년 때에는 전공 과목보다는 교양 과목의 비중이 크다. 대부분의 교양 과목에서는 상대 평가(성적을 산정할 때 A, B, C, D, F의 비율을 미리 정해 놓고 이에 따라 성적을 평가하는 제도)를 적용하여 1학년들의 학점 평균이 낮아서 전과를 하고 싶어도 전과의 기준을 충족시키는 학생이 적다. 또한 대학 1학년 때에는 고 3 때의 입시 스트레스에서 벗어나 학업을 등한시하고 노는 경향이 많아서 이런 현상이 나타났다고도 볼 수 있다.

그러나 이러한 이우들은 합리적인 행태가 아니라는 것이 문제이다. 자신이 선호하는 대학을 중심으로 학과를 점수 대에 맞추어 지원한 학생들이 적지 않을 것으로 보인다. 대체로 성적이 평균 3.0이상이면 전과의 대상이 되는데, 고등학교 때 대학에 진학하기 위해 노력을 기울인 것에 비해 대학에서 전과 제도를 활용하려는 노력은 너무나 부족하다. A 대학의 경우 입학 정원의 약 10%에 해당하는 학생이 전과의 모집 인원이었는데 이 중 신청자 수는 70%에 머물렀다. 신청자보다 모집 인원수가 많은, 즉 경쟁률이 1 : 1이 넘는 학과는 사범대 국어교육학과(550%), 사범대 영어교육학과(350%), 건축학(280%), 사범대 교육학과(150%), 건축공학(133%), 법학과(119%)로 6개 학과에 불과하였다.

B 대학의 경우(1, 2 캠퍼스 총계) 2학년 전과의 모집 정원이 3학년 전과 모집 인원의 1.65배에 달하고 있다. 이 대학의 전과 모집 인원 중 2학년의 비중이 62.2%, 3학년은 37.8%으로 나타났으며, 2, 3학년의 경쟁률은 각각 70%, 10%대로 평균 50%를 보였다. B 대학의 경우 전과 경쟁률이 높은 학과 순으로 보면 영화(570%), 사범대 영어교육학과(400%), 사범대 교육학과(360%), 광고홍보학과(270%), 연극(230%), 심리학과(180%), 신문방송학과(180%), 경영학과(180%), 산업디자인(150%), 영어영문학과(140%), 문예창작(110%), 사진(110%)으로 나타났다.

C 대학의 경우 전과 모집 인원 중 2, 3학년의 비중은 각각 78.3%, 21.7%로 나타났다. 또한 전과모집 인원대비 지원자 수 즉 경쟁률은 2, 3학년의 경우 각각 28.3%, 13.2%, 전체 평균은 25.0%로 매우 낮게 나타났다. 합격률은 2, 3학년의 경우 각각 63.0%, 84.6%로 전체 평균 65.5%를 보이고 있다. C 대학의 경우를 보면 경쟁률은 25.0%에 불과하나 그렇다고 이들을 모두 합격시킨 것은 아니고 합격률은 65.5%에 불과하다는 점에서, 경쟁률이 낮더라도 일정 기준을 충족하지 못하는 학생들은 합격에서 제외시켰음을 알 수 있다. 이 대학의 경우 경쟁률이 100%를 넘는 학과는 교육학과뿐이었다. 이 학과의 경쟁률은 250%, 합격률은 100%였다. C 대학의 경우 경쟁률이 낮은 학과 순으로 보면 자연과학부(0%), 체육교육과(0%), 수학 통계학

부(3.2%), 가정아동복지학부(7.1%), 정보과학부(8.3%)로 나타
났다.

 D 대학의 경우는 전과생들의 전출 학과와 전입 학과를 공개
하고 있다. 이 대학의 경우 1학년 73명, 2학년 41명이 전과하였
다. 이 중 2학년의 경우를 보면 경영학부, 언론정보학부, 관광학
부로의 전입이 각각 20명, 17명, 11명으로 전체 전입 학생의
65.8%를 보이고 있다. 한편 전출학과를 보면 생활과학부, 지리
학부, 조리과학부, 식품영양학과, 철학과가 각각 16명, 11명, 11
명, 9명, 8명으로 이들 학과가 전체 전출 학생의 75.3%를 차지
하고 있다. 전입생이 많은 위 세 학부는 D 대학의 정시 수능이
가장 높은 계열이고, 전출 학생이 많은 식품영양학과, 조리과학
과, 지리학과, 생활과학부, 철학과는 정시 수능이 가장 낮은 학
과(부)들이다.

 경영학부의 경우 20명 전입 학생 중 생활과학부 6명, 지리학
과 4명, 철학과 4명, 조리과학과 2명으로 이들 4학과에서 전입
해온 학생 수가 16경에 달한다. 언론정보학부의 전입생 17명을
전출 학과별로 보던 생활과학부 4명, 지리학과 3명, 철학과 3
명, 조리과학과 2명, 식품영양학과 2명으로 이들 학과가 14명을
차지하고 있다. 관광학부의 전입생 11명 중 조리과학과 4명, 생
활과학부 3명으로 이들 학과가 7명을 차지하고 있다.

 〈표7-1〉에서는 언론정보학부로 전입한 학생들의 전출·전입
학과의 수능 점수의 차이를 추정하여 보여주고 있다. 대부분 자

<표7-1> D 대학 언론정보학부 전입생의 전출 학과와 전입 학과의 수능 점수 차이의 추계

전입학과	전출학과		진입학과 진출학과의 수능점수 차이
	학과	등급 / 수능예상점수	
언론정보학부 인문계 (2등급 상) (346점)	생활과학부(4명)	자연계 3등급 중 (337점, 인문계 환산 318점)	28점
	지리학과 (3명)	자연계 3등급 하 (334점, 인문계 환산 312점)	34점
	철학과 (3명)	2등급 하, 332점	24점
	조리과학과 (2명)	자연계 3등급 하 (332점, 인문계 환산 310점)	36점
	식품영양학과 (2명)	자연계 3등급 하 (330점, 인문계 환산 308점)	38점
	국어국문학과 (1명)	2등급 중, 335점	11점
	사회과학부 (1명)	2등급 중, 338점	8점
	경제통상학부 (1명)	2등급 중, 336점	10점
전출학생 17명의 평균			26.6점

1) 등급 / 수능예상점수 : 등급 및 수능 예상 점수는 2004년 대성학원의 배치 기준표에 근거하였다. 자연계열에서 경영학부로 전입한 경우 자연계열의 등급에 해당하는 인문계열의 수능 점수로 환산하였다. 생활과학부는 자연계의 3등급 중 지리학과, 조리과학과, 식품영양학과는 자연계 3등급 하에 해당하며, 이들의 수능 점수는 각각 337점, 334점, 333점, 330점이다. 이들 학과의 등급에 맞는 인문계의 점수로 환산하면 각각 318점, 312점, 310점, 308점 정도로 보인다. 이들 전출 학생들의 수능 점수와 언론정보학부의 2003학년도 수능 고사의 컷트라인을 알면 좀더 정확히 산정할 수 있으나 이들 자료가 없어 2004학년도 계열별 수능 배치 기준표를 이용하였다.

연계 3등급 하(下)에서 인문계 2등급 상(上)으로 전과하였는데 자연계 해당 등급의 인문계 점수로 환산하여, 전입학과(부)와 전출학과(부)의 수능 점수의 차이를 보면 최대 40점 가까이 되는 것으로 보인다. 한편 인문계(자연계)를 기준으로 볼 때 2등급 상(上)에서 3등급 하(下) 간의 점수 차이는 40점(30점)이나 된다. 한편 인문계의 타과(부)에서 전입한 학생들의 수능 점수 차이는

8~24점, 그리고 언론정보학부에 전과한 학생들의 전출한 학과 학생들의 수능 점수와의 차이는 평균 26.6점에 달하는 것으로 보인다.

이 대학의 경우 자연계 정시 성적이 가장 낮은 학과의 학생들이 인문계의 정시 성적이 가장 높은 학과로 대거 이동하는 성향이 뚜렷함을 볼 수 있는데, 이러한 현상은 전과의 본래의 취지에 맞지 않는다. 전과의 목적은 자신의 적성에 맞는 학과를 선택할 수 있는 기회를 주는 것이지, 수능 점수가 낮은 학생이 세칭 명문 학과로 대거 이등하는 것을 허용하는 것이 본래의 취지는 아니기 때문이다.

전과에 대한 통계가 없어 수치는 알 수 없으나 서울대의 경우 입학 정원의 20%가 전과 대상이라고 명시되었으므로 서울대의 경우 전과의 지원율이나 경쟁률이 모두 상당히 높았을 것이다. 연세대와 고려대도 같은 양상을 보였을 것으로 생각된다. 연세대와 고려대를 비교해 볼 때 연세대가 고려대에 비해 입학 시 광의의 계열별 모집을 적용하고 있기 때문에 고려대의 전과 학생이 더 많았을 것으로 보인다.

이상을 볼 때 대학생들의 전과에 대한 수요가 많지 않기 때문에, 입학 시 비록 학과를 의도적으로 또는 모르고 잘못 선택한 경우에도 1학년 때 공부를 열심히 한다면, 자신의 적성에 맞는 학과로 전과하는 것은 그리 어렵지 않은 것으로 보인다. 따라서 대학에 입학한 이후 학생들은 자신이 선택한 계열이나 학과(부)

가 자신의 적성에 맞는지 다시 한번 생각해 보고 전과라는 기회
를 통해 자신의 적성에 맞는 학과를 선택하도록 노력해야 한다.

전과와 다중 전공제의 차이

자신이 다니는 학과의 전공이 적성에 맞지 않는 학생들은 다중 전공제보다는 전과를 택하는 편이 낫다. 또한 우리나라의 경우 다중 전공제가 효율적으로 운영되지 못하고 있는 실정이고 따라서 취업 시 이에 따른 혜택을 기대하기도 어렵다. 따라서 전공을 바꾸려는 학생들은 전과를 대비해 1학년 때 학점 관리를 잘하여야 한다.

전과란 1학년을 마친 후 학과(부)를 바꾸는 것이다. 앞에서 설명했듯이 특정 학과에 전과 지망생이 많을 경우 1학년 때의 평균 학점에 따라 결정하는 대학이 대부분이다. 다중 전공제를 택하는 학생들은 두 부류로 나누어 볼 수 있다. 첫 번째는 자신이 다니는 학과에 만족하나 그 이외의 전공 학문을 보충할 필요가 있다고 생각하여 이를 택하는 경우이고, 두 번째는 대학에서의 성적이 전과를 하기에는 부족하여 하는 수 없이 다중 전공제를 선택한 경우이다.

우선 우리나라의 경우 학점 제도를 보면 자신이 속한 학과에서의 전공 학점 이수를 많이 요구하고 있기 때문에 사실상 다중 전공제가 효율적으로 운영되지 못하고 있다. 즉 복수 전공을 하는 경우 해당 학과에서 요구하는 교양과 전공의 최저 기준을 이

수해야 졸업할 수 있기 때문에 복수 전공에서 요구하는 과목 수도 많지 않다.

미국 대학을 보면 우선 졸업하는 데 요구되는 학점 수가 우리나라보다 훨씬 적고 복수 전공제를 택하는 학생도 많아 이 제도가 효율적으로 운영되고 있다. 그러나 우리나라 대학에서는 자신이 속한 학과에서 요구하는 전공 학점 수가 많고 강의 시간표가 겹칠 경우가 많기 때문에 복수 전공 과목을 선택하는 데 어려움이 따른다. 그러나 과거에 비하면 전공 과목 중 전공 필수 과목이 대폭 줄었다는 점에서 복수 전공이 한층 수월해졌다고 볼 수 있다.

위에서 본 바와 같이 다중 전공제를 택한다 하더라도 실제로 그 분야에서 이수해야 하는 전공 과목이 많지 않기 때문에 다중 전공제의 실효성이 의문시되고 있다. 즉 다중 전공제를 택하는 경우나 또는 다중 전공제를 택하지 않고 자신이 관심 있는 학과의 과목을 듣는 경우와 별 차이가 없다. 또한 다중 전공제는 어느 학생이든 원하면 선택할 수 있는 제도이다.

성적표에 다중 전공이 표시되어 취업이 유리하다고 생각할 수 있다. 그러나 다중 전공을 하였다고 해서 특별히 취업에 도움이 되는 것은 아니다. 그 이유는 앞에서 말한 바와 같이 우리나라 대학에서 다중 전공제가 효율적으로 운영되고 있지 못하기 때문이다. 효율적으로 운영되지 못한다는 의미는 다중 전공을 택할 때 타 학과 전공 과목을 이수해야 하는 수가 적다는 뜻이다.

　　다중 전공제를 선택하는 학생들의 성적이 그 학과 학생보다 낮게 나타나는 것은 당연하다고 생각된다. 일부 학생들은 타 학과 과목을 이수하는 경우 교수들이 점수에 차별을 둔다고 생각하지만 이는 극히 제한적인 경우다. 다중 전공을 하는 학생들이 타 학과 전공 과목의 성적이 상대적으로 저조한 이유는 해당 학과의 기초 과목을 충실히 이행하지 않았기 때문이다. 그리고 우리나라 대학의 경우 4학년 2학기까지 학점을 많이 수강하지 않는 한 다중 전공제를 선택한 학생이 타 과의 기초 과목의 대부븐을 수강한다는 것은 불가능하다.

　　이런 점을 고려해 볼 때 자신이 다니는 학과보다 다른 학과의 전공에 관심이 많은 학생들은 비교적 기회가 많이 열려 있는 전과를 택하는 것이 바람직하다.

Summary

1. 전과는 일부 학과를 제외하면 제한이 없다.

2. 주요 대학을 보면 전과 정원에 비해 전과 지원생이 적게 나타나고 있다.

3. 전과를 원한다면 1학년 초부터 학점을 관리하라.

4. 전과 제도를 잘 활용하면 수능 점수로 20점 이상 차이나는 학과로의 전과도 어렵지 않다.

5. 1학년 때 학점 관리를 못해 전과 지원 자격에 미달한 학생들은 다중 전공제를 선택하는 경우가 많다.

6. 우리나라 대학의 경우, 다중 전공제는 이수해야 할 전공 학점이 많아 그 실효성이 적다. 다중 전공보다는 전과를 택하라.

Part

8

편입학을
최대한 활용하라

편입학(일반 편입, 학사 편입)이란?
편입학, 어떻게 준비하나?
편입생은 왕따를 당한다?
편입학 체험기

편입학(일반 편입, 학사 편입)이란?

대학에 입학한 후 그 학교에 계속 다니기 싫은 학생들은 편입이라는 제도를 통해 자신이 원하는 대학으로 편입 시험을 볼 수 있다. 또한 같은 대학 내에서 전공 학과(부)가 마음에 들지 않는 경우에는 대학에 따라 다르지만 1학년 때 성적이 3.0이상인 학생들을 대상으로 전과 인원을 선발하고 있다. 대부분 학생들이 1학년 때는 고3의 스트레스에서 벗어나 노는 것으로 생각하고 있으나 1학년 때 이러한 점들을 고민하고 준비해야 한다.

편입학이란 새로운 전공과 새로운 대학을 선택할 수 있는 기회가 제공되는 기회로써 크게 일반 편입과 학사 편입으로 나눌 수 있다. 일반 편입은 4년제 정규 대학 2학년 이상 수료자(예정자)로서 70학점 이상 취득(예정)자나 전문대 졸업자(예정자)이어야 한다. 학사 편입의 경우 학사학위 소지자를 대상으로 선발하는 제도이다. 편입학은 3학년 1학기 과정부터 허용된다. 이제도가 전과와 다른 점은 전과는 학교 내에서만 이루어질 수 있는 말 그대로 과(부)를 바꿀 수 있는 제도이지만 편입학은 대학과 전공 모두를 자신이 원하는 곳에 지원할 수 있다는 것이다.

편입학의 시기는 1월 말과 2월 초 사이, 7월 말과 8월 초 사이 두 차례 시행되며 편입학의 규모는 예전(1999년)에는 연간 6만 명이었으나, 2학년으로의 편입이 없어짐에 따라 현재는 연간 4

만 명 정도이다. 2006년도에는 편입학 규모가 더 줄어들 예정이다. 몇 년 전 편입 규고가 2만 명이나 줄어들었는데 지방 사립대의 경우, 정원의 절반도 채워지지 않은 학과들이 많았다. 그 이유는 어학 연수, 휴학, 편입한 학생들이 많았기 때문이다. 어에 지방 사립대 등의 총장들이 당시 장관에게 요구하여 편입학 인원을 대폭 줄였다. 예를 들어 그 이전에는 2학년 편입과 3학년 편입이 있었고 군복무 중인 휴학생도 편입의 대상이 되었으나 그 후에는 제외되었다. 이와 같이 지방 사립대 등을 중심으로 편입생 수를 제한하려는 추세는 앞으로도 계속될 것으로 보인다. 당장 2005년까지는 편입 정원이 4만 명이지만 2006년부터는 각 학과의 제적생에 교수 충원율을 곱한 수만큼만 편입학을 인정할 방침이라고 알려져 있다.

편입학은 분명 자신의 대학이나 학과(부)에 만족하지 못하는 학생들에게 귀중한 기회이다. 그러나 편입생은 차별을 받는다는 오해로 인해 부정적인 인식을 가진 학생들이 많다. 예를 들면 재학 중의 차별 혹은 졸업 후 취업 시 '원 학생'들과의 차별을 걱정하는 학생들이 있는데 이는 잘못된 생각이다(이에 대해서는 이 Part의 다른 곳에서 다루고 있다). 편입은 재수를 생각하고 있는 학생들에게 좋은 대안이 될 수 있으며, 시간과 노력 그리고 금전적인 면에서도 더 매력 있는 제도이다.

참고로 이 책에서는 학사 편입에 대한 별도의 장을 다루고 있지 않다. 학사 편입이란 고등학생의 입장에서 보면 너무 먼 훗날의 일이기 때문에 이에 대한 관심이 크지 않으리라고 보았기 때문이다. 그러나 예상 외로 많은 학생들이 자신의 대학 또는 전공에 만족하지 못하여 학사 편입을 한다. 이는 전공학과나 대학의 선정이 매우 중요하다는 점을 말해 준다.

학사 편입하여 졸업하는 데 걸리는 기간을 2년으로 보면, 이는 재수의 개념에서 볼 때 4수를 하고 2년 만에 해당 전공 과목을 이수하는 것과 같다. 즉 시간적으로는 손해이나 전공 과목을 충실히 배울 수 있다는 이점이 있다.

학사 편입을 하는 학생들 중에는, 아버지가 중소 또는 중견 기업을 운영하는 경우 소프트웨어에 해당하는 경영학 등을 미리 배우고 학사 편입을 통해 해당 업종의 하드웨어에 해당하는 전공을 배우는 학생도 있고, 그 반대로 하드웨어 쪽을 먼저 공부하고 소프트웨어에 관련된 부분을 학사 편입을 통해 확실히 공부하려는 학생도 적지 않다. 이 경우 전자보다는 후자의 경우가 공부하는 측면에서 더 수월하다고 볼 수 있다. 즉 경영학부를 졸업하고 기계 공학과에 학사 편입하는 것보다는 그 반대의 경우가 더 바람직하다는 말이다.

한편 학사 편입과 편입학을 비교해 보면 입학 가능 확률 측면에서 볼 때 전자가 더 수월하다고 볼 수 있다. 그러나 학사 편입 시 한 가지 유의할 점은, 졸업 후 취업을 원하는 학생의 경우 취업 연령 제한을 초과하는지의 여부를 고려해 보아야 한다는 것이다.

편입학, 어떻게 준비하나?

편입은 대학 입시 못지 않게 어렵고 경쟁률이 높을 뿐만 아니라 향후 편입생의 모집 정원도 줄어들 것으로 보여, 편입을 준비하려는 학생들에게는 정확한 정보와 편입 전략이 필요하다.

편입학을 하려는 학생은 우선 각 대학별로 편입 시험에서 그엇을 요구하는지 그리고 편입의 경쟁률이 어느 정도 되는지를 파악해야 한다. 결론적으로 말하면 최고 일류 대학으로의 편입은 매우 어렵다. 그 이유는 우선 이들 대학은 학점 미달로 학사 경고를 2차례 받아 퇴학 처분을 받은 학생이나 외국 대학으로 유학 가는 학생들 등을 합한 재적생의 수, 즉 편입학의 정원이 적기 때문이다. 또 다른 이유는 편입학을 원하는 학생들 대부분이 최고 일류 대학으로의 편입을 원하고 있기 때문에 경쟁률이 높기 때문이다.

우선 각 대학별로 편입의 전형 요소를 살펴보기로 하자. 학사 편입의 경우에도 같은 기준이 적용된다. 학교에 따라 〈표8-1〉에서 보듯이 1학기 편입학의 접수 일자는 12월 중순에서 1월 15

일 사이이고, 표의 1, 2단계로 나누어져 있지 않은 대학도 2단계에서는 대체로 1단계 성적을 감안하여 면접을 실시한다. 즉 이 표는 편입학 전형 기준을 단순화한 표이고 예체능계 등은 제외한 것이다. 1단계 전형은 필기, 서류, 영어, 성적 등인데 대학별로 용어가 통일되지 않아 서류라는 의미가 분명하지 않으나, 일반 전형 서류는 모든 대학이 요구하는 것이고 서류에는 영어가 포함되어 있는 경우가 많다. 영어의 경우 토익이나 토플 성적으로 대체하는 곳도 있고 서울대학교와 같이 TEPS 시험이나 또는 대학에서 자체별로 출제한 영어 시험을 치르는 곳도 있다.

결국 영어와 성적이 편입학의 주요 기준이 되는 셈이다. 그러나 전공 과목 시험을 보는 대학도 있다. 예를 들어 연세대학교 경제학부의 경우 매년 기준이 일정한지는 알 수 없으나 경제원론과 통계학 시험을 본다. 이 경우 그 대학의 교수가 문제를 출제하므로 이러한 대학에 지원하는 학생들은 친구들의 노트를 빌리는 방법 등으로 시험에 대비해야 한다. 2단계에서는 대부분 1단계의 성적을 반영하고 면접을 본다.

현재는 1학기와 2학기 편입학이 있는데 1학기 편입을 해도 2년 내에 졸업을 하려면 상당히 어렵다. 그 이유는 대다수의 학생들이 전공 학과가 같지 않은 학과로 편입하기 때문이다. 3학년 2학기 편입의 경우에는 더욱 어렵다. 그런데 경쟁률로만 보면 2학기 편입이 1학기 편입에 비해 유리하다. 편입학에 응시하는 학생의 경우 전공 학과를 같은 학과에 지원하는 학생과 그렇지 않은 학생들의 비율이 4 : 6 정도이고, 전문대과 4년제 대학 재학생의 편입 응시 비율은 7 : 3 정도로 전문대 졸업생의 비율이 압도적으로 높다.

〈표8-1〉 편입학 현황 : 2004년 1학기 전형 기준

대학	접수일지	요소별전형일지	오소별 전형일자			학사 편입			전형 방법
			모집	지원	경쟁률	모집	지원	경쟁률	
서울대	12. 16–18	12. 30(필기), 1. 7(면접/구술)	—	—	—	187	—	—	TEPS. 전공. 성적 등 학과별로 다름
연세대	12. 29–1. 2	1. 10(필기), 2. 2(면접)	292	3935	13.5	168	936	5.6	1단계(필기100,서류50), 2단계(구술면접)
고려대	12. 22–24	1.10(영어), 30(면접)	86	4566	53.1	194	1579	8.1	1단계(영어70,성적30), 2단계(1단계50,면접50)
한양대	1. 8–12	1. 27(필기)	407	8729	21.5	166	1106	6.7	영어(50), 성적(50) 자연계(수학50,성적50)
성균관대	1. 12–14	1. 19–20일(영어)	424	10064	23.7	199	538	2.7	영어(60), 성적(40)
서강대	12. 29–1. 2	1. 17(영어), 2. 3(면접)	200	5464	27.3	84	311	3.9	1단계(영어100,성적50), 2단계(1단계150,면접50)
이화여대	1. 2–7	1.30	249	3069	12.3	179	2604	14.6	성적 • 자기소개서 및 학업계획서(70), 구술면접(30)
중앙대	1.12–15	1. 31(필기)	273	9322	34.2	137	1872	13.7	영어(60), 성적(40) 공과대학(수학60,성적40)
외국어대	1. 12–1. 15	1. 30(영어)	272	5608	20.6	86	517	6.0	영어(100), 성적(20)
경희대	1. 5–8	1. 5	296	6464	21.8	138	1214	8.7	영어 (50), 면접 (30), 학점 (2)
숙명여대	12. 26–30	1. 29(일반편입) 1. 31(학사편입)	232	4601	19.8	114	1219	10.7	1단계(서류100), 2단계(서류40,면접60)

1) 서울대의 경우 일반 편입은 없고 학사 편입만 있다.
2) TEPS란 한국인의 영어능력검정시험으로써, 서울대학교 언어교육원(구어학연구소)이 개발한 영어 능력 평가 시험이다.

　　이상을 보고 편입 시험이 비교적 쉬울 것이라고 생각하는 학생이 있다면 그것은 잘못된 생각이다. 〈표8-1〉에 나타난 바와 같이 연세대, 고려대의 편입학 경쟁률은 13.5 : 1, 53.1 : 1 에 이른다. 한양대, 성균관대, 서강대, 이화여대의 경쟁률은 각각 21.5 : 1, 23.7 : 1, 27.3 : 1, 12.3 : 1에 달한다. 중앙대, 외국어대, 경희대, 숙명여대의 경쟁률도 20 : 1에서 34 : 1의 높은 수준을 보이고 있다. 단순화시키자면 편입학이 대학 수능시험보다 쉽다고 볼 수 없다.

　　편입학에 성공하기 위해서는 대체로 다음과 같은 사항을 준비해야 한다. 첫째는 1, 2학년 때 성적을 잘 관리해야 한다. 특히 대학교 1학년 때는 고 3의 중압감에서 벗어나 허송세월하는 학생들이 많은데 이는 편입학을 위해서만이 아니라 같은 대학 내에서의 전과를 위해서도 필요한 사항이다. 앞에서 몇 차례 강조했지만, 1학년 때에는 학과나 적성이 자신과 맞는지를 잘 생각해 보고 자신이 선택한 대학, 학과(부)를 계속 다닐 것인지 또는 다른 대안을 모색할 것인지를 신중하게 결정해야 한다. 둘째로 영어를 잘하는 학생이 편입 시험에서 유리하다. 그러나 편입학은 영어 성적이 일정한 수준에 도달한 학생들이 지원하므로 영어 성적이 다른 사람과 차별화 되도록 우수한 성적을 가져야 한다. 면접 또한 무시할 수 없는 사항이다. 면접에서는 주로 편입학을 하게 된 동기, 학과가 다른 곳을 지원한 이유와 향후의 진로 등에 대해 설득력 있게 말 할 수 있어야 한다. 또한 면접에서 전공에 대한 '기초 질문' 또는 전공 관련 상식 질문을 하는 경우가 많은데 이에 전혀 대답을 하지 못하면 다른 전형 요소가 뛰어나다 하더라도 합격하지 못할 가능성이 크다.

수시 입학의 경우도 같은 원리가 적용된다. 전공 관련 면접에서 어려운 질문에 명쾌한 대답을 한 학생들에게는 더 이상의 질문을 하지 않을 가능성이 크다. 이것은 전공 관련 면접을 보는 대학의 경우 이에 대한 대비가 어느 정도 되었느냐가 합격 여부를 결정하는 중요한 요소가 된다는 것을 뜻한다. 그 이유는 1차 합격을 한 학생들의 경우 대부분 성적이 우수하기 때문에 어차피 면접에 의해 당락이 결정될 것이기 때문이다. 그리고 면접 중에서도 인성이나 지원 동기 등에 관한 준비는 수시 입학을 지원하는 학생들의 경우 충분히 준비했을 것으로 생각되기 때문이다.

셋째, 특정 대학 또는 특정 학과에서 전공 필기 시험을 치르는 경우에는 그 학과에 다니는 고등학교 동창이나 '아는 사람'을 통해 필기 시험 대상 과목의 노트를 보고 공부해야 한다.

이와 같이 편입 시험에 합격하기는 대학 입시 못지않게 어렵다. 학점 관리도 잘하고, 영어 공부도 열심히 하면서 면접 준비를 하기는 어렵기 때문이다. 따라서 자신이 진정으로 편입학을 원하는 학생이라면 1, 2학년 방학 중에 또는 심지어 학기 중에라도 편입학 관련 정보를 많이 가지고 있는 편입 학원에 다니는 것이 현실적으로 보아 합격률을 높이는 방안이 된다.

모 편입 학원의 홍보·상담을 맡고 있는 전문가의 말에 의하면 "주요 대학의 편입학 시험에 합격하기 위해서는 1학년 때부터 준비하고 적어도 7개월 이상은 편입학 시험에 집중해야 한다. 편입학 시험을 준비하는 총 12만 명 중 약 4만 명이 편입 학원을 다닌 경험이 있으며 꾸준히 학원을 다닌 학생들은 이의 절반 정도에 달한다. 후자의 경우 일주일에 4일간 하루 평균 4시간의 수업을 듣고 편입 시험에만 몰두한다."고 했다. 이상을 볼 때 편입학을 위해서는 단순히 동기 유발이나 노력을 많이 하는 것도 중요하지만 그에 못지 않게 정확한 정보에 기초하여 전략적으로 준비하는 것도 중요하다.

편입생은 왕따를 당한다?

편입생들이 '왕따'를 당한다는 선입관은 노다심이다. 요즘 대학생들은 같은 과 학생들에 대해서, 심지어 같이 입학한 학생들이 누구인지에 대해서도 관심이 없다.

나는 학기 초에 학생들과 학점 평균, 토익이나 토플 성적, 장래 진로 등에 대해 상담한다. 그리고 편입생에 대해서는 학기별로 어떤 과목을 들을 계획인지 물어본다. 사실상 3학년 1학기에 편입하여 2학년 동안 전공 과목을 이수하고 졸업하기란 쉬운 일이 아니기 때문이다. 그러나 대부분의 편입생들이 2년 내에 졸업했다. 아마도 편입 시험에 합격할 정도의 학생이라면 2년 내에 졸업하겠다는 학습 동기는 가지고 있기 때문에 이것이 가능했다고 생각한다.

편입생들이 공통적으로 우려하는 부분의 하나는 원 학생(편입하지 않고 입학한 학생)에 비해 소위 '왕따'를 당하지 않을까 하는 점이다. 30년 전에도 편입생이 있었다. 당시에는 재학 시 편입생들에 대한 시선이 곱지 않았던 면이 있었다. 그러나 몇

십 년이 지난 후 사회적 성취도를 보면 편입생이 부족한 점은 전혀 없다. 내가 대학을 다니던 당시에는 고등학교 입학 시험을 보았고 소위 명문 고등학교들이 있었는데, 지금 생각해 보면 이들 편입생 중 명문 고등학교 출신이 아닌 학생은 없었다. 고등학교 학벌만으로 보면 원 학생보다 편입생의 학벌이 나았다고 생각된다.

그러면 오늘날에는 편입생들이 차별을 받는가? 결론적으로 말해 편입생들은 아무런 차별도 받지 않는다. 그 이유는 단순하다. 우선 각 대학이 학과보다는 광의의 학부제를 택하고 있고 학부 내에 학생들이 원하는 전공을 선택할 수 있도록 하는 소위 전공 트랙제를 두고 있다. 예를 들어 경영학부 내에 마케팅, 재무관리, 회계, 인사조직관리 등의 다양한 세부 전공제를 실시하고 있다. 이와 같이 과거에 비해 전공 학과(부)의 정원이 늘어나서 누가 편입생인지조차 알 수 없다. 둘째 남학생들의 군대에 가고 복학하는 시점이 제각기 달라, 같이 입학한 학생들조차 잘 알지 못한다. 셋째 가장 중요한 이유는 과거에 비해 오늘날 학생들은 같은 학과(부)에 다니는 동료들에 대해 관심이 없다. 이는 요즘 젊은 세대들이 자기 중심적이고 따라서 자신과 가까운 일부 학생들하고만 친하게 지내기 때문이다.

편입학 체험기

편입 시험에 합격하기 위해서는 편입학에 대한 정보를 많이 알고 있는 것도 중요하지만 무엇보다도 내가 왜 편입을 해야 하는지에 대한 편입 목표 의식이 확고해야 한다. 편입학 입시 공부의 전략은 그 다음의 문제이다.

편입은 현재 대학에 다니고 있으나 이에 만족하지 못하는 학생들에게 주어진 또 하나의 기회이다. 이곳에서는 이런 기회를 잘 이용한 사람들의 체험기를 소개한다.

A는 일문학과에 2학년까지 다니다가 군복무를 마친 후 K대 경영학과에 편입하여 누구나 가고 싶어하는 '좋은 직장'에 입사하였다. A는 군입대 전 편입 제도를 알게 되었고 군에서 시간이 나는 대로 영어 공부를 하였다. A가 카투사에서 근무하게 된 것은 이런 점에서 많은 도움이 되었다. A가 편입을 결심한 것은 대학에서 전공한 일문학이 단지 일어를 남보다 잘하는 데는 도움이 되나 이런 점이 자신이 원하는 회사에 취직하는 데는 전혀 도움이 되지 못할 것이라는 판단에서였다.

B는 하위권 대학의 도시건축공학부에서 중상위권 대학의 컴

자물리학과에 편입하였다. B의 경우 특이한 점은 2학년 1학기 때 과대표를 맡으면서도 평점 4.0 이상을 유지할 정도로 학점 관리를 잘하였다는 점이다. B의 경우 편입에 성공한 가장 큰 요인은 1학년 때부터 뚜렷한 목표 의식을 가지고 편입 시험을 대비하였다는 점이다. 대부분의 편입을 준비하는 학생들과 마찬가지로 영어가 가장 큰 난관이었다. 1학년 겨울방학 중 편입 학원에서 새벽반 강의를 들었고 같이 편입을 공부하는 학생들에 뒤지지 않기 위해서 밤늦게까지 목표 의식을 가지고 편입 시험에 몰두하였다. 그 결과 자신의 약점인 영어 성적이 점차 향상되고 스스로 공부할 수 있는 능력이 생기게 되었다. B가 편입을 결심한 이유는 대학 때문이기도 하지만 전공 학과가 적성에 맞지 않았기 때문이었다. 누구나 짐작하듯이 학과 공부와 편입 공부를 병행한다는 것은 쉽지 않다. 그러나 B는 "자신의 의지가 확고하고 무엇보다 후회 없는 삶을 원한다면 고생은 감수해야 한다."는 점을 강조하고 있다.

앞의 두 가지 예처럼 편입을 결심한 학생들은 자신이 다니는 대학이나 학과에 만족하지 못한 경우이다. 이들은 편입 제도를 최대한 활용하여 자신이 원하는 바를 성취하기 위해 노력하여 합격하였고, 이에 스스로 만족한다는 점이 공통점이다.

Summary

1. 편입학은 매우 매력 있는 제도이나 그만큼 어렵다.

2. 편입학의 전형 요소가 대학별로 다르므로 이를 정확히 알고 전략적으로 편입학 준비를 하는 것이 좋다.

3. 주요 대학의 편입학 경쟁률은 12.3 : 1에서 53.1 : 1로 매우 높다.

4. 현재 편입학 정원은 4만 명에 달하는데 2006년 이후에는 줄 어들 전망이다.

5. 경쟁이 어려운 만큼 편입학에 성공한 사람들은 1학년 때부터 이를 준비하였고 주요 대학 편입생 대부분이 학원 출신이다.

6. 편입학에 대한 정보가 많으며, 지망 학교에 따라 차별화하여 가르치는 편입 학원의 정보를 최대한 이용하라.

7. 면접도 편입학에서 무시할 수 없는 요소이다.

8. 편입생이 '왕따'를 당한다는 것은 잘못된 편견이다

명문대 대학원,
어떻게 준비할 것인가?

왜 대학원인가?
타 대학의 대학원에 가면 불이익을 받는가?
기업은 학부보다는 대학원 출신을 선호한다

왜 대학원인가?

디지털 시대에 변화하는 기업의 요구에 부합하여 직장 생활을 하기 위해서는 대학원 교육이 점차 일반화될 것으로 보인다.

내가 학교를 다닐 때만 해도 우리나라 대학생 중 대학원에 진학하는 학생은 거의 없었다. 우선 경제적인 면에서 대학원 진학이 어려웠고 학부를 졸업하고도 취업이 요즘보다는 훨씬 쉬웠기 때문이다.

요즘 명문 대학들은 대학원 교육에 중점을 많이 두고 있다. 예를 들어 10여 년 전만 해도 대학원에서는 주어진 교과서를 읽고 학생들이 발표하면 교수는 이에 대해 '논평' 하는 과목이 대부분이었다. 교수들은 대학원 과목은 사실상 가르치지 않아도 된다고 생각하고 있었고, 대부분의 대학원 과목을 원로 교수들이 가르쳐왔다. 그러나 이제는 정반대의 현상이 일어나고 있다.

우리나라 대학들도 경쟁력을 강화하기 위해 연구 중심, 대학원 중심의 대학을 육성하기 시작하여 세계적인 명문 대학으로 발돋움할 준비를 하고 있다.

이제는 대학 교육만으로는 부족한 시대가 되었다. 그 이유는 우선 대학 교육이 시민 교육화 되고 있어 학부 과정만 마친 경우 사회가 원하는 전문성을 갖추기 어렵기 때문이다. 두 번째 이유로는 새천년, 21세기를 맞이하여 정보화와 디지털 시대의 진전이 급속도로 이루어지고 있기 때문이다. 아날로그와 디지털의 차이점을 예를 들어보자. 아날로그는 '축적된' 경험이나 지식을 바탕으로 그 변화 속도가 완만한 반면, 디지털은 정보나 지식의 양과 질이 빠른 시일 내에 단계적으로 점프(jump)하는 특징을 지니고 있다. 컴퓨터를 예로 들어보면 386기종에서 387, 388로 발전하는 것이 아니고 486, 586, 펜티엄(pentium) 식으로 디지털 식 변화를 보이고 있다. 컴퓨터뿐만 아니라 생명 공학, 재료 공학 분야 등 거의 모든 기술의 발전이 같은 성향을 보이고 있다.

인터넷 법칙에 의하면 우리가 구할 수 있는 정보는 100일에 2배씩 늘어나고 있다. 이는 정보의 양이 1년에 8배 이상, 3년에 2000배 이상, 5년에 26만 배 이상, 10년이면 약 700억 배로 증가한다는 것을 뜻한다.

기업 경영 측면에서 보면, 기업 간 경쟁이 날로 치열해지고 있다. 따라서 경쟁력 있는 기업만이 살아남을 수 있다는 원칙에 의해, 기업들은 가장 잘할 수 있는 부분을 선택하고 집중하여 경쟁력을 키우기 위해 노력하고 있다. 이 결과 기업은 예전과 같이 한 분야만을 지속해서 고집할 수 없고 비교 우위가 있는 부문을 찾아 끊임없이 변신해야 한다. 이 과정에 기업은 생산, 판매, 기술 개발에만 주력하고 나머지 부수적인 업무는 외부에 위탁하는 사례가 늘고 있다. 한 예를 들어 미국의 자동차 3사가 하나의 회사가 되어, GM은 생산에, 포드(Ford)는 판매에, 크라이슬러(Crysler)는 차세대 차의 개발 등 기술 개발에만 전념하여, 이 거대한 회사가 전 세계 자동차 시장을 석권하는 경우를 생각해 볼 수 있다.

이러한 경영 외부상 또는 기업 경영상의 변화가 대학원 진학과 무슨 관계가 있는지 살펴보자. 우선 기업이 끊임없이 변신을 꾀할 경우 기업에 입사한 종업원들도 기업의 변화에 따라 변해야 한다. 선박 회사의 예를 들어보자. 우리나라는 선박 수주물량이 가장 많은 나라이다. 그리고 선박을 제조하기 위해서는 다양한 기능을 가진 인력들이 필요하다. 조선(造船)의 선진국이었던 유럽에서는 이제는 선박을 제조하지 않는다. 그 대신 선박을 제조하는 데 필요하고 대단히 부가가치가 높은 선박의 설계를 이들 국가에서 담당하고 있는데, 이 경우 각 국의 전문가들이 모여서 이 작업을 한다. 우리나라도 언젠가 조선 산업의 선진국이 된다고 가정할 때 조선업에 종사하고 있는 대다수의 인력들은 회사에서 요구하는 분야의 기술 훈련(재훈련, 향상 훈련)을 받아 새로운 분야에 진출하지 않으면 안 된다. 즉 자신의 전공 분야를 응용하여 새로운 분야에 적응할 수 있는 능력을 갖춘 사람만이 직장에서 살아남을 수 있는 시대가 되었다.

기업들은 현재 우리나라 대학의 학부 교육 수준으로는 자신의 전공 분야를 기업체에서 제대로 활용하는 데에 1년 정도의 훈련 기간이 필요하다고 보고 있다. 하물며 이들이 10년 정도 같은 일을 하다가 다른 분야의 일을 해야 할 필요성이 생겼을 경우 이에 적응할 수 있는 사람이 얼마나 될지에 대해서는 의문을 가지지 않을 수 없다.

따라서 업체에서 요구하는 전문 지식과 변화하는 기업 환경에 적응할 수 있기 위해서는 해당 회사에서의 교육 훈련도 중요하지만, 적어도 대학원은 나와야 이것이 가능한 시대가 되었다. 학부모들의 교육비 부담이 더 늘어나겠지만, 앞으로 점차 대학원 교육이 일반화되는 시기가 올 것으로 생각된다.

타 대학의 대학원에 가면 불이익을 받는가?

대학원에 진학하는 경우에는 자신이 졸업한 대학보다 나은 대학에 진학하는 것이 현명한 선택이다. 다행히 아직까지 대학원의 경쟁률이 높지 않기 때문에 이러한 가능성은 많이 열려 있다. 또한 출신 대학의 명성이 떨어지는 경우에도 대학원에서의 학업 성취도가 높은 학생이 많다는 점은 대학원 진학이 이들에게 또 다른 기회라는 것을 말해 주고 있다.

2년 전에 친척 중 한 학생이 대학원 진로에 대해 상담하러 왔었다. 그 학생의 고민은 자신이 나온 대학의 대학원에도 합격하였고 최상위 대학의 대학원에도 합격했는데 어디를 가는 것이 좋으냐는 것이었다. 그의 말에 따르면 자신이 나온 대학의 교수는 그 대학원에 올 것을 적극적으로 권유하였고, 그 교수는 그 분야에서 최고의 실력을 지닌 사람이었다. 또 다른 최상위 대학의 교수도 자신의 연구 분야에서 가장 뛰어난 전문가이고 조만간 결정을 하여 알려 달라는 통지를 받았다고 하였다.

나는 친척이 되는 학생에게 네가 대학원에 가서 공부하고자 하는 세부 전공과 일치하는 교수님은 누구냐고 물어 보았다. 그는 같은 대학 교수도 비슷한 분야이긴 하나 타 대학 교수의 전공이 자신이 공부하고자 하는 분야와 정확히 일치한다고 말하였

다. 나는 그 학생에게 이런 경우에는 다른 생각할 필요 없이 초
상위 대학의 대학원에 진학하는 것이 좋다고 자신 있게 권유한
적이 있다.

친척이 되는 학생이 가장 우려한 것은 자신이 졸업한 대학의
대학원에 진학할 경우 교수로부터 지도를 잘 받을 수 있으나, 초
상위권 대학의 대학원에 갈 경우 그 대학 출신이 아니므로 차별
을 받지 않을까 염려하여 나에게 상담을 요청한 것이다. 이 학생
은 원하는 직장에 6군데나 합격하였고 취업 2~3년 후에는 미
국 유학을 계획하고 있다.

대학의 질을 판별하는 방법의 하나는 총 학생 중 대학원생의
비중이 얼마나 많으냐를 살펴보는 것이다. 최상위 대학의 경우
다른 학교에 비해 대학원 학생 수가 상당히 많다. 따라서 대학원
학생이 어느 대학 출신인지에 대해 교수들이 관심을 갖지 않는
것이 일반적이다. 예를 들어 Y대 ○○학과의 경우 대학원생의
수가 200명이나 되었던 적이 있는데, 이 때 한 교수 당 2명의
조교를 배정하여도 대학원 조교가 되기 위한 경쟁률이 5 : 1 이
상이 된다. 이런 경우 교수들은 대학원 학생들의 이름도 기억하
지 못한다. 자기 연구실에 있는 대학원 조교들이나 또는 실력이
아주 특출한 학생들의 이름만을 기억하고 있을 뿐이다. 따라서
타 대학 출신이라고 해서 차별을 받을 리가 없다.

대학원에 진학할 학생들은 각 학교의 대학원마다 특징이 있다
는 점을 알아두어야 한다. 또한 대학원에 들어가기 전에 앞으로

의 목표를 확실히 해야 하며, 대학원의 세부 전공 정도는 분명히 알고 진학해야 한다.

앞에서 설명한 경제 사회적 여건을 감안해 볼 때 아직도 우리나라의 경우 대학원 진학자 수는 턱없이 부족하다. 이렇게 대학원에 진학하는 학생 수가 적은 이유는 학업을 계속하고자 하는 학생이 적기 때문이고, 부모들도 대학원을 나와도 특별히 취직이 잘 되는 것이 아니라고 생각하므로 학부를 졸업하고 곧장 취업을 하라고 권하기 때문이다. 그러나 앞에서 설명하였듯이 직장에 오래 남아 있고 승진하기 위해서는 대학원에 진학해야 하는 것이 옳은 판단이 아닌가 심각하게 생각해 보아야 한다.

자신이 다니고 있는 대학의 사회적 명성이 낮은 경우에는 소위 명문 대학의 대학원에 진학하는 경우 취업을 비롯한 전반적인 경력 개발에 도움이 될 수 있다. 특히 외국에서 박사학위를 취득하고자 하는 경우에는 명문 대학에 진학하는 것이 큰 도움이 된다. 외국 대학의 경우 우리나라의 몇몇 대학을 제외하고는 졸업생도 거의 없고, 또한 현재 외국에서 박사 과정을 밟고 있는 한국 학생들 대부분이 명문 대학 출신이다. 외국 대학의 입장에서 그 대학의 이름조차도 알 수 없는 대학 출신자에게 입학을 허가해 주는 것을 꺼리기 때문이다. 이름을 전혀 알 수 없는 대학 출신이 외국의 박사 과정에 지원한 경우 외국 대학에서는 그 대학에 다니고 있는 한국 학생들에게 정보를 물어보는 경우가 많은데, 이 경우 이들도 잘 모르는 대학에 대해 성의 있게 답변해 줄 리가 없다.

기업은 학부보다는
대학원 출신을 선호한다?

기업에서 대학원생들을 선호하는 이유는 이들이 실력이나 사태 변화에 적응할 수 있는 능력이 보다 낫다는 이유도 있지만 논문을 통과하기 위해서는 다수의 교수들로부터 검증을 거쳐야 하기 때문이다. 즉 실력도 중요하지만 책임감 면에서 학부생들보다 가산점을 주고 있는 것이다. 또한 기업의 명문 대학 선호 현상은 학부보다는 오히려 대학원에서 더욱 강한 것으로 보인다.

대학원을 졸업하고 대기업에 들어가도 특별한 혜택은 없다. 대학원 2년간 공부한 것을 근속 년수로 인정해 주는 곳이 대부분이다. 이런 면에서 보면 굳이 대학원에 진학할 필요가 없다고 볼 수도 있다. 그러나 요즘 같이 취업이 어려운 때에는 대학원을 졸업하는 것이 취업에 도움이 된다.

기업이 대학원 출신을 선호하는 이유는 전공관련 업무능력이 높다는 점 때문만은 아니다. 물론 전공을 열심히 공부한 경우 기업의 경영 환경 변화에 대학원 학생들이 더 능동적으로, 그리고 효율적으로 대처할 수 있다는 점은 큰 장점이다. 그러나 이보다도 기업이 대학원생을 선호하는 이유는 일반적으로 대학원 출신이 학부 출신에 비해 책임감이 강하다는 인식 때문이다.

대기업에서는 오래 전부터 신세대의 사고 방식이나 일에 대한 태도 등에 대한 연구를 통해 신세대의 장점과 단점을 파악하고 있다. 대부분의 기업에서 신세대를 보는 시각은, 그들이 신세대의 장점인 창의력도 별로 크지 않으면서 단점인 끈기 부족, 사태 변동에 적응하는 능력 부족, 책임감 부족 등이 도드러져 있다는 것이다. 에필로그의 학력(學歷)인가 학력(學力)인가에서 보는 바와 같이 대기업의 인사 담당자들은 전반적으로 대학생들의 전문 지식, 인성 태도, 기초 능력 • 지식에 대해 낙제점을 주고 있다. 쉽게 말해 전문 지식도 없고 일하려는 태도도 매우 부족하다는 것이 기업이 대학생을 보는 견해이다.

그러나 대학원생에게는 다른 시각을 가지고 있는 듯하다. 이들의 실력을 얼마만큼 인정하는지는 알 수 없지만 대학원을 졸업한 학생들은 적어도 3~5명의 지도 교수로부터 석사학위 논문을 '검증' 받은 점을 높이 사는 것으로 보인다. 즉 석사학위를 마쳤다는 것은 교수에 대한 예의 범절을 갖추었고 어느 정도의 전문 지식은 습득한 것으로 받아들여진다.

요즘은 MBA를 전공하는 학생들이 너무 많아 '좋은 대기업'일수록 외국 대학 MBA 출신일 경우, 학교의 질이 상위 그룹이 아닌 경우에는 오히려 국내의 최상위 대학 출신 경영학 석사를 더 높이 평가한다.

학부생의 경우 취업 시 대학별 차별은 여전히 존재한다. 특히 인턴 사원을 통해 채용하는 경우 이를 일부 대학에만 국한시키는 경우가 많다. 대기업에서는 채용을 일부 대학에 국한시키지 않는다고 말한다. 그리고 그것은 사실이다. 그런데 문제는 신규 채용의 경우 거의 대부분이 명문 대학 출신이고 그렇지 않은 대학의 출신자들은 아주 우수한 사람에 한해 극소수만 채용하고 있다. 따라서 겉으로는 대기업들이 채용하는 학교 수가 많은 것처럼 보이나 사실상 이들 대부분은 최상위 또는 상위 대학 출신이다. 지방에 본사가 있는 회사의 경우에는 지방 국립대학의 출신을 어느 정도 배치하는 회사도 있다.

대학원의 경우도 마찬가지이다. 즉 학부가 어느 대학출신이냐에 관계없이 명문대 대학원 출신 학생들이 대기업에 들어가는 비중이 매우 높다. 이는 앞에서 말한 바와 같이 명문 대학일수록 대학원 학생 수가 많기 때문에 이런 현상이 더욱 두드러지게 나타난다고 볼 수 있다.

대기업에서는 우수한 공대 대학생들을 확보하기 위해 석사 양성 인력, 산업 장학생 등의 명목으로 이들에게 금전적인 지원을 하고 있다. 물론 일부 최상위 대학에 해당되는 이야기이다. 국내 유수 대기업의 이러한 명문대 선호 경향은 공대뿐만 아니라 상경계 계열에서도 잘 나타나고 있다. 우선 공대 전자컴퓨터공학과의 예를 들어보면 S 그룹, L 그룹 등에서 KAIST, 포항공대, 서울대, 연세대, 고려대, 한양대 등 최상위권 대학의 대학원생들에게 석사 양성 인력, 산업 장학생, 인턴 제도 등의 특혜를 주고 있다. 외국계 회사의 경우도 명문 대학 선호 경향을 보이고 있다. 이는 공대, 상경대 대학원생 모두에게 해당된다.

　몇 년 전의 일이지만 ○○은행에서 명문대 출신의 인력을 확보하기 위해 그 대학 출신을 학교로 보내 교수로부터 추천 명단을 받아온 후 이들을 합격시킨 사례도 있다. 유명 외국계 컨설팅 회사의 경우는 명문대 선호 성향이 더 심한 것으로 나타났다.

　이상을 종합해 볼 때 국내 대기업이나 유명 외국계 기업의 명문대 선호 경향은 매우 강한 것으로 보인다. 이러한 현상은 학부생보다는 대학원생의 경우에 더욱 뚜렷이 나타나고 있는 것으로 보인다. 그리고 당분간은 이러한 현상이 완화될 것으로 기대하기는 어렵다.

Summary

1. 경영 환경의 변화에 따라 기업에서 살아남기 위해서는 대학원에 진학하는 것이 바람직하다.

2. 기업 채용시 대학별 차별은 학부보다 대학원이 더 심하다고 볼 수 있다.

3. 타 대학원에 가면 불이익을 받는다는 것도 편견이다. 명문 대학원의 경우 학생 수가 많아 어느 대학 출신인지를 알기도 힘들다.

4. 대학원에 진학하는 경우 자신이 졸업한 대학보다 나은 대학의 대학원에 진학하는 것이 현명한 선택이다.

5. 기업이 대학원 출신을 선호하는 이유는, 대학원생의 경우 적어도 3~5명의 교수로부터 검증을 받아 석사학위 논문을 마쳤다는 점을 높기 사기 때문이다.

꼴찌야, 대학 가자?

전문대어도 명문대가 있다
외국 대학 진학 또는 조기 유학의 허오- 실

전문대에도 명문대가 있다

고등학교 때의 공부가 인생을 좌우하는 것은 아니다. 물론 학업 성적이 좋아 최상위권 대학의 좋은 학과에 입학하고 전공 과목에 흥미를 가질 수 있으면 더할 나위 없이 좋다. 성적이 좋지 않은 학생의 경우 자신의 흥미에 맞고 향후 전망이 좋은 학과를 전문대학에서 찾아 볼 것을 권한다.

대학 졸업생들이 가고 싶어하는 소위 '버젓한 직장'이 IMF 외환 위기 이후 급속히 줄어든 것으로 나타나고 있다. 대학 졸업자의 취업률도 최악의 상태이다. 따라서 비교적 취업이 잘 되는 전문대학의 일부 학과들을 무시하고 대학으로만 몰리는 현상은 합리적인 판단이라고 보기 어렵다. 즉 나는 전문대에도 명문대 또는 명문 학과가 있다는 점을 강조하고자 한다.

일례를 들어보자. 내가 아는 한 여학생은 한 전문대에서 게임 관련학과를 졸업하고 유명 게임 벤처 회사에 입사하였다. 입사한 지 3년이 지난 현재 연봉은 약 3,500만원에 달한다. 그리고 그녀는 자신 있게 말한다. 자신은 언제든지 대학에 가고 싶으면 회사를 그만 두고 대학에 다니겠노라고. 그런데 이 젊은 여성은 현재 전혀 대학에 갈 생각이 없다고 말한다. 그녀는 자신이 다니고 있는 회사에서는 학력어 관계없이 능력만 있으면 팀장도 될 수 있고, 과장도 될 수 있다고 말한다. 즉 자신의 회사에서 종업원들에게 원하는 것은 학력(學力)이 아니라 업무 수행 능력이고 특히 이윤 창출과 관련된 업무 수행 능력을 중요시한다는 것이다.

이 여성의 말을 인용하지 않더라도 우리나라 전문대학 중에는 취업도 잘 되고 취업 후 보수도 많이 받는 학과들이 있다. 그런데 대부분의 학생들은 아예 전문대학 자체를 무시하여 고려조차 하고 있지 않다. 경제학에서는 학교 교육을 투자재로 보는 경우 평생에 소득을 극대화하는 것이 목적이다. 즉 대학교 또는 전문대학이 문제가 아니고 소득을 극대화할 수 있는 곳이 어디냐가 중요하다는 것이다. 내가 미국에서 본 바에 의하면, 대학 교수 중 상대적으로 연봉이 낮은 물리학과나 심지어 음악 대학 교수들이 이를 그만두고 MBA 과정을 밟는 사람이 적지 않았다. 이런 측면에서 보면 우리나라의 경우 대학의 소비재적 측면이나 학벌을 너무 강조하는 것이 아닌가 하는 생각이 든다.

고등학교 때 공부를 못한다고 해서 인생이 끝장이 나는 것은 아니다. 사람에 따라서는 고등학교 때 수능 식 교육에는 약하나 그 후 대학이나 대학원에서의 좀더 심도 있는 교육에는 흥미를 가져 성취도가 높을 수도 있다. 나는 고등학교 때 성적이 오르지 않아 좌절하는 학생들에게 전문대학에서 흥미를 가지고 공부하고 졸업 후 수입도 많은 학과들을 적극적으로 검트해볼 것을 긱한다.

외국 대학 진학
또는 조기 유학의 허와 실

한국의 교육 제도가 싫어서 또는 자녀의 실력이 모자라서 자녀를 위해 외국으로 이민을 가거나 자녀의 학부 교육을 외국 대학에서 마치게 하려는 부모가 많다. 이 경우 좋은 점과 나쁜 점을 잘 판단하고 장래에 어떠한 결과를 초래할지 신중히 생각하여 결정 내리는 것이 현명하다.

조기 유학이나 또는 대학을 외국에서 다니는 이유는 두 가지로 나누어 볼 수 있다. 첫째는 자신이 희망하는 국내 대학에 입학할 실력이 되지 않을 경우 아예 그럴 바에 외국에서 공부시키자는 학부모들이 있기 때문이고, 둘째는 우리나라의 교육 제도는 인성 함양에 도움이 안 되고 교육의 질도 낮다고 생각해 아예 외국에 가서 자녀들을 교육시키자는 부모들이 있기 때문이다. 또한 집값이나 생활비도 비싸고 삶의 질이 엉망인 나라에서 살기보다는 외국에 가서 자녀를 교육시키며 '작은 행복'을 추구하자는 사람들도 있다. 이러한 이유 때문에 최근에는 '기러기 아빠'가 늘고 있다.

조기 유학은 좋은 점과 나쁜 점이 있을 수 있다. 외국의 교육 제도가 잘 되어 있고 또한 그곳에서 자녀들이 잘 적응한다면 성공한 예라고 볼 수 있다. 그러나 부모의 입장만을 생각하고 자녀의 상황은 고려하지 않아 조기 유학을 보내 실패한 경우를 많이 본다.

조기 유학이 실패하는 경우는 다음을 고려하지 않았기 때문이다. 우선 자녀가 한창 예민할 사춘기에, 예를 들어 미국으로 유학 가서 학교에 다닐 경우, 유색인종이라는 이유로 차별을 받는 경우가 많고, 이 경우 자녀들이 정신적 갈등을 겪게 된다. 둘째 현실적인 이유로 해당 국가의 언어에 익숙하지 않은 자녀를 학교에 보냈을 경우 학업 성적이 부진함은 물론 친구들과 어울리지도 못하는 현상이 발생할 수 있다. 특히 과거 60~70년대 미국으로 이민 간 부모들은 자녀의 교육에 모든 것을 바쳤다고 해도 과언이 아니다. 그러나 이들 부모들은 생계 유지에 바빠 자녀들이 어떤 고통을 받고 있는지 알지 못하는 경우가 많았다. 또 한 가지 지나칠 수 없는 점은, 예를 들어 딸(아들)을 미국의 명문 사립 대학에 입학시킨 경우, 전혀 예상치 못한 외국인 배우자감을 데리고 와 부모와 갈등을 겪는 경우도 적지 않다는 점이다.

그러면 미국 대학에서 학부 과정을 마치는 것은 어떤 것인지 생각해 보자. 우선 좋은 점만을 생각한다면 교육 제도가 잘 정립된 대학에서 공부할 수 있고, 영어도 잘하고, 국제 시민으로서의 자질을 갖출 수 있다. 그러나 이 경우 가장 큰 문제점은 미국 대학에서 요구하는 각종 교양 과목을 이수하는 데 진이 빠진다는 것이다.

만약 미국에서 박사 학위를 취득하기 위해 학부부터 미국에서 공부한다면 이는 잘못된 판단이다. 왜냐하면 이 경우 정작 대학원에서 공부할 때는 한국에서 대학을 마치고 곧장 박사 과정에 입학한 학생들에 비해 뒤쳐지는 경우가 많기 때문이다. 즉 대학원에서의 공부는 영어만 잘한다고 되는 것이 아니다. 또한 대부분의 주요 미국 대학에는 박사 과정을 밟고 있는 많은 한국 학생들이 있는데, 이들은 미국에서 학부를 다니는 학생들을 은연중 무시하는 경향이 많다. 이러한 점들이 미국에서 학부를 다니는 학생들에게 열등감을 안겨줄 가능성이 크다는 점도 염두에 두어야 한다.

또한 미국의 자유로운 사회에서 사춘기를 보낸 자녀와 미국에서 살지만 한국의 전통적인 유교 사상을 고수하려는 부모 간에 갈등이 커질 가능성도 있다. 본인이 잘못해 아버지에게 회초리를 맞은 자녀가 경찰에 신고한 예도 있다. 물론 이러한 예가 극단적인 사례이긴 하지만, 대부분 미국에서 자녀를 교육시키는 가정의 경우 이러저러한 갈등이 존재하기 마련이다. 따라서 조기 유학 또는 미국에서 학부 과정을 보내는 것이 현명한 판단인지는 좀더 냉철하게 생각해 보아야 한다.

Summary

1. IMF 이후 '버젓한 직장'이 줄어들었을 뿐 아니라 대학생의 취업률도 급격히 감소하였다.

2. 전문대학에도 명문대가 있다.

3. 사회적 수요가 많은 전문대학의 학과를 졸업한 경우 연봉이 대학교 졸업자보다 많은 경우도 많다.

4. 조기 유학이나 대학을 외국에서 다니는 경우에는 좋은 점과 나쁜 점이 있다. 부모들은 자녀의 성격을 잘 파악하여 신중히 결정해야 한다.

5. 단순히 한국의 교육 제도가 싫어서 또는 자녀의 실력이 모자라서 조기 유학이나 외국 대학에서 공부하는 경우 실패할 확률이 높다.

학력(學歷)인가
학력(學力)인가?

학교 공부 잘하는 학생, 수능 잘보는 학생
8학군 학생들이 명문 대학에 많이 간다?
미국의 대학과 한국의 대학
학력(學歷)인가 학력(學力)인가?

학교 공부 잘하는 학생,
수능 잘 보는 학생

공부 잘하는 학생이나 수능 잘 보는 학생은 선천적으로 결정되는 것이 아니다. 공부하는 습관, 공부하겠다는 각오와 의지, 집중력이 무엇보다 중요하다. 제 7차 교육 과정의 첫 수능시험에서는 이해력, 탐구 능력, 종합적 사고 능력, 창의력을 요하는 문제가 많이 출제될 것으로 보여 이에 대한 대비가 필요하다. 이에 대한 정보가 많거나 실력이 있는 교사에게서 배운다거나 또는 다양한 교육 채널을 이용하여 이해력을 증진시키는 훈련이 요구된다. 수능의 난이도는 여러 사회적 변수에 의해 결정될 것이므로 다양한 가능성을 염두에 두고 수능에 임하는 것이 바람직하다.

공부 잘하는 학생과 공부 못 하는 학생들의 차이점은 무엇일까? 그동안 내가 지켜 본 사례와 경험을 바탕으로 하여 이야기하면 다음과 같다.

우선 '대학에서의 우등생이 사회에서 꼭 우등생이 되지는 않는다' 는 말이 있다. 오히려 우리나라는 그 반대의 경우가 많다고 본다.

이 말은 여러가지로 해석할 수 있다. 우선 대학에서의 학문이 사회와는 동떨어진 것만을 가르치고 있어서 그렇다고도 볼 수 있다. 또는 대학은 제대로 가르치고 있는데 우리 사회가 잘못 되어서 이런 현상이 발생한다는 뜻을 의미하기도 한다. 아니면 우리 사회나 대학이 모두 비합리적일 수도 있다.

그러나 우리 사회와 대학이 디지털·정보화·국제화 시대에
발맞추면서 위의 3가지 가능성은 사라지고 있다. 선진국형 사회
에서는 이런 현상이 발생할 가능성이 더욱 적다. 물론 사회에서
의 성취도를 소득이나 부(富)로만 해석하면 재테크에 밝은 사람,
부동산 투기 등으로 돈을 번 사람 또는 법을 어기면서 부를 축적
한 사람들이 이에 해당할 수 있다. 그리고 이들의 경우 학교에서
의 성취도가 높지 않을 가능성이 크다.

2004년 2월 3일자 모 일간지를 보면 6대 그룹의 신규 임원
중 10개 대학 출신이 차지하는 비중이 66.4%, 나머지 전 대학의
비중이 33.6%로 집계되었다. 이들 10개 대학 중 서울대(11.6%),
고려대(7.7%), 연세대(7.1%), 한양대(7.1%), 성균관대(6.9%), 외
국어대(4.2%)등 6개 대학이 44.7%에 달하는 것으로 나타났다.
동일 대학 출신 중 학업 성취도가 높은 사람이 사회에서 출세를
하는지는 알 수 없으나, 일류 대학 출신이 출세할 확률이 높은
것은 사실로 나타난 셈이다. 물론 일류 대학 출신이 출세를 많이
한 이유가 실력보다는 사회에서의 인맥이 좋아서 그렇다고 말할
수도 있다. 그러나 설령 이 말이 맞는다고 해도, 자녀에게 "공부
를 잘해 일류 대학을 졸업하는 것과 사회에서의 출세는 별 상관
이 없으니, 부담 갖지 말고 너의 적성에 맞는 학과에 가면 된
다."는 말에 수긍할 자녀는 그리 많지 않을 것이다. 자녀의 부담
감을 덜어주기 위해 부모가 위로의 말을 할 경우에도 설득력이
있어야 한다.

　과연 공부 잘하는 학생은 태어나면서부터 결정되는 것일까? 공부 잘하는 학생, 못 하는 학생의 차이점은 무엇일까? 이곳에서는 공부 잘하는 학생, 즉 내신이나 수능 '성적'이 높은 학생들의 특징을 살펴보고자 하는 것이므로 교과 내용에 대한 이해·분석·탐구 능력이나 창의성이 높은 학생은 제외한다.

　공부를 잘하는 학생들의 공통적인 '습관'은 다음과 같다. 공부 잘하는 학생은 책상 정리를 잘하고, 앉은 자세가 바르고, 수업에 집중하고, 노트 정리를 잘하고, 과제물을 미루지 않고, 시험 기간에 긴장감을 유지하려고 노력한다. 그렇지 못한 학생들은 성적이 나쁘다. 우리가 배울 세상의 중요한 것들은 이미 유치원에서 다 배웠다는 내용의 책이 베스트 셀러가 된 적이 있다. 공부를 잘하는 학생들의 공통점은 이미 유치원에서 배운 것들이다. 부모는 이러한 공부 습관이 몸에 배도록 자녀를 지도하는 것이 성적 향상의 지름길이라는 점을 명심해야 한다.

　노트 정리는 자기의 기준에 맞추어 정리하는 것이 좋다. 몇 년 전 서울대 수석 합격자의 교과서를 텔레비전에서 보여준 적이 있다. 교과서 페이지마다, 자신이 모르는 것을 정리해 놓은 노란색 포스트 잇(post it)에 글씨가 깨알 같이 적혀 있었다. 그리고 자신이 틀린 문제는 다른 색깔의 포스트 잇에 정리해 놓았었다. 아마도 경고를 의미하는 붉은 색의 포스트 잇이었던 것 같다. 텔레비전에서 이를 보여준 의도는 교과서만 열심히 공부하면 좋은 대학에 충분히 갈 수 있다는 말을 하려고 한 것 같다.

대학에서도 노트 필기를 잘하고 정리를 잘하는 학생은 시험 때 시간을 효율적으로 사용할 수 있으며, 노트 정리가 잘 되어 있으면 시험 문제도 예상할 수 있다. 과제물을 미루지 않는 것도 매우 중요하다. 수학에서 통계 문제는 배우고 나면 곧 바로 잊어버리는 경우가 많은데 곧 바로 숙제하면 저절로 복습이 된다. 수업에 집중하지 못하는 예로는 손으로 펜 돌리기, 지우개 만지기, 다른 곳을 보거나 딴 생각하는 경우 등을 들 수 있다. 턱을 괸다거나, 다리를 떤다거나, 엎드려 공부하는 자세도 좋은 습관이 아니다.

중간고사, 기말고사의 경우 이런 점들이 매우 중요하다. 중학생의 경우 연합고사나 모의고사에서 성적을 잘 받는 학생들은 위에서 말한 것 이외에도 질문을 많이 하고, 무조건 외우려고 하기보다는 이해하려고 하며, 각각의 것들을 연결해서 통합적으로 보려고 하는 성향을 보인다. 반면 연합고사나 모의고사 성적이 나쁜 학생들은 단원이나 주제의 전체적인 흐름을 알지 못하며 나아가 연관지어 생각하는 능력이 떨어진다는 공통점을 지니고 있다.

고등학생의 경우에도 마찬가지라고 볼 수 있다. 즉 중간고사, 기말고사 등 내신에 관련된 사항은 공부하는 습관과 집중력이 중요하다. 수능의 경우는 출제 범위가 넓고 문제 풀이 능력, 창의력, 탐구 능력 등이 중간·기말고사에 비해 많이 출제되므로 이해력과 종합적으로 사고하는 능력이나 창의력의 중요성이 상대적으로 크다고 볼 수 있다.

　나는 대학생들에게 김영삼 법칙에 충실하면 성적을 잘 받는 것은 문제가 없다는 우스갯소리를 종종 한다. 이 03법칙이란, 한 학기 16주 동안 집중할 수 있고, 특히 이 기간 중에 지각이나 결석이 없고(0법칙), 시험 전 3주전부터 시험 공부를 하면(3법칙) 대부분의 과목에서 A를 받을 수 있다는 것이다.

　앞의 Part 5에서 말했듯이 2005학년도의 수능이 일반적으로 어렵게 출제될 것이라고 전문가들은 예상하고 있으나, 수능이 쉽게 출제될 사회적·교육적 요인들이 많다.

　그러나 난이도가 어떻든 수능을 잘 보기 위해서는 위에서 말한 바와 같이 공부하는 기본 자세, 집중할 수 있는 능력, 공부를 열심히 하겠다는 의지 등이 가장 중요하다. 이러한 '기본'이 갖추어진 후에, 새로운 교과 과정에서 강조되는 이해력, 탐구 능력, 종합적 사고 능력, 창의력 등을 기르는 자세가 필요하다. 요약하면 공부를 잘하는 것은 선천적으로 타고난 것이 아니라 자신의 노력과 의지에 달려 있다. 또한 제 7차 교과 과정에서 요구하는 심층 학습 문제에서 좋은 성적을 내기 위해서는, 이에 대한 정보가 많고 이를 제대로 가르칠 수 있는 교사에게 배운다거나 또는 다양한 교육 채널 중 나에게 맞는 것을 선택해 이해력 키우기 훈련을 하는 것이 중요하다.

8학군 학생들이
명문 대학에 많이 간다?

부모의 소득 능력에 따라 자녀가 다니는 대학의 질이 결정되는 것은 바람직한 현상이 아니다. 이것은 새로운 교과 과정이 도입된 내년의 수능이 전문가들의 예상과는 달리 어렵지 않게 예년 수준으로 출제될 가능성이 크다는 것을 의미한다.

최근 서울대학교 입학생 중 강남지역 출신비율이 타 지역에 비해 월등히 높다는 결과가 나와 사회적 이슈가 되고 있다. 특히 과거의 추세를 분석한 결과 입시 제도가 바뀐 해에도 이러한 성향이 나타나 결국 경제적인 부(富)가 교육이라는 매체를 통해 세습된다는 우려를 낳고 있다. 즉 일반적으로 교육은 잘사는 사람과 못사는 사람 간의 격차를 줄일 수 있는 가장 좋은 방안의 하나로 인식되어 온 점에 비추어 볼 때 더욱 그러하다.

과거 60년대 이후 우리나라의 경우를 보아도 잘사는 집안의 자녀가 명문 대학에 간다는 등식이 성립하지 않았기 때문에 이것이 소득 분배의 개선에 기여한 바가 크다고 여겨졌다. 그런데 고교 입시 제도가 폐지되고 공교육이 사교육에 밀리게 되자, 좋은 학원에 다니거나 특히 고액 과외를 받는 학생이 학습 능력이 같은 학생들에 비해 명문 대학에 입학하는 경우가 많은 것으로 나타났다. 즉 이번 서울대 팀의 연구 보고서는 서울대학에 입학할 수 있는지에 대한 여부는 학생의 지적 능력이나 노력 이외에도 부모의 경제력이 상당한 영향을 미친다는 가능성을 내놓고 있다.

이러한 현상은 미국의 경우에도 정도의 차이는 있지만 같다고 볼 수 있다. 미국의 경우 교육의 질적 측면에서 등록금이 비싼 사립고등학교가 공립고등학교에 비해 훨씬 앞서고 있다. 또한 공립고등학교 중에서도 잘사는 사람들이 몰린 지역의 공립고등학교의 교육이 질적인 면에서 빈곤층에 몰려 있는 공립고등학교에 비해 월등히 높은 것으로 나타나고 있다.

그러나 미국의 경우 이와 같은 점이 큰 사회 문제가 되지 않는데 그것은 두 가지 이유에서 찾아볼 수 있다. 우선 미국은 전형적인 자본주의 국가라는 점이다. 즉 잘사는 지역의 공립고등학교의 질이 그렇지 못한 공립고등학교에 비해 높다 하더라도 이것을 수용하는 폭이 크다. 두 번째 이유는 대학 간 교육의 질적 차이가 상대적으로 작고, 적어도 한 주(洲)에 두 개 이상 규모가 큰 주립대학이 있으며 이들 대학은 일정 수준 이상으로 교육의 질을 유지하고 있기 때문이라고 생각된다.

8학군에 있는 고등학교 출신 학생들이 명문 대학에 더 많이 입학한다면 이는 이들 고등학교의 교육의 질이 높다기보다는 이들이 거주하는 지역에 유명 학원들이 밀집하여 있고 또한 학부모들이 이들 학원에 자녀를 보낼 수 있을 정도로 타 지역에 비해 소득 수준이 높기 때문이라고 생각할 수 있다.

8학군에 있는 학교 중 상당수는 교사의 연령층이 높아 변화하는 교육 내용을 따라가기에 교사들의 능력이 타 지역보다 높다고 보기는 어렵다. 따라서 8학군 지역의 학생들이 명문 대학에 많이 진학하는 것이 사실이라면 이는 학교 교육의 질이 우수해서라기보다는 주위에 있는 학원의 질이 높을 뿐 아니라 더 높은 소득 수준을 바탕으로 고액 과외 등 사교육을 감당할 능력이 있기 때문이라고 볼 수 있다.

이상이 사실이라면 이는 사회적 위화감을 조성하고 나아가 교육이라는 매체를 통해 소득 분배가 오히려 악화되는 부정적인 결과를 가져온다. 이는 사교육에 들어가는 비용을 증대시킬 뿐만 아니라 사회적인 측면에서도 부작용이 크다.

이와 연관시켜 보면 대부분의 전문가들이 예상하는 바와 같이 2005학년도 수능이 어렵게 출제되리라는 예상이 빗나갈 수도 있다. 부모의 소득 능력에 따라 자녀가 입학할 대학의 질이 결정된다면, 국민들의 현 교육 제도에 대한 불만이 클 것이기 때문이다. 따라서 정부는 이미 한국교육과정평가원의 말처럼 수험생이 학원으로 모이는 현상을 막기 위해서라도 수능의 난이도를 예년 수준으로 조정할 가능성이 높다.

미국의 대학과 한국의 대학

한국 대학이 미국 등 선진국의 명문 대학으로 발돋움하기 위해서는 학사 행정을 합리화·과학화하는 것이 우선이다.

미국 사립고등학교의 학비는 상상을 초월할 정도로 많이 든다. 미국의 경우 사립고등학교 출신들이 대부분 명문 대학에 진학한다. 우리나라에서는 하버드 대학이 가장 좋은 대학이라고 알고 있으나, 미국에서는 대학의 순위를 학부를 중심으로 가르치는 대학(college)과 박사 과정까지 있는 대학교(university)로 나누어 정하고 있다. college의 경우 명문 대학들이 동부와 서부에 밀집되어 있는데 메사추세스 주에만 학부의 1, 2, 3위를 다투고 있는 윌리엄스(Williams), 엠허스트(Amherst), 웨스리(Wesley) 대학이 있다. 이들 대학은 주요 사립고등학교의 순위와 공립고등학교의 순위의 조견표를 가지고 있다. 공립고등학교에서 1등한 학생과 사립고등학교에서 하위에 속한 학생 중에서 선택하라면 후자를 선택할 수도 있다는 말이다.

공립고등학교에서는 정직, 시간 잘 지키기, 민주시민으로서의 자질 등을 강조하는 데 비해 사립고등학교에서는 창의적인 사고 방식, 문제 분석·해결 능력 등에 교육의 중점을 두고 있다. 그런데 사립고등학교의 등록금이 매우 비싸서 소득이 높지 않은 가정에서는 자녀의 성적이 좋아도 사립 학교에 보낼 수 없는 실정이다. 따라서 일부 학자들은 이러한 현상이 부의 세습을 가져다 주고 소득 분배는 영원히 개선될 수 없는 과제라고 주장하기도 한다.

내가 다니던 윌리엄스 대학(Williams college)은 학생이 1,200명인 아주 작은 대학이나 시설이나 규모를 보면 우리나라에서는 이를 따라갈 대학이 없을 정도이다. 도서관이 우리나라 어느 대학보다 크고 기숙사 시설도 완벽하게 되어 있다. 또한 학생이 1,200명밖에 되지 않지만 학생 선발 시 적어도 두 가지의 특기 사항이 있어야 하기 때문에 다양한 서클이 존재하고 있다. 예를 들어 오케스트라, 농구팀, 아이스하키팀, 풋볼팀 등이 있다. 그리고 고고학과나 역사학과에서는 1950, 1960, 1970년대의 사회상을 그린 영화를 학생들뿐만 아니라 전 주민을 대상으로 보여주고 있다.

윌리엄스 대학의 학생들은 3학년 때 자신의 전공에 가장 적합한 세계의 유수 대학에서 1년 간 학점을 취득하는 것이 상례화되어 있다. 윌리엄스 대학에는 경제개발센터(Center for Development Economics)와 클라크 미술관(Clark Art

Institute)에 두 개의 석사 과정이 있다. 특히 클라크 미술관에는 르느아르의 진품을 소장하고 있는 특별관이 있는데 세계에서 르느아르 작품을 가장 많이 소장한 세계 10대 미술관에 속한다.

일반적으로 연구보다는 교육에 중점을 두는 것이 미국 대학(college)이라고 생각하는 경향이 있는데, 유명 사립대학의 경우 교수들의 연구 업적도 활발하다. 대학교(university)와 차이가 있다면 이들의 연구 분야가 특성화되어 있다는 점이다.

하버드, 예일, 스탠포드, 시카고 대학교 등은 명문 대학(college)이 아니라 명문 대학교(university)이다. 그리고 명문 사립대를 졸업한 학생들은 자신이 원하는 대학교를 골라서 갈 수 있다.

윌리엄스 대학은 메세츄세스 주의 북서쪽 끝에 있는 대학으로써 버먼트 주와 뉴욕 주 사이에 위치한 대학이다. 한편 내가 박사 학위를 받은 인디애나 대학은 중부 지역에 있는 대학이다. 이 두 대학은 여러 면에서 다른 점이 많다. 윌리엄스 대학은 소규모 정예 집단을 가르치는 미국 최고의 대학(college)이고 인디애나 대학은 공대가 없는데도 학생 규모가 32,000명이나 되는 규모가 큰 대학이다.

동쪽에 위치한 윌리엄스 대학의 경우 여름에는 나무의 색깔이 새파랗고 단풍이 들면 선홍빛 붉은 빛을 띠고 있다. 반면 중부에 있는 인디애나 대학의 나무는 단풍이 들어도 우리나라와 비슷하게 황갈색과 붉은 빛이 어우러진 모습을 보이고 있다. 내가 처음 인디애나 대학에 갔을 때 윌리엄스 대학과 비교해서 실망한 점 중의 하나가 바로 단풍 빛의 색깔이었다. 그러나 인디애나 대학의 매력은 그곳에 오래 머물수록 정이 가고, 대학이 위치한 블루밍턴(Bloomington)은 인구가 65,000명밖에 되지 않아 뉴욕이나 LA와는 달리 공부 외에는 할 것이 없는 지역이라 대부분의 학생들이 자신이 원하는 학위를 취득하고 졸업한다는 이점이 있다.

미국과 한국 대학의 차이점은 수없이 많으나 이 중 몇 가지단 살펴보면 다음과 같다. 우선 미국 대학교의 경우 학생수가 우리나라 대학교보다 많다. 예를 들어 단일 캠퍼스로써 세계에서 가장 학생 수가 많은 대학은 오하이오 주립대학으로 학생수가 8만 명에 이르고 교수 수는 대학원 박사과정 학생까지 포함하여 5천 명에 달한다. 인디어나 대학의 경우 공과 대학이 없는 인문사회계 중심의 대학임에도 불구하고 경영 대학의 학생 수가 5천 명 이상으로 전체 대학생 수 3만 2천 명의 약 1/6에 달하고 있다. 학교에서 발행하는 신문인 ids(Indiana Daily Students)는 정기 구독자가 만 명 이상으로 블루밍턴 시의 또 다른 일반 신문인 헤럴드텔리폰(Herald Telephone)과 판매 부수가 비슷하다.

미국 대학의 경우 대도시에 위치한 대학들을 제외하고는 캠퍼스도 매우 넓고 기숙사 시설도 완벽하게 되어 있다. 인디애나 대학의 경우 대학 내어 6개의 버스 노선이 있고, 이 중 1개 노선은 자동차가 없는 학생들을 위해서 쇼핑몰까지 운행하고 있다. 즉 일반적으로 미국의 대학은 그 규모를 유지할 만큼의 학생 수가 있는 대규모 대학들이 많다는 점이 특징이다.

둘째, 학사 운영이 '제대로' 되고 있다. 우리나라의 경우 F를 받지 않은 과목도 재수강을 통해 성적을 향상시킬 수 있으나 미국의 경우는 이것이 불가능하다. 미국의 성적표를 보면 그 학생이 어떤 과목을 신청하고 어떤 과목을 취소했는지가 모두 나타나고 F를 제외하고는 재수강이 불가능하다. F를 받은 과목을 다시 들었을 때는 언제 어떤 학점을 맞았는지까지 나타난다. 즉 미국의 성적표를 보면 자신이 신청한 모든 과목, 과목 변경을 한 과목들까지 다 나타난다. 따라서 미국의 성적표는 한 장으로 된 것이 아니라 여러 장으로 되어 있다. 취업이나 상급 학교에 진학할 경우에는 자신이 과목 성적을 요약해서 학과의 교수나 조교의 사인을 받아 제출한다.

우리나라의 경우 대학에 따라 다르겠지만 F가 아닌 A학점을 받은 과목까지 재수강을 할 수 있게 되어 있고, 취업용 성적표가 따로 있는 대학도 있으며 심지어 학점 포기제라는 제도까지 있다. 이는 결국 총학생회가 학교와 '교섭'하여 학사 제도를 학생 위주로 바꾼 결과라고 볼 수 있다. 미국의 경우 이러한 학사 제도를 운영하는 대학은 한 곳도 없고, 수업권·학사권은 교수와 학교의 고유한 재량으로 학생과의 교섭 사항이 아니라는 것을 분명히 하고 있다. 우리나라에서 기업이 대학을 믿지 못하는 이유 중의 하나도 이러한 비합리적인 학사 운영이 원인이 된 것이 아닌가 하는 생각이 든다.

　운동 선수의 경우에도 학점이 나쁜 경우 아무리 재능이 좋아도 운동을 계속할 수 없다. 만약 이것이 대학경기 연맹(NCAA, National Collegiate Athletic Association)에 의해 밝혀지는 경우 해당 학교는 1년 동안 경기를 할 수 없는 등 무거운 제재가 가해진다. 홈이 아닌 타 학교에서 경기를 하는 경우 또는 운동 시합으로 수업을 듣지 못하는 경우에는 석·박사 과정 학생이 선생(tutor)이 되어 학생을 가르친다. 또한 농구나 풋볼팀에서는 운동 선수가 공부를 잘하고 있는지 성적이 어느 정도나 되는지를 선생에게 정기적으로 문의한다.

　셋째, 미국 대학들은 교수의 수업 시간이 많지 않다. 대부분의 교수가 두 과목을 가르치고 있다. 예를 들어 300명의 학생을 강의하는 경우 그 교수에게 7명 정도의 대학원 박사 과정 학생들이 도움을 주게 된다. 시험 문제도 교수와 대학원 학생들이 같이 내고 그 문제가 풀리는 문제인지를 대학원 학생들이 미리 풀어본다. 채점 시에도 이들이 채점 기준을 마련하고 교수의 동의를 얻어 채점한다. 즉 교수는 가르치기만 하면 된다. 우리나라의 상황과 비교해 볼 때 교수의 교육의 질이 나은 것은 당연한 이치이다.

　미국 대학교에는 출석부가 없다. 아는 부분의 수업은 듣지 않아도 된다. 우리나라 대학의 경우 출석 점수를 넣는 것이 상례인데, 학생들의 데모를 막기 위해 이 제도를 만들었다는 말을 들은 적이 있다. 물론 이는 사실이 아니기를 바란다.

넷째, 미국 대학의 경우 영구 교수제(일정한 기간 내에 대학이 인정하는 연구 업적을 쌓으면 평생 교수 신분이 유지되는 제도; 永久敎授制 ; tenure)가 있는데 평가 기준은, 수업이나 학생들의 평가가 아닌 교수의 연구 업적이다.

미국의 교수들은 한 번 tenure를 받으면 심각한 윤리적 또는 범죄적 행위를 하지 않는 이상 교수직을 박탈할 수 없게 되어 있다. 물론 단점이 많은 것은 사실이다. tenure를 받기 전까지는 열심히 연구하다가 tenure를 받고 나서는 공부를 안 하는 교수가 있는 것도 사실이다. 그러나 대부분의 미국 대학에서는 연구 실적에 따라 연봉을 차등적으로 적용하기 때문에 이에 적응하지 못하는 교수들은 스스로 학교를 떠난다. 우리나라의 경우에는 학생들의 수업 평가 비중이 상대적으로 높고 교수 업적에 대한 평가도 철저히 하나, 이것을 교수의 연봉에 반영하는 대학은 그리 많지 않다.

이와 같이 미국과 한국의 대학 간에는 현격한 차이가 존재한다. 지식 기반 사회에서 대학의 역할을 고려해 볼 때, 선진국으로의 진입을 위해서도 대학 교육의 질적 향상이 조속히 이루어지기를 기대한다.

학력(學歷)인가 학력(學力)인가?

'고용 없는 성장', 신규 대졸자보다는 경력자를 선호하는 대기업의 채용 관행 등은 기업이 더학을 불신하고 있음을 보여준다. 이런 현실을 고려할 때, 학력(學歷)보다는 학력(學力)을 중요시하는 것이 비합리적이라고 생각하는 것은 '비현실적'이다.

이 책의 프롤로그에서 지적했듯이 우리는 대학 진학 시 현실적으로 보아 세칭 유명 대학에 입학하는 것이 좋다는 의견과 또 다른 대안으로 자신의 적성에 맞는 학과와 자신이 선호하는 대학에 진학하는 것이 좋다는 두 가지 상반된 의견을 내놓은 바 있다. 이를 쉽게 표현하면 대학에서의 교육을 학력(學歷)으로 보느냐 학력(學力)으로 보느냐 하는 차이점이다.

교육적 성과(educational achievements) 또는 교육적 배경(educational history or educational background)을 보는 것이 학력(學歷)의 개념이다. 반면에 사회에서 인식하는 대학의 서열 등으로 교육을 인식하는 것은 학력(學力)이라고 볼 수 있다. 원래의 의미에서 보면 교육적 성취를 후자의 개념으로 보는 것은 말이 안 되고, 학력(學力)이란 말조차 없다. 그러나 불행하게

도 우리나라의 경우 명문 대학을 나온 사람이 사회에서 취직도 잘 되고 인맥 쌓기 측면에서도 유리하다는 점에서 학력(學力)의 개념을 부인하기는 힘들다.

학력(學力)이 존재하는 이유는 대학이 시민 교육화 되고, 학사 행정이 대학의 고유 권한에서 학생들(또는 학생회)과의 타협에 의해 이루어지고 있어 사회에서 대학에 대한 신임도가 낮게 나타나고 있기 때문이다. 이는 특히 대기업의 취업 과정에서 잘 나타나 있다. 즉 대기업은 채용 시 대학에 따른 차별을 하고 있다.

기업이 사원을 채용하는 방식은 크게 보아 두 가지로 나누어 볼 수 있다. 첫째는, 'A대학 출신이 직장에서 성취도가 높다', '남성이 여성에 비해 노동 생산성이 높다', '기혼 남성의 경우 미혼 남성에 비해 책임감이 강하다' 등 각종 편견에 의해 사람을 채용하는 방식이다. 이런 방식이 매우 비합리적인 것으로 보이나 기업은 신세대나 학교에 대한 연구 등을 통해, 그리고 그동안 사원들의 직장에서의 기여도 등을 기초로 하여 채용하려고 한다. 왜냐하면 이러한 차별에 의한 채용 방식이 개개인에 대한 세밀한 평가에 따르는 비용보다 적게 들기 때문이다.

이 경우 발생하는 문제점은 기업에서 선호하는 대학 출신이 아닌 사람들은 채용에서 제외된다는 것이다. 나아가 더 큰 문제는 일류 대학 출신을 채용하는 과정에서 오렌지를 선발하려다가 레몬을 선발하는 실수를 범할 가능성이 크다는 점이다.

또 다른 채용 방식은 철강, 정유(精油), 정밀화학산업 등에서와 같이, 업종 내 복잡한 생산 과정을 이해하지 못하는 사람을 채용할 경우 문제가 되는 업종에서 주로 사용된다. 이런 회사의 경우 낮은 직급의 사원을 비교적 단순한 기준에 의해서 선발하고 관찰하여 이들 중에서 상급 직원을 선발한다.

이러한 채용 방식의 장점은 단순한 업무를 수행하는 하급 종사자 중에서 업무 능력이 뛰어난 사람을 상급 종사자로 채용할 수 있다는 점이다. 즉 하급 종사자의 경우에는 채용을 잘못하였다 하더라도 업무가 단순하여 회사에 미치는 손실이 크지 않은 데 비해 상급 종사자의 경우 그 피해가 매우 크다는 점을 감안한 방식이다. 그러나 이 방식의 단점은 하급 종사자 중에서 특별한 업무를 수행할 상급 종사자들을 선발할 수 없는 경우가 발생할 수 있다는 점이다.

최근의 추세를 보면 기업은 신규 대졸자보다는 경력자의 채용을 선호하고 있다. 이미 경력자의 채용 비중이 과반수가 넘었고 대기업의 경우 80%에 달하는 곳도 있다. 기업이 대학을 불신하고 있고, 특히 대기업의 경우에는 세칭 일류 대학 졸업 예정자들을 대상으로 하여 신규 사원을 채용하려는 경향이 늘어나고 있는 추세이다. 따라서 학력(學力)을 중요한 평가 잣대로 보는 것이 비합리적이라는 말은 현실적이지 못하다.

이러한 현상이 발생한 이유를 예를 들어서 설명해 보자. 2002년 하반기에 전경련이 기업의 대학 교육에 대한 평가를 인사 담당자 300명을 대상으로 조사한 적이 있다. 이에 따르면,

기업의 요구 수준을 100점 만점으로 했을 때 대졸 신입 사원들이 대학에서 습득한 지식·기술이 평균 26점에 불과하고 10점 이하로 혹평한 응답자도 25%나 되었다. 항목별로 보면 전문 지식·기술은 평균 18점, 인성·태도 부문은 27점, 기초 능력·지식은 35점으로 모두 낙제점을 받은 것으로 나타났다.

이 결과 기업들은 경력 사원 비율을 늘리거나 해외 우수 인력 확보에 주력하고 있는 것으로 나타났다. 즉 대졸자는 취업난이라고 하지만 기업의 입장에서 보면 쓸 만한 인재를 찾기가 어려운 것이다.

이는 그동안 각 대학이 경쟁력 확보, 차별화 노력 등을 통해 교육의 질을 높이기 위해 경쟁적으로 노력한 결과를 무색하게 하고 있다. 이러한 결과가 나온 이유가 대학의 경쟁력 강화 노력 부족인지 또는 무한 경쟁 시대를 맞아 기업의 요구가 강화되어 나타난 현상인지 뚜렷이 구별하는 것은 어려우나, 아마도 이 두 요인이 함께 작용했을 것으로 보인다.

대학은 꾸준히 교수 1인당 학생 비율을 줄여왔고, 실험 실습 등 시설 투자에도 노력을 기울여 왔다. 특히 언론이나 공공 평가 기관에서 대학·학과별 평가 및 순위를 책정하는 제도가 도입된 후 대학은 끊임없이 자구 노력을 강화해 왔다. 이러한 노력에도 불구하고 기업의 대학 교육에 대한 신뢰도가 낮아진 이유를 생각해 보자.

첫째는 신세대 학생들의 대학 교육에 대한 학습 태도가 변하고 있다는 점이다. 즉 학생의 태도 변화를 간과할 수 없는 대학 입장에서 이를 따르다 보니 기업이 원하는 교육을 수행하기 어려웠을 것이라는 점을 들 수 있다.

그동안 우리 대학들은 F를 받은 과목이 아닌 경우에도 이를 재수강하여 학점을 올릴 수 있게 허용했다. 예를 들어 C를 받은 학생도 재수강이 가능하게 된 것이다. 학점 포기 제도가 도입되고, 취업 시 제출하는 성적 증명서에는 F 받은 과목을 제외하는 경우도 있다. 이는 대학의 고유한 권한인 학사권을 학생회 등과 교섭한 결과이며 세계에서 그 유래를 찾아보기 힘든 잘못된 관행이다. 학사 제도는 대학교의 고유 권한이며 학생 또는 총학생회와 교섭할 사항이 아니다. 미국 등 선진국은 5거년 간 커리큘럼을 미리 정해 놓고, 학점도 F를 받은 경우 외에는 재수강을 할 수 없도록 되어 있다. 또한 전 세계적으로 학점 인플레이션이 나타나고 있으나 우리나라는 그 정도가 심하다고 볼 수 있다.

둘째는 교수들이 자신의 수업 방식을 바꿀 수박에 없었다는 추론이 가능하다. 요즘 신세대들은 어렵고 과제물이 많은 과목을 피하고, 쉽게 가르치고 학점을 잘 주는 과목을 선호한다. 나아가 각 대학 학과어서 전공 필수를 대폭 줄였거나 아예 전공 필수가 한 과목도 없는 학과도 있다. 또한 과목 당 수강 인원 수가 일정 기준 미만일 경우 그 과목을 폐강하는 경우도 있다. 이 때문에 교수들은 되도록 어려운 것을 가르치는 수업을 피하고, 점수도 후하게 주려고 한다.

이와 같이 대학 교육 수요자들인 학생들의 교육에 대한 태도가 바뀌고 대학이 수요자들의 의견을 수용함으로써 대학 교육의 질이 낮아지고 있다. 이러한 이유 때문에 대학 교육 환경이 개선되었음에도 불구하고 교육의 질은 개선되지 못하고 있다.

따라서 대학 교육이 질적으로 발전해 사회 수요에 부응하기 위해서는 현재의 불합리한 학사 제도를 하루 속히 고치고, 변화가 빠른 21세기를 맞이하여 대학이 이러한 변화를 받아들이고자 노력해야 한다. 또한 현장 중심의 실무 관련 지식·기술을 강화하도록 교과 과정을 주기적으로 수정, 보완하려는 노력이 요구된다. 대학 교육은 또한 지식 기반 사회가 가속됨에 따라 인적 자원 투자에 대해 더 많은 노력을 기울여야 한다.

마지막으로, 우리나라 대학은 입학은 어렵지만 졸업이 쉬운 입학주의 방식을 택하고 있으나 질적으로 우수한 인재를 양성하기 위해서는 졸업주의 방식을 택하는 것이 바람직하다. 이와 같이 대학 교육의 질적 개선이 이루어질 때 대학생들의 취업난도 점차 완화되는 토대가 마련될 수 있을 것이다.

이상을 정리하면 다음과 같다.

● 학력(學力)보다는 학력(學歷)을 중요시하는 것이 합리적이라고 볼 수 있으나, 기업 특히 대기업에서는 신입 사원 채용 시 학력(學力)을 중요시한다.

● 이는 대기업의 경우 사원 채용 시 학벌에 의한 통계적 차별이 관행화 되고 있음을 의미한다.

● 기업은 대학 교육의 질이나 학사 행정 등의 측면에서 대학을 불신하고 있다. 따라서 세칭 일루 대학을 선호하는 기업의 채용 관행은 쉽사리 사라지지는 않을 것으로 보인다.

● 이상을 고려할 때 학력(學歷) 못지 않게 학력(學力)이 중요한 것이 우리의 현실이라 할 수 있다.

Summary

1. 공부 잘하는 학생이나 수능 잘 보는 학생은 선천적으로 결정되는 것이 아니다.

2. 공부하는 습관, 공부하겠다는 각오와 의지, 집중력이 무엇보다 중요하다.

3. 자녀들이 어려서부터 공부 잘하는 학생들의 공통적인 습관을 기르도록 도와주어야 한다.

4. 8학군 학생들이 명문대에 많이 간다는 것이 사실이라면, 이는 고등학교의 질이 높아서가 아니라 이들 지역의 학원 수준이 높고 부모의 경제력이 이를 뒷받침할 수 있기 때문으로 보인다.

5. 대학이라는 매체를 통해 부의 세습이 사회 문제시 될 경우 수능은 어렵지 않게 출제될 가능성이 있다. 사실상 2 • 17 사교육비 경감 대책도 이에 해당한다고 볼 수 있다.

6. 한국 대학이 명문 대학으로 발돋움하기 위해서는 학사 행정의 합리화 • 과학화가 먼저 해결되어야 한다.

7. 학력(學歷) 보다는 소위 학벌이라고 부를 수 있는 학력(學力)이 더 중요시되고 있는 것이 우리의 비합리적인 현실이다.

8. 외국 대학원에서 박사 학위를 원하는 경우 대학의 질, 소요 경비, 집안의 경제적 능력 등을 고려하여 현실적인 선택을 해야 한다.

2·17일 사교육비 경감 대책은 명문대학 진학과 상관없다
미국의 지역별 대학분포와 경쟁력

2·17일 사교육비 경감 대책은
명문 대학 진학과 상관없다

이 책의 출판을 앞둔 시점에서 교육인적자원부가 사교육비 경감 대책을 발표했다. 2·17 사교육비 경감 대책은 사교육비가 2000년 7조 1천 2백억 원에서 2003년에는 13조 6천 5백억 원으로 거의 2배 늘어나 이것이 사회 문제시 되자 사교육비 경감 대책에 초점을 맞춘 것이다.

이 중 명문 대학 들어가기와 관련된 사항으로는, 인터넷 강의로 수능 과외를 대체하기 위해 EBS를 통한 수능 방송과 EBS 플러스 1을 수능 전문 채널로 하겠다는 내용이다. 수능 방송 내용이 실제 수능에 얼마만큼 출제될 것인지에 대해서는 교육인적자원부에서 분명히 밝히지 않았으나 상당 부분 반영될 것으로 생각된다. 이 경우 EBS의 수능 전문 채널만 이용하여도 명문 대학에 들어갈 수 있는가 하는 의문점에 대해 생각해 보자.

현재 무료 또는 3~4만 원만 지불하면 정부가 구상하고 있는 것과 같은 유사한 프로그램을 운영하는 곳이 수없이 많다. 물론 현재 이들 채널의 내용보다 훨씬 수능에 잘 대비할 수 있도록 우명 강사들이 강의를 할 경우 어느 정도 효과를 볼 수 있으리라그 생각된다. 사실상 2·17 대책은 역대 교육부 장관들의 사교육 대책 중 실현 가능한 부분을 수용한 것으로 보인다. 과거 EBS에서 수능 방송을 시행했을 경우에도 그 효과는 정부의 의도에 미치지 못했다. 2·17 대책보다는 좀더 획기적이고도 효율적인 선진국형 교육 제도의 청사진을 기대했던 것이 사실이고, 발표 시점이 작년 말에서 2월 중순으로 바뀐 것이 총선(總選)용이 다니냐는 의구심을 갖는다는 언론의 논평도 있다.

현재 사설 인터넷에서 강의하고 있는 유명 강사들의 경우 수강하는 학생 수에 티례하여 보수를 받기 때문에 남보다 열심히 준비하고 강의한다. 이들이 EBS 방송에서도 과연 이렇게 열정을 가지고 강의할지는 의문이다. 물론 자신의 이름이 걸린 만큼 열심히 강의하겠지만, 강의 시간에 제약이 있고 자신이 가지고 있는 모든 '비법'을 공개하려 할지 의심스럽다. 이 경우 EBS에 출연하는 강사들이 다른 곳에서 강의할 '밑천'이 바닥날 것이기 때문이다.

소위 EBS의 수능 전문 강의인 e-러닝 형태의 도입만으로 명문 대학에 들어가기가 어려운 이유는 제 7차 교육 과정의 목표와 내용과도 관련이 있다. 제 7차 교육 과정에서는 심화 보충·

탐구·읽기 자료 등이 대폭 강화되었고 따라서 수능에서도 이해력과 사고력을 요하는 문제가 많이 출제될 것으로 예상된다. 1990년에도 이와 같은 시도를 한 적이 있다. 당시에는 학력고사가 있었고 소위 '외우기 식 문제'가 대부분이었기 때문에 상위권이 아닌 중위권 학생들에게는 어느 정도 효과가 있었던 것으로 생각된다. 당시 강의를 담당한 강사가 학력고사 문제를 해설할 당시 "이 문제는 내가 ○월 ○일 강의했던 내용과 같습니다."라는 말을 수 차례씩 반복했던 것을 기억한다. 그러나 기본적으로 교과 과정의 틀이 바뀐 현재 상황에서 같은 효과를 기대하기는 어렵다.

설사 수능 채널 방송에서 강의한 내용이 실제 수능에서 출제되었다 하더라도 이는 수능의 원점수를 높이는 역할밖에는 못할 것이다. 명문 대학에 들어가기 위해서는 이들 문제 이외의 '변별력이 높은 문제'를 어느 정도 푸느냐에 달려 있다.

마지막으로 아무리 인터넷 매체가 발달되었다 하더라도 교육은 학생과 교사가 얼굴을 맞대고 토론 식으로 대화하듯이 수업하는 것이 가장 효율적이다. 수능 전문 채널을 통해 공부하는 것도 수능 점수를 높이는 데 도움이 되겠지만 상당한 시간이 소요된다. 따라서 학교 또는 학원 선생들이 이들 방송을 듣고 압축해서 잘 설명할 수 있다면 시간도 절약되고 이해력도 빨라 수능의 효율성을 높이는 방안이 될 수 있다. 즉 이 경우 수능을 더 잘 볼 수 있다는 말이다. 수능 전문 채널의 운영으로 사교육비를 줄이겠다는 발상은 탓할 수 없으나, 이 경우 학교 교육보다는 수능 전문 채널을 선호하게 되어 오히려 공교육의 부실화를 가져을 수도 있을 것이다. 즉 사교육비 경감 대책의 대가로 공교육이 브실화되는 경우가 생길 가능성이 우려된다.

결론적으로 2·17 사교육비 경감 대책과 '명문 대학 들어가기'와의 상관 관계는 없다고 볼 수 있다. 아래에 2·17 대책과 이에 관련된 사설(私說)을 인용한다. (○○일보 2004. 2. 18.)

〈기사내용〉 ....

4월부터 학생 눈높이에 맞춘 24시간 수능시험 방송이 위성 채널과 인터넷 상에서 동시에 실시된다.

학생들은 학교와 가정에서 인터넷 망을 통해 무료로 볼 수 있으며 우수한 교사들로 구성된 사이버 강사의 도움도 받을 수 있다. 이 방송에는 수능 출제 기관인 교육과정평가원도 참여한다. 'e-러닝(인터넷을 통한 교육)'으로 가파르게 늘고 있는 사교육비를 크게 줄이겠다는 취지다.

또 중·고교생들은 방과 후 수준별로 진행되는 보충 학습을 받을 수 있다 ....(중략)

이에 따르면 위성 방송인 교육 방송(EBS)의 '플러스1'이 수능 전문 채널이 된다. 방송 내용은 EBS나 교육부 소속 한국교육학술정보원이 구축한 인터넷 망인 에듀넷을 통해 상·중·하 수준별로 제공된다. 교육부는 올해부터 수능시험은 이 방송 강의를 들으면 충분히 대비할 수 있게 출제할 방침이다.

올해부터 중·고교는 학교운영위원회의 심의를 거쳐 자율적으로 브충 학습을 할 수 있다 학원 과외를 학교 안으로 흡수하겠다는 것이다.

보충 학습은 학생 수준에 맞게 하고 교사뿐 아니라 외부 학원강사도 가르칠 수 있다. 교대·사대생들은 초등학교 방과 후 특기 교육을 통해 학생들을 가르칠 수 있다. (이하 생략)

〈사설〉

　교육인적자원부가 사교육비 경감 대책을 발표했다. 교육 방송·인터넷을 통한 수준별 수능 과외와 방과후 보충 수업 허용이 핵심이다. 새 정부 출범 이후 대통령과 교육부장관은 기회가 있을 때마다 연간 13조 6천억 원에 이르는 과외비를 줄이는 획기적인 방안을 마련하겠다고 밝혔다. 이번 대책이 정부의 장담과 달리 그동안 단편적으로 나왔던 대책을 망라한 것에 지나지 않아 다소 실망스럽다. 이번 과외 대책의 상당 부분이 과거에 한번씩 나왔던 것이지만 일단 방향이 정해진 이상 최상의 효과를 거둘 수 있도록 문제점은 보완하면서 끈기 있게 밀고 가는 자세가 필요하다.

　학교 밖에서 이뤄지는 거의 모든 과외를 학교나 TV·인터넷으로 끌어들이겠다는 복안은 가정의 사교육비를 절약하는 데 큰 역할을 할 전망이다. 무엇보다 한국교육학술정보원의 에듀넷과 16개 시·도 교육청 인터넷을 통해 무료로 제공되는 수능 과외, 즉 e-학습의 실시는 바람직하다. 주거 지역의 제약과 경제적인 이유 때문에 사설 학원·강사의 강의를 수강하지 못하는 학생의 공부에 많은 도움을 줄 것으로 보인다. 수험생에게 인기 있는 강사와 상업 인터넷 학습시장의 명강의를 얼마나 많이 이 인터넷에 올릴 수 있느냐가 성공의 관건이다. 강남 지역의 유명학원 강의를 유치해 인터넷 과외를 준비 중인 서울 강남구청과 공동으로 실시해 보는 것도 좋은 방법일 것이다. 집에 과외 방송을 시청할 수상기나 컴퓨터·인터넷망이 없는 저소득층 학생을 위한 공동 시설을 모든 학교에 갖춰야 한다.

　학생 수준에 맞춰 외부 강사를 불러 수업하는 보충 수업의 경우 예산을 어떻게 충당할지가 가장 문제다. 강사 초빙 비용이 많이 들어 학생에게 부담을 주면 과외비 절감은 말로 끝나게 된다. 특히 강사로 교대생이나 사범대생을 활용하겠다는 교육부 방침은 문제가 있다. 강의가 부실하면 학생들이 다시 학원을 찾거나 고액 개인 과외가 성행할 것이기 때문이다. 보충 수업을 허용만 할 것이 아니라 수요자인 학생의 입맛에 맞게 진행되도록 적극 지원해야 한다. (전문 인용)

Summary

1. 우리나라 입시 제도는 대단히 복잡하다.

2. 입시 제도를 잘 파악하는 것도 명문 대학을 들어갈 수 있는 방안임을 인식하라.

3. 자신이 만족할 수 있는 대학·학과(부)를 다닐 수 있는 다양한 방법을 모색하라.

4. 대학 입시에서 정작 중요한 정보는 공개되지 않는 것이 우리의 현실이다.

5. 인터넷이 아무리 발달되었다 하더라도 사이버 강의(인터넷 강의)보다는 선생과 학생이 얼굴을 맞대고 대화하고 토론하는 학습 방법이 가장 효율적이다.

6. 2·17 사교육비 경감 대책은 '명문 대학 들어가기'와는 전혀 상관이 없다.

미국의 지역별 대학 분포와 경쟁력

외국 대학원에서 박사 학위를 원하는 경우 대학의 질, 소요 경비, 집안의 경제적 능력 등을 고려하여 현실성 있는 대안을 강구하는 것이 바람직하다. 이를 위해서는 자신이 유학을 원하는 나라의 대학에 대해 정확한 정보를 수집해야 한다.

미국의 대학을 개관해 보면 동부에 아이비리그(ivy league) 대학교가 8개 있고, 서부에는 Pac. ten 이라고 불리우는 10개 대학이 있다. 그리고 중부 지방에는 소위 Big 10이라고 불리는 10개 대학이 있는데 이중 노스웨스턴(Northwestern Univ.)을 제외하고는 모두 주립 대학이다. 이들에 속한 대학을 살펴보면 유학을 가려는 사람에게 많은 도움이 될 것이다.

내가 박사 과정을 마친 곳은 인디애나 대학교(Indiana University)이다. 미국에는 한 주에 주립 대학이 2개씩 있는 곳이 대부분인데, 예를 들어 미시건 주립대(Michigan State Univ.)는 그 전에 농과대학이나 광업학과 중심이었고, 미시건 대학(Univ. Of Michigan)은 인문사회계열 중심의 대학이었다. 현재도 전자는 공과대학이 후자는 경영학과나 인문사회계열이 유명하다. 그런데 인디애나 주에는 퍼듀 대학교(Purdue Univ.)가 공대 중심이고 인디애나 대학교(Indiana Univ.)는 음대 , 저널리즘 , 경영대학 등 인문 사회계가 유명한 대학이다. 대부분 인문 사회계가 유명한 대학인 경우 University of 다음에 주 이름이 나오는데 Indiana University처럼 주 이름 다음에 바로 University 로 표기된 대학들이 몇 개 있다.

이제 미국의 주요 대학들을 지역별로 보면 다음과 같다.

아이비리그
브라운(Brown), 컬럼비아(Columbia), 코넬(Cornell), 다트머스(Dartmouth), 하버드(Harvard), 펜실베이니아(Pennsylvania), 프린스턴(Princeton), 예일(Yale) 대학교

Big 10
인디애나(Indiana Univ.), 일리노이(Univ. of Illinois), 미시간(Univ of Michigan), 아이오와(Univ. of Iowa), 미네소타(Univ. of Minnesota), 위스컨신(Univ. of Wisconsin), 퍼듀(Purdue Univ.), 오하이오 주립대학(Ohio State Univ.), 미시간 주립대학(Michigan State Univ.), 노스웨스턴(Northwestern Univ.)대학교

Pac. 10
아리조나(Univ. of Arizona), 스탠포드(Stanford Univ.), 오레곤 주립대학(Oregon State Univ.), 캘리포니아 주립대학 LA캠퍼스(UCLA), 캘리포니아 주립대학 버클리 캠퍼스(UC Berkeley), 워싱톤(Univ. of Washington) 아리조나 주립대학(Arizona State Univ.), 워싱톤 주립대학(Washington State Univ.), 오레곤(Univ. of Oregon), 남가주 대학교(USC, Univ. of Southen Califonia)

오클라호마(Univ. of Oklahoma), 미주리(Univ. of Missouri), 켄사스(Kansas State Univ.), 아이오아 주립대학(Iowa State Univ.), 오클라호마 주립대학(Oklahoma State Univ.), 켄사스(Univ. of Kansas), 네브라스카(Univ. of Nebraska), 콜로라도 대학교(Univ. of Colorado)

미국 남부 지역은 넓으나 노스캘로라이나(Univ. of North Carolina), 듀크(Duke Univ.), 조지아(Univ. of Georgia), 조지아 주립대학(Georgia State Univ.), 밴더빌트(Vanderbilt Univ.), 텍사스(Univ. of Texas), 라이스(Rice Univ.), Texas A & M, 플로리다(Univ. of Florida), 플로리다 주립대학(Florida State Univ.)등 몇 개의 유명한 대학이 있을 뿐이다.

결국 미국의 대학은 동부의 아비리그(Ivy League), 서부의 Pac. 10, 중부의 Big 10이 유명한 대학이라고 보면 된다. 이들 대학은 각 대학마다 명성 있는 학과가 있고, 세계 대학 순위로 보아도 적어도 100위 안에는 들어가는 대학이다. 이러한 인적 자본 측면에서의 경쟁력이 미국의 강점이라고 볼 수 있다.

미국 대학들의 경쟁력을 보면 1980년대 이후 도시의 규모가 큰 지역에 위치한 대학들의 경쟁력이 높아지고, 전통적으로 대학 중심의 조그마한 지역에 위치한 명문 대학들의 경쟁력이 낮아지는 추세를 보이고 있다. 그 이유는 대학 교수들의 연봉이 적어서 교수의 월급만 가지고는 살기가 어렵게 되었기 때문이다. 또 다른 이유는 미국 대학의 경우 연구 교수제(tenure)가 있어 오랫동안 근무할 수 있는 장점은 있으나 교수의 경우 승진이 조교수, 부교수, 교수의 세 단계밖에 없기 때문이다. 즉 일반 회사는 직급이나 직책이 다양하여 경력이 쌓일수록 연봉이 높아지는데 교수는 그럴 기회가 없다. 내 지도 교수 중의 한 사람은 보스톤에 있는 한 연구소로 갔는데 그 이유를 물어보았더니 교수의 경우 승진이 세 단계밖에 없기 때문이라고 말했다.

물론 교수도 연구 업적에 따라 연봉이 두 배 이상 차이나는 경우도 있다. 교수들이 대도시에 있는 대학을 선호하는 이유는 경제·경영학과 등 산학연계가 잘 된 학과의 경우 컨설팅 등을 통해 연봉보다도 더 많은 돈을 벌 기회가 있는데, 대학 규모가 아무리 크더라도 그 대학에 위치한 도시의 규모가 적을 경우 이런 기회가 거의 없기 때문이다.

미국 대학의 경우에도 하루아침에 대학의 경쟁력이 높아지기는 어렵다. 대학의 경쟁력을 높일 수 있는 가장 좋은 방법은 특정 학과에 그 분야의 최고 권위자를 스카웃해 오는 일이다. 즉 대학의 순위는 대학 교수의 연구 업적과 박사 과정 학생들이 얼마나 뛰어난 논문을 쓰고 얼마나 좋은 대학이나 연구 기관에 진출했는지가 중요한 척도이기 때문이다. 예를 들어 텍사스 주립대학에서는 경영학부 중 회계학과의 실력 있는 교수들을 초빙한 후, 박사학위 학생들의 실력이나 논문이 뛰어나지 않을 경우 졸업을 시키지 않은 적이 있다. 물론 이 경우 가장 고통을 받는 사람들은 대학원 박사 과정 학생들이다. 텍사스 주립대학이 이런 한 노력을 지속한 결과 5년 정도 지난 뒤에는 경영대학의 회계학과 순위가 괄목할 만한 신장세를 보인 적이 있다. 즉 미국의 대학도 일개 학부의 평가나 순위를 올리기 위해서는 많은 경비와 노력이 요구되며 이의 결과도 수년이 지난 후에야 나타난다는 것을 보여준다.

마지막으로 미국 대학의 경우, 특히 학부의 경우 일부 사립 명문 대학(college)을 제외하고는 교육의 질적 측면에서 큰 차이가 없다. 그러나 우리나라의 경우 대학교의 수가 200개에 이르고 대학에 따라 학생은 물론 교수의 실력 차이도 상당히 크다고 생각된다. 특히 Pac. 10의 예에서 보듯이 미국 대학의 경우 분교라고 해서 결코 교수나 학생의 학문적 성취도가 낮은 것이 아니라 오히려 더 높은 대학이 많은 점이 우리나라 대학과 대조적이다.